DESIGN SONORE

Applications, méthodologie et études de cas

FRANK PECQUET • PAUL DUPOUEY

DUNOD

Direction artistique : Nicolas Wiel
Conception graphique de la couverture : Pierre-André Gualino
Mise en pages : Nord Compo

11 rue Paul Bert, 92240 Malakoff
www.dunod.com
ISBN 978-2-10-081068-0

Table des matières

Préface

Le son est l'avenir de l'image

Arrêtons de simplement regarder le monde, écoutons-le !
Barack Obama

Toutes les activités humaines se sont accompagnées et ont même toujours été annoncées par des sons, Jacques Attali l'a bien montré dans son livre *Bruits*. C'est à Murray Schäfer que l'on doit l'expression fondatrice de « paysage sonore » (*soundscape*) sur laquelle vient se greffer naturellement le design sonore comme pratique professionnelle qualifiée. Sous cet intitulé, il est apparu pour beaucoup d'entre nous d'abord dans l'univers du cinéma où le designer sonore mobilise et coordonne un grand nombre d'acteurs et de compétences distinctes, de la conception d'ensemble à la production des sons en passant par leur enregistrement et leur traitement. Longtemps considéré comme « complémentaire » de l'image cinématographique, il en devient désormais une composante clé. Le récent lancement au Festival de Cannes avec l'aide de Costa Gavras du Prix de la meilleure création sonore est une avancée dans cette reconnaissance du son. Assurément, le son est l'avenir de l'image. Au cinéma comme ailleurs, écouter permet de mieux voir, il faut écouter pour voir.

Le design sonore s'est ensuite déployé dans un très grand nombre de domaines, marchands ou non, de la signature sonore de marque à l'architecture et à l'environnement. Le sonal de la SNCF ou le travail du son de certaines portières de voiture en ont été, en France, parmi les manifestations les plus perçues du grand public. Cependant il est aujourd'hui actif dans des secteurs tout aussi intéressants et décisifs que l'architecture et l'urbanisme où l'on tente notamment de maîtriser une cacophonie exponentielle et porteuse de risques psychosociaux avérés individuels ou collectifs, à commencer par le stress sonore et un certain empêchement à réfléchir, à communiquer réellement et, paradoxalement, à ne plus être en situation de réception.

L'oreille n'a pas de paupières, le son ne frappe pas à la porte, il entre sans autorisation. C'est sa force majeure. Il a, de plus, une forte dimension collective. Impossible, donc, pour presque tous les secteurs de l'activité humaine de ne pas s'intéresser à lui, de ne pas chercher à l'utiliser. Pour le meilleur ou pour le pire ! Apprendre à écouter, éduquer au son devient donc un enjeu primordial. Surtout dans un pays comme la France, très fortement marqué depuis le romantisme et le XIXe siècle par la littérature ou la peinture, mais où la culture musicale peut être considérée comme faible avec 1 % seulement de la population ayant aujourd'hui une véritable pratique instrumentale. La formation des Français au fait sonore peut encore être considérée comme embryonnaire, autre paradoxe problématique face au fait social devenu omniprésent qu'est le design sonore. C'est une dimension essentielle de la psyché humaine qui est ainsi délaissée.

L'écologie, au sens de l'environnement le plus favorable au développement de l'homme, assigne naturellement aujourd'hui à l'écologie sonore un nouveau champ de développement pour les disciplines que l'on peut regrouper dans le design sonore ou avec lesquelles il peut s'associer. Il paraît de plus en plus irréaliste de penser aménagement sans penser son, voire sans partir du son. Toujours pour ces raisons de potentiel envahissement mais aussi comme remarquable facteur de lien social, de développement de l'être humain, soulignait fréquemment Bernard Stiegler, ancien directeur de l'Ircam. C'est en raison de cette option humaniste que l'UNESCO a décidé dès 2017 d'intégrer le sonore dans ses préoccupations majeures selon la Charte de la Semaine du Son[1] (devenue résolution 39C/59) qui précise notamment que « l'expression musicale, par la voix et par l'instrument de musique, est un facteur d'équilibre tant personnel que collectif par une écoute de soi et des autres » et que « la pratique musicale est un élément de développement personnel et collectif, de rencontre et de lien social », et plaide pour une prise de conscience « que la pratique musicale collective est un moyen de lutte contre la violence et l'exclusion ». Bien sûr, il doit s'agir d'une culture musicale très large, ouverte à toutes les musiques.

---

1 En 2003, Christian Hugonnet crée la Semaine du Son dont l'événement se nomme depuis 2019 « la Semaine du Son de l'UNESCO ». Cette manifestation à caractère international et déclinée dans plusieurs villes de France et à l'étranger, est destinée à sensibiliser le grand public et les élus à la place du son dans notre vie et à l'importance de la qualité de l'environnement sonore et de la reproduction audio. Construite sur cinq thèmes : santé (auditive), acoustique et environnement sonore, techniques d'enregistrement et de reproduction, relation image et son, expression musicale et pédagogie, elle constitue un carrefour d'échanges et un lieu de réflexion particulièrement reconnu des différentes parties prenantes concernées par la question du son.

Le design sonore, parfois manipulateur mais généralement orienté vers le confort, l'agrément, le plaisir quotidien, le bien-être et c'est bien ainsi, a aussi ce type de missions, en tout cas il ne peut en être radicalement dissocié. Car comme la musique, le design sonore est essentiellement relationnel ; il dispose, pour le bonheur de tous, d'une dimension sociétale majeure.

Christian HUGONNET

Introduction

Le véritable designer sonore doit tout comprendre de l'environnement auquel il s'attaque ; il lui faut des connaissances en acoustique, en psychologie, sociologie, en musique, et en bien d'autres matières encore suivant les cas. Il n'y a pas d'école qui dispense une telle formation, mais leurs créations ne devraient pas tarder, car le glissement du paysage sonore vers la lo-fi[1] incite déjà les promoteurs de musique d'ambiance à s'emparer du design sonore[2].

Raymond Murray Schäfer

Le design sonore

Le design sonore est encore peu reconnu en tant que tel, comme sans doute beaucoup de métiers en devenir. Pas de référence explicite – en France – dans le Répertoire opérationnel des métiers et des emplois (ROME) de Pôle Emploi. Bien souvent, l'acteur lui-même ne se présente pas sous cette étiquette professionnelle.

Conséquence logique, le design sonore, tous domaines d'application confondus, ne fait encore aujourd'hui l'objet d'aucun ouvrage spécifique dans notre langue.

Le présent travail vise à combler cette lacune. Le principal parti y est, sans prétention d'exhaustivité, d'aborder le design sonore du point de vue de ses pratiques, de ses fonctions et de ses usages, dans différents secteurs, soit à partir d'approches descriptives ou théoriques, soit à partir de cas concrets avec une gestion structurelle du travail et des outils nécessaires à la meilleure réalisation du projet de design sonore. Les un(es) et les autres sont destiné(e)s à donner une idée des champs du design sonore et de ses interactions dans les projets auxquels il contribue.

1 Basse (*low*) fidélité, en l'occurrence une cacophonie, à l'opposé du hi-fi pour haute (*high*) fidélité.

2 Schäfer, 1977, p. 295.

Avec son célèbre *Paysage sonore*[1], livre fondateur, Raymond Murray Schäfer avait ouvert la voie. Deux générations se sont succédé depuis sa première édition en 1977, avec de nombreuses publications faisant plus ou moins explicitement référence au design sonore. Toutefois, il s'agit toujours de l'associer à un domaine particulier, le plus souvent le cinéma, *sound track* pour la musique et *sound effect* pour le son, mais aussi, par exemple, l'urbanisme social ou l'architecture avec le « paysage sonore ». En France, dès les années soixante-dix, soulignons tout particulièrement les travaux de Pierre Mariétan sur « l'écoute » du paysage sonore.

La dynamique socio-anthropologique du design sonore du « paysage » sera pourtant, avant la lettre, de nature écologique. Ce seront des architectes et urbanistes de formations transversales, la plupart issus de l'école du CRESSON (Centre de recherche sur l'espace sonore et l'environnement urbain) fondée par Jean Auguyard et Henri Torgues dès 1979, qui développeront les premiers des visées anthropologiques et socio-esthétiques sur la question du son dans la ville – repensée aujourd'hui autour de la notion « d'ambiance » – pour qualifier l'harmonisation sonore du bâti au sein du milieu collectif urbain, sans toutefois, ici encore, qu'il soit fait explicitement mention de « design sonore ».

Souvent sous un autre intitulé, le design sonore apparaît donc comme transversal à un nombre croissant d'activités privées, professionnelles ou sociétales. Il devient décisif de connaître, comprendre et maîtriser son usage et son développement. Ce peut être ainsi l'autre ambition de cet ouvrage : révéler comment s'opère, selon les usages, la généralisation d'une production et d'une gestion de son milieu acoustique plus attentive à l'homme.

Un élément d'identité, une constante anthropologique

Le « design sonore », certes pas sous cette étiquette bien évidemment, est un fait ancien. Toutes les activités humaines semblent avoir été accompagnées par des pratiques sonores, musicales ou non, et ceci sans doute à l'origine de la civilisation : chasse, agriculture, industrie, commerce, fêtes… Les trois grands ordres de l'action humaine ont toujours eu recours à ces pratiques – guerre, religion, politique. Sans doute tous les groupes humains se sont-ils même signalés (le terme est choisi à dessein) par l'adoption de sons ou de tonalités, instrumentations et rythmiques emblématiques. Depuis *La Marseillaise,* difficile d'imaginer un peuple et surtout une nation qui n'ait pas son hymne, fût-ce un hymne international comme tente de l'être l'hymne olympique. Aussi, « chaque pays possède un hymne qui se conforme au même modèle universel.

1 Schäfer, *op. cit.*

[...] La plupart ressemble vaguement à une composition d'un Beethoven en panne d'inspiration », écrit avec humour Yuaval Noah Harari.

De tendance souvent humaniste aujourd'hui, largement influencée par cet esprit universel de bienveillance centrée sur l'utilisateur, l'orientation culturelle du design recherche la meilleure adaptation du son – le bon son – à ses usages mais en tenant désormais compte de son contexte, et quelles que soient les finalités : optimisation du fonctionnement, amélioration de l'environnement, perfectionnement de la communication, consolidation du produit, renforcement des images, assistance et accompagnement humains... Ces quelques exemples montrent à quel point, associé au design, le son est le parfait instrument voire le support d'activités diverses, un facilitateur d'action, un promoteur d'influence et est utilisé pour ses valeurs positives de cohésion sociale (ambiance), d'aide à la compréhension (signalétique), de témoignage vivant (reportage sonore et biodiversité acoustique), de marketing (identité sonore de marque), de thérapie (hygiène sonore)...

Un concept fédérateur de travail

Il existe manifestement des disparités notables pour qualifier le design sonore entre la France et les pays anglo-saxons, l'expression anglaise *sound design* étant elle-même souvent employée y compris dans la langue française, non pas seulement pour signifier au cinéma différents types de sons mais plus généralement dans la production audiovidéo qui distingue communément trois sources de production sonore – musique, voix et effets sonores, conception largement reprise dans les studios de production audio ou agences de design sonore. Les institutions n'ont pas encore tranché officiellement sur la francisation de l'expression *sound design.* Ceci s'accompagne donc de questions sur la reconnaissance explicite de l'activité professionnelle elle-même.

Si, sous ce titre global de « design sonore », notre ouvrage tend à fédérer des pratiques, il en souligne aussi l'hétérogénéité. Sans aucunement chercher à les enrôler toutes sous une seule bannière, notre intention est simplement de montrer que sous des intitulés nombreux et sans nécessaire coappartenance professionnelle, corporative ou autre, de très nombreux acteurs interviennent, comme pour d'autres pratiques de design, dans une même logique : mettre leur savoir-faire (art) sonore *au service de* projets d'une autre nature et dont la finalité est donc *extrinsèque.*

Une question historique sensible

Nous sommes bien conscients du problème que pose une telle approche. Elle renvoie aux approches historiques du design. De très nombreux ouvrages font naître le design et, bien sûr, l'« esthétique industrielle » au milieu du XIXe siècle et à la fabrication de produits en grande série ou à l'apparition des moyens de reproductions et diffusions mécaniques du son. L'expression *design industriel* apparaît ainsi en Angleterre où des écoles sont créées dès le XIXe siècle sous ce nom en vue de soutenir à l'export des produits techniquement et économiquement performants mais insuffisamment séduisants quant à leur apparence. Le Royal College of Art de Londres (classé n° 1 sur le plan international) fut créé en 1837 dans cet esprit, alors préalablement nommé Government School of Design. En France, coexistent les intitulés les plus divers : arts appliqués, arts décoratifs, esthétique industrielle, création industrielle (qui fait partie de l'intitulé officiel complet du Centre Georges Pompidou) et bien d'autres encore (« stylique » proposé par la loi Toubon en 2006).

L'approche historique (le design appelé au secours de l'industrie ou d'activités humaines naturellement ou insuffisamment « plaisantes ») peut être approfondie. Dans le cas des activités industrielles, le cas de la pierre polie en est un moment intéressant. Nous pouvons ainsi faire l'hypothèse que le design, entendu comme intervention esthétique au service d'un artefact ou projet quel qu'il soit, naît avec elle. Avec certains objets en bronze, produits sinon de façon industrielle au sens moderne du terme, mais en centres spécialisés et en grandes séries (et à forte dimension « exportatrice » si l'on peut parler d'exportation en ces époques), le fait est définitivement là : une qualité *formelle* doit accompagner la qualité *fonctionnelle* et en devient inséparable, voire en fait partie.

On est alors conduit à formuler une hypothèse antithétique de celle des approches traditionnelles de l'histoire du design et selon laquelle ce serait l'art qui se serait progressivement extrait de cette industrie et de ces pratiques humaines plus ou moins triviales. Il en est sans doute de même pour la poterie, le textile et la musique : une lente esthétisation amène progressivement l'art à s'extraire et s'autonomiser des pratiques plastiques, sonores et « musicales » primitives et populaires. L'art viendrait du design (spontané) et non l'inverse. L'« art sacré » n'échapperait pas à la règle.

Des problèmes de frontières

L'ancienneté de la place du « fait sonore » dans les pratiques humaines permet d'aborder un point sensible : pour autant que de telles notions gardent leur sens dans l'histoire la plus longue, l'émergence du « design » sonore et celle du « design » plastique ont très certainement été concomitantes et sans subordination de l'une à l'autre. Il en résulte que le design sonore ne saurait être considéré comme un sous-domaine du design, généralement entendu comme design plastique. Les deux champs, vision et audition, et leurs disciplines doivent être considérés « à égalité » et ceci, même si comme tant de praticiens mais aussi de chercheurs le constatent, notre culture et notre société font une place prééminente au « visuel ». C'est donc un vrai dialogue qui doit alors s'établir entre les deux univers, dialogue dont non seulement émergeront de meilleures connaissances et compréhensions mutuelles mais aussi un approfondissement des problématiques générales du design. Toutes les autres branches du design sont bien entendu conviées à ce dialogue. Ce point est d'autant plus décisif que, de façon apparemment croissante, ces différentes branches seront amenées à collaborer dans le cadre de projets interdisciplinaires et qui seront de plus en plus « multisensoriels ».

Et si un dialogue doit s'établir entre les différents domaines du design en général, pourquoi pas entre ceux du design sonore en particulier ?... D'où, à notre avis, l'intérêt de la notion générale de « design sonore », quitte à la qualifier de notion de travail.

Ce problème de frontières externes se double en effet d'un problème de frontières internes. Nous entendons par là les relations entre design sonore et musique. Dans un domaine comme celui du cinéma et pour dire les choses d'une façon sommaire, il y aurait longtemps eu deux mondes bien distincts : les musiciens (compositeurs, chefs d'orchestre, instrumentistes, chanteurs) et les « bruiteurs », l'aristocratie et la plèbe (souvent arbitrés par les « ingénieurs ou "preneurs" du/de son », lesquels veulent toutefois, parfois, se faire qualifier de « musiciens metteurs en onde » et ainsi rejoindre la première classe !). La musique contemporaine a désormais fait voler en éclats cette malheureuse dichotomie. C'est une constatation (un credo !) depuis près d'un siècle : non seulement tout bruit mais tout son a désormais vocation à entrer dans la musique. Et ce qui est moins souligné, l'inverse peut-être aussi... En tout état de cause, nous affirmons ici que la question du son et encore plus celle du design sonore ne peuvent être abordées avec les seules notions et catégories de la sphère musicale. Certaines « bandes-son » de *blockbusters* notamment démontrent à l'envi quel point de haute sophistication peut atteindre un design sonore libéré du primat de la seule musique, du moins dans les approches traditionnelles de celle-ci.

Nous faisons l'hypothèse que, stimulé par l'extraordinaire développement des technologies mais aussi des sciences humaines disponibles à son service, le design sonore ne peut que se développer et avec un renouvellement sans doute très rapide des productions. La régulation, souvent limitante, y compris, au moins en théorie, dans le domaine de l'usage de la force, ne contrarie pas, bien au contraire, ce développement tous azimuts. Les questions éthiques, déjà apparues – et différentes des questions strictement juridiques –, se développeront donc elles aussi. Composante d'un professionnalisme véritable, elles seront d'autant plus cruciales que, particulièrement intrusif, visant, c'est peut-être sa caractéristique première, des organes sensoriels que l'homme ne peut déconnecter même temporairement, et correspondant à des zones sans doute primaires, élémentaires et, en tous cas, encore très peu éduquées de notre cerveau, le design sonore n'en a pas moins (d'autant plus ?) un pouvoir extrêmement puissant.

Éducation sonore et écoute

Nous abordons enfin ici un problème ressenti par l'ensemble des acteurs de la « chaîne de valeur » du design sonore, celui de la très faible formation de leurs interlocuteurs à exprimer leurs attentes, leurs besoins, leur offre et leur ressenti en matière sonore. Cette question a été abordée par nos interlocuteurs dans presque tous les cas présentés en seconde partie de l'ouvrage et est également souvent reprise par les chercheurs sollicités dans la première. Outre une source de très nombreux malentendus (c'est vraiment le mot !), il s'ensuit que les problèmes du son, comme le remarquent Schäfer et Sterne, sont presque toujours abordés et analysés avec d'autres vocabulaires, notamment ceux de la vue ou du toucher.

Au-delà de quelques notions musicales tout à fait élémentaires, le fait sonore est donc abordé dans un lexique qui n'est pas le sien. C'est assurément un facteur grave de limitation des progrès possibles pour le design sonore, de sa pleine assimilation dans notre société et de sa capacité à concevoir des projets originaux et complets. Après de premières initiatives comme celle du *Dictionnaire des effets sonores* du CRESSON (1993), se multiplient désormais les lexiques, glossaires et autres ouvrages ou documents terminologiques relatifs au son, notamment dans le milieu de la normalisation. Il convient de saluer ces indispensables réalisations mais aussi d'admettre leurs limites. Reconnaissons-le ici après d'autres : l'éducation au fait sonore est encore quasi nulle et, rappelons-le, ne saurait être limitée au seul univers musical. Il faut pourtant, certes à des degrés divers, en connaître la grammaire, mais aussi la sémantique et toutes ses autres composantes théoriques et pratiques pour en être un bon praticien, client ou bénéficiaire.

Cet effort éducatif passera par une meilleure connaissance de l'écoute mais aussi de l'audition. « Nous avons beaucoup à apprendre de l'écoute en ce qui concerne la forme, la surface et la texture » écrit Sterne. « Peut-être la plus grande erreur de la litanie audiovisuelle consiste-t-elle à assimiler l'audition à l'écoute. L'écoute est une activité ordonnée et acquise : il s'agit à coup sûr d'une pratique culturelle. Elle a besoin de l'audition, mais ne saurait lui être assimilée pour autant. »

Dans son livre *Histoire de la modernité sonore*[1], Jonathan Sterne, auteur de ces remarques, ouvre la voie aux *sound studies* proprement dites, généralisation de l'étude sémiotique des sons et de l'analyse anthropologique de l'écoute. Le son y est tout d'abord perçu comme témoin du corps, il s'agit alors d'étudier les sons corporels en tant qu'indice de la maladie au moyen d'un stéthoscope. Entre anatomie et sociologie du son, Sterne montre qu'être à l'écoute de soi est tout d'abord une réalité physiologique et pas seulement psychologique : « l'histoire du son implique une histoire du corps », celle de son corps d'abord. Sterne considère que le son, en tant qu'élément d'un plus vaste phénomène vibratoire physique, est un produit des sens humains, non un élément du monde extérieur à l'univers humain. Sterne réinvestit très utilement l'écoute au centre du débat.

L'étude des phénomènes sonores doit sortir de leur ornière purement naturaliste. La multivalence du son est d'ordre culturel. L'anthropologie sonore – mais aussi le marketing ! – montre à l'envi que, selon les peuples, le son n'a pas la même valeur, il ne signifie pas la même chose, au même titre que les couleurs, les goûts et les odeurs. Les codes acoustiques diffèrent selon les groupes humains et il y a là pour le praticien comme pour le chercheur un champ illimité d'approfondissement et de renouvellement de ses travaux et, sans doute, de la demande sociale.

Le présent ouvrage, s'inscrit dans ces perspectives et même s'il ne peut toutes les aborder, espère apporter une contribution utile.

Le design sonore en Europe[2]

Quatre décennies après l'apparition du terme anglais *sound design* pour signifier « la création d'effets sonores » – bruit (*foley*), ambiance, environnement – dans l'industrie cinématographique, mais également au théâtre, le recours systématique aux effets sonores pour simuler une certaine réalité – environnement, ambiance, bruits –, de plus en plus de jeunes Européens expriment leur intérêt pour une profession séduisante. En évolution constante mais

1 Sterne, p. 33.

2 Réalisée dans le cadre du projet de recherche intitulé *Analysis of Sound Design Practices*, l'analyse suivante reprend en compte divers éléments – distribution géographique, âge et nationalité, éducation – pour décrire le statut socioprofessionnel des acteurs du design sonore.

sans identité spécifique, le métier de designer sonore ne jouit pas d'une claire représentation au sein de l'administration du travail.

Aujourd'hui, la jeune génération a (enfin) la possibilité d'étudier ce métier grâce à des programmes spécialisés au sein d'écoles et d'universités. Toutefois, les professionnels déclarent que le design sonore est un métier à apprendre principalement sur le terrain, voire de manière autodidacte, en raison de la multiplicité des compétences et savoir-faire nécessaires à son apprentissage. Il s'agit d'une profession principalement *freelance,* et multitâches, qui exige des compétences diversifiées, aux caractéristiques distinctes et de durées variables.

C'est ainsi ce qui ressort, entre autres résultats, du projet de recherche intitulé *Analysis of Sound Design Practices*[1]. Le projet est parti du constat que le métier de designer sonore n'a été identifié qu'au cours du dernier siècle seulement, bien que les pratiques qui le caractérisent remontent, elles, à l'Antiquité. Aujourd'hui, la littérature scientifique se caractérise par un accroissement constant de publications, témoignant certes de l'intérêt et de l'influence réels de disciplines connexes au design sonore, néanmoins fondamentales pour sa compréhension.

Cependant, l'expression « design sonore » et la catégorie professionnelle lui correspondant de « designer sonore » bien qu'encore aujourd'hui équivoque et de perception inégale à l'échelle des pays européens, concernent différents domaines transdisciplinaires. Dans ce chapitre, ne sera présentée qu'une partie des résultats obtenus à travers l'analyse d'un questionnaire mis en ligne de juillet à octobre 2018, avec un taux de participation de 24 % (108 designers sonores sur 450 professionnels contactés). L'analyse quantitative et qualitative comprenait différents aspects : géographiques et personnels (pays, âge, éducation...) ; profils types : domaines d'activité, compétences, formation, pratiques de travail et d'organisation, responsabilités, enseignement, ressources techniques de la profession, archivage et documentation. Le projet s'adressait à un public européen. Sont abordés plus particulièrement les aspects concernant la distribution géographique, l'âge et les nationalités, l'éducation (fig. 0.1), et le statut socio-professionnel des acteurs du design sonore.

1 Zattra *et al.*, *art. cit.*

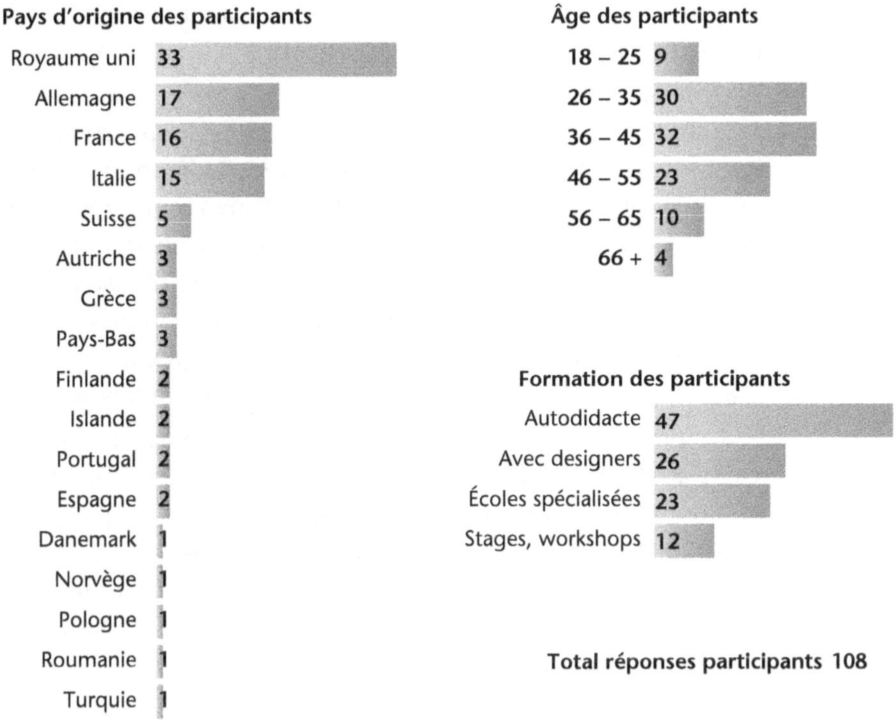

Figure 0.1 – Pays d'origine, âges et formations des designers sonores ayant participé au questionnaire ASDP (*Analysis of Sound Design Practices*)

Cartographie des designers sonores en Europe

Nonobstant la localisation en Europe de tous les designers sonores interrogés, localisation qui est directement fonction du recensement de ce projet – 560 personnes identifiées sur le web, des contacts personnels et des invitations aux agences spécialisées, associations, universités et événements relatifs au design sonore d'obédience internationale –, cette étude ne peut prétendre constituer un résultat définitif. Notons cependant qu'en Europe, le Royaume-Uni (211), la France (115), l'Allemagne (99) et l'Italie (45) sont bien représentés. Le Royaume-Uni, qui propose déjà une corporation de designers sonores (Association of Sound Designers) plus délibérément tournée vers le théâtre, avec un statut, des règles, une base de données des professionnels, est sans doute surreprésenté. Il s'agit d'un cas unique de règlementation nationale, telle une organisation syndicale qui pourrait devenir un modèle pour d'autres pays.

Le questionnaire en ligne a été envoyé à quatre cent cinquante personnes (certaines adresses étant erronées ou périmées). Ont été reçues cent huit réponses (24 %). Logiquement, le nombre d'Anglais est le plus important (33), suivi par l'Allemagne (17), la France (16) et l'Italie (15). L'analyse montre une disproportion entre les participants masculins (95) et les femmes (11). (Deux personnes n'ont pas répondu.)

L'analyse de la répartition par groupe d'âge montre que 7 % appartiennent au groupe d'âge 18-25 et 27,7 % au groupe d'âge 26-35. La plupart des participants sont dans la fleur de l'âge (29,6 % de 36 à 45 ans), une proportion qui pourrait indiquer que le métier a désormais atteint « l'âge de raison ». On constate ensuite une diminution progressive de l'activité (21 % de 46 à 55 ans, et 9 % de 56 à 65 ans). Quatre participants ont plus de 66 ans, dont un enseignant à la retraite. L'analyse transversale montre aussi que, même si les femmes sont sous-représentées, leur nombre a significativement augmenté.

La majorité des personnes consultées travaillent depuis plusieurs années (de quatre à vingt ans), dix participants travaillent depuis trente ans. C'est donc une profession récente, qui bénéficie d'une diffusion dynamique, grâce notamment à la notoriété des professionnels du secteur et à la diversité croissante de la littérature scientifique, ainsi qu'à la publication de nombreux articles sur le web, des blogs, de pages dans les réseaux sociaux, de tutoriaux, d'entretiens et de vidéos en ligne.

Formation et secteurs d'activité

Alors que cette étude révèle incontestablement que la majorité des participants a commencé sa carrière de designer sonore en travaillant sur le terrain, bénéficiant de la transmission du savoir entre pairs (toutes tranches d'âge confondues), il apparaît aussi qu'un nombre croissant de masters et d'écoles consacrées à la formation en design sonore ont vu le jour ces deux dernières décennies. Le Royaume-Uni possède un système éducatif institutionnalisé (quinze écoles), ainsi que l'Allemagne, l'Autriche, la France, l'Italie et le Portugal. Plusieurs designers sonores expérimentés sont eux-mêmes devenus enseignants dans ces formations.

Les disciplines majeures de ces formations sont essentiellement l'ingénierie du son et la musique (composition et pratique instrumentale). D'autres disciplines, de nature plutôt transversale, complètent également ce tableau, tels production/enregistrement en studio, design, recherche (acoustique, informatique...), lutherie et marketing. Les secteurs d'activité – plusieurs réponses possibles – sont représentés par la composition musicale (74 participants), les arts sonores (*sound art*, 70), le paysage sonore (*soundscape*, 59), la pratique instrumentale, le théâtre, la scénographie (56) et l'industrie cinématographique (36). Les secteurs d'activité tels que la télévision, les jeux vidéo, le bruitage, l'industrie numérique, la muséographie, l'identité de marque (*sound branding*) et la radio sont moins bien représentés. C'est également le cas – entre trois et dix-huit réponses – en ce qui concerne l'industrie des transports, l'architecture, le marketing, le secteur de la santé et de l'industrie des appareils électriques et domestiques, voire la règlementation acoustique (droits et normes) et la lutherie. Quarante-sept participants enseignent, quarante et un sont aussi des chercheurs.

Statut professionnel des designers sonores

Le designer sonore est un professionnel indépendant (73 %). Les contrats varient sensiblement selon la nature des projets. Souvent un même designer travaille simultanément sur différents contrats en parallèle. Un participant explique : « Je travaille sur plusieurs projets en même temps et sur des périodes pouvant atteindre six mois, parce que je ne peux y consacrer qu'une partie de mon temps, d'un à deux jours par semaine. » À la question du nombre de projets effectués, un participant de 56-65 ans a répondu qu'il avait travaillé sur plus de mille projets : « plus de 500 émissions de radio, 250 films de télévision, plus de 500 publicités, plus de 100 enregistrements professionnels de musique et plus de 200 événements en direct ».

Les contrats (plusieurs réponses possibles) sont réalisés sur projet (32 %), à temps déterminé plein-temps (19 %) ou mi-temps (21 %), sans limite de durée mi-temps (10 %) ou à plein temps (14 %), ou encore à titre bénévole (15 %). Sont aussi recensés des acteurs de projets scientifiques (17 %). La durée typique des projets est de 3 à 6 mois, plus généralement dans l'industrie cinématographique et le théâtre. La deuxième durée typique d'un projet est plus courte, d'une semaine à un mois, parfois s'étalant seulement sur quelques journées. Les projets plus longs (un an ou plus) sont caractéristiques du monde de l'art, arts sonores, installations et architecture.

Nonobstant l'absence générale en Europe de classifications nationales uniformisées[1] autour de la profession de designer sonore, certains pays reconnaissent ce statut professionnel sur la base des typologies métiers déjà réglementés dans ces pays. C'est notamment le cas au Royaume-Uni, au Portugal, en Finlande, en Grèce et en Italie. Ce processus progressif d'identification de la profession est aussi ce qui lui permettra d'avoir un statut propre qui la différencie des autres métiers du son, notamment au regard de la transversalité des compétences du designer sonore, point mentionné à maintes reprises dans le présent ouvrage.

1 Misdariis, 2018, p. 14 ; Pecquet, 2018, p. 7.

Il manque aussi des règles nationales et européennes sur le copyright (urgent pour 59 % des interlocuteurs), et les brevets (la position est plus nuancée : 36 % très important, 21 % assez important, 24 % moyennement important). Enfin, sur l'équilibre entre vie professionnelle et vie privée de la profession, un designer sonore anglais (âgé de 26-35 ans) précise qu'il ne bénéficie d'aucune couverture sociale.

Les professionnels travaillent dans leur *home studio* (48,6 %) avec différents outils – hardware et software, décrits dans le questionnaire (présentés dans l'Annexe à la section Outils). Ils exercent également dans des studios professionnels ou logements personnels, selon la nature du projet. Après avoir acquis une certaine expérience, plusieurs d'entre eux ouvrent une agence. Certains enseignent ou sont employés dans des universités. S'il peut y avoir des professionnels qui travaillent dans des résidences artistiques (muséographie, arts sonores), la majorité des acteurs de la profession (âgés de 26 à 35 ans) travaillent sans contrainte de lieu : « ... partout, où je peux m'asseoir avec le portable sur mes genoux, connecté » (secteur des jeux vidéo et théâtre).

Organisation de l'ouvrage

L'ouvrage est composé de deux parties principales.

Après cette composante introductive présentant notamment le profil des acteurs européens de la profession, leur origine, statut et fonction, la première partie propose une analyse à caractère transversal des champs d'application du design sonore. Elle offre un point de vue théorique sur les applications du son dans les usages courants : histoire et contextualisation des évolutions, prospections scientifiques, usages et fonctions, pratique, état de l'art, design et innovations, aspects techniques, qualité et transmission sonore du rendu de projet. Sept chapitres explorent ainsi, sans prétendre à l'exhaustivité, la diversité des champs d'application du design sonore.

Dans la deuxième partie, sont proposés dix cas de design sonore ainsi que celui de la création d'une des normes de l'AFNOR, reprise par l'ISO, en matière de design sonore. Ce cas, placé en premier, nous a paru intéressant en ce qu'il fait écho à de nombreuses problématiques exprimées dans les cas directement opérationnels qui suivent (fig. 8.4). Chaque cas est présenté à partir de l'expérience d'un des responsables du projet, expérience recueillie par entretiens. Ces cas étant sensiblement différents, il a été retenu de les présenter à partir d'une trame commune, celle de la gestion de projet présentée dans un chapitre introductif et telle qu'elle structure déjà des secteurs comme le cinéma : pré-production, production et post-production. Ces cas sont répartis en trois domaines :

- Vie quotidienne
- Activités spécifiques
- Marketing

En annexes, un chapitre recense les formations en design sonore, la pédagogie actuelle pour une gestion d'expertise du fait sonore dans les domaines identifiés d'application de ce métier. Sont ensuite proposées des informations juridiques sur la gestion des droits d'auteur qui varie sensiblement selon les domaines.

Deux nomenclatures commentées, l'une de structures de formation au design sonore et l'autre de quelques outils parmi les plus courants, viennent clore l'ouvrage avant quelques liens vers des sons relatifs aux cas étudiés.

Nous tenons à remercier ici très sincèrement, outre Christian Hugonnet pour son éclairante préface, tous les praticiens qui ont bien voulu nous répondre et ainsi nous aider et nous encourager dans ce travail.

Organisation de l'ouvrage

Partie I

Champs d'application du design sonore

Chapitre 1
Design sonore et société : vers l'écoson

Pour le chercheur, le design sonore s'inscrit nécessairement dans une approche pluridisciplinaire. Cette approche englobe autant le design que le son, ces deux termes étant pris dans leur plus large acception. D'un côté, le design intègre lui-même diverses activités, liées à la production : produire « c'est designer » – concevoir –, on dira aujourd'hui « projeter », à des fins d'usage certes – dimension fonctionnelle qui, dans un premier temps, répond à la question « à quoi cela sert-il ? ». Toutefois, dans un second temps, le terme a progressivement concerné les critères ergonomiques et esthétiques. De son côté, le son, phénomène physique – vibration électromagnétique – est une composante naturelle et omniprésente de l'univers au sein de laquelle se joue « l'audition » humaine. Cette dernière intègre des propriétés psychophysiologiques qui conditionnent la réception – le ressenti éprouvé par une émotion esthétique (« esthésique »), en relation avec le contexte socioculturel d'appréciation.

Par anthropologie du design sonore, il faut ainsi comprendre l'étude, et donc l'identification de toutes activités sociales intégrant une dimension sonore intentionnelle ou contrôlée, directement ou indirectement, à titre principal ou secondaire, répondant à un usage quel qu'il soit et dont la finalité peut varier, entre « affecter l'écoute », qu'elle soit humaine ou animale, voire d'autres « cibles », et « transmettre des informations » physiques ou astrophysiques par exemple.

Contexte anthropologique

Au sein de l'espace sociétal, l'audition, parmi nos cinq sens, tient une place à part : le son aurait existé avant la lumière ; la plupart des grands récits religieux traduisent cette séquence physique, d'abord le son ensuite les photons ;

le son est le premier sens développé par l'homme, dès le troisième mois dans le ventre maternel... Outre le fait que le son place l'homme dans le contexte, et au-delà même de la condition humaine, l'expérience de Pavlov (1899) montre à tous qu'un chien peut être éduqué à anticiper la nourriture par le son d'une cloche.

Un tel comportement réflexif peut être appliqué chez les hommes, chez qui s'opère une organisation sensorielle, perceptive et cognitive. La sphère d'influence du son est ainsi proprement liée à l'attrait du principe d'audition, lequel s'exerce au sein des différents espaces sociétaux différemment selon les cultures. On remarque ainsi, dans presque toutes les civilisations au cours de l'aventure humaine, des pratiques similaires d'usage sonore, plus particulièrement en ce qui concerne les grands ordres sociétaux – sacré, prières chantées durant les offices ; militaire, entraînement et encouragement au combat – marches des corps armés et/ou son des armes ; socio-politique – cérémonies, fêtes, chasse... ; ou économique, agencement sonore qui influence nos décisions d'achat. Le statut de service (sonore) associé au design porte alors sur des objectifs communs – accompagnement, alerte, support de compréhension, entraînement, précision, ambiance, émotion...

Si le son peut déterminer nos comportements, il influence également nos capacités d'écoute dans les secteurs clés de l'organisation sociétale. Alors qu'il s'agit toujours selon les cas de capitaliser « l'attention » au moyen de sons à forte identité, l'écoute est très souvent évaluée par opposition – fort/faible (intensité), aigu/grave (fréquence), court/long (durée) – ou plus généralement comme « texture » (timbre) ou dynamique (enveloppe). Ces propriétés de base forment les « critères d'écoute » des usages courants du son au sein de toute culture. Selon l'acception commune, le son oscille entre deux pôles antagonistes, le bruit d'un côté, la musique de l'autre. Lorsqu'un son est perçu négativement, il est perfectible, tout comme la musique peut représenter du bruit pour celui que cela insupporte.

L'ouverture des sciences humaines à la « sociologie du son », initiée par Jonathan Sterne avec sa « nouvelle modernité sonore[1] », où les sons (perçus ou non perçus) du corps lui-même occupent une place première, notamment comme révélateurs de sa nature profonde voire de ses troubles, apporte désormais un éclairage tout aussi important. Alors que tout son est fait pour être entendu, le vécu sonore ordinaire ou « bande-son du quotidien » est désormais un objet d'étude pluridisciplinaire permanent dans tous les domaines de la vie humaine.

1 *Op. cit.*

Selon l'acception courante, les sons « naturels » – éléments, bruits divers liés aux forces en action dans un lieu donné –, ces sons « naturels » de type stochastiques sont autrement qualifiés par certains comme des sons WWB (*Wind, Water and Birds*, ou vent, eau et oiseaux), sont distincts des sons artificiels, c'est-à-dire produits par l'homme – déplacements, activités, communication, machine. Ce distinguo, que l'on peut conserver à titre d'hypothèse de travail, pose problème puisqu'il sépare radicalement l'homme de la nature. Mais écouter c'est aussi « designer » les sons que l'on entend et que l'on fait. Le cas de la création de sons, s'il correspond à une « artificialisation » du sonore, n'est pertinent ici que si l'artefact sonore produit est réalisé à des « fins utilitaires ». Que des musiques aient déjà été créées à d'autres fins mais soient réinvesties, ré-instrumentalisées, elles demeurent des objets de design sonore, et ceci dans le but de répondre à une fonctionnalité qui leur est, dès lors, extrinsèque. Séparons ce qui peut l'être et considérons que l'anthropologie du design sonore s'intéresse plus précisément à des sons sinon déjà utilisés, créés à cet effet, des sons « au service de », pour tel « usage », « message », dans/pour tel « environnement ».

Il faut ainsi observer les enjeux sociétaux selon notre exposition sonore dans les espaces investis. L'opposition discutable de deux écoutes, naturelle d'une part – élémentaire au sens propre –, ou artificielle d'autre part, permet d'isoler des états de l'écoute, en relation dans des milieux distincts, et d'en identifier, non pas seulement la source ou la cause, mais le sens humain, pour s'intéresser au fondement anthropologique de ces vibrations comme le rappelle Sterne. Au-delà même de l'aspect « schizophonique[1] » de l'écoute prothétique (au casque) et qui entraîne une immersion et une forme d'isolement de tendance asociale, la « schizophonie » peut alors concerner l'extrême confusion acoustique qui se présente dans les usages intempestifs du son à l'échelle des relations humaines, tous ordres confondus.

Des usages sonores

Au sein de la problématique de projet, et, comme c'est souvent le cas, dans le but de répondre à des « exigences d'écoute » contribuant à présenter le son comme *passeur de sens* audible, la « transversalité » propre au design sonore répond aux différents statuts du son selon ses domaines d'application – lieux

1 Schäfer le définit ainsi : « J'ai voulu souligner, en forgeant ce terme de "schizophonie" dans le nouveau paysage sonore, le caractère pathologique du phénomène. Voisin de schizophrénie, je le chargeais du même sens d'aberration et de coupure de la réalité. » (Schäfer, p. 143)

de culte, cérémonies en tous genres, mobilité, soins, signalétique, services... Ces champs, auxquels dès lors sont associées des pratiques utilitaires ciblées, donnent lieu à des situations « d'écoute orientée », replaçant dans l'espace social les « usages sonores », tant en ce qui concerne la production (artefacts) par les professionnels du son ou praticiens sonores aux profils diversifiés – ingénieur, acousticien, urbaniste, sociologue, « marketeur », thérapeute, musicien, designer... –, que leur consommation par les usagers.

Selon une logique de transmission « écoute/sens », le son capté, enregistré, est « fixé ». Ce terme est emprunté à « la musique concrète » pour laquelle le son fixé est un son enregistré et disponible en tant qu'objet « manipulable » indépendamment même du contexte de sa production. Cette « fixation » le fait basculer dans l'intemporalité. Il est ainsi accessible en tant que capital audible potentiel « au service de » et prêt à l'emploi. Le son intime, celui de notre corps social, demeure sinon notre référent acoustique – nous sommes ce que nous écoutons –, une identité sonore unique.

Au plan anthropologique, cette médiatisation (du) sonore a largement participé à l'émancipation du son et à celle de pratiques généralisées de consommation sonore devenue « courante ». Qu'il s'agisse de l'écoute de musique individuelle, de diffusion commerciale, de signalisation, d'alerte, d'équipements ou d'objets divers, sur un plan sociétal élargi, là où précisément, même si ces pratiques existaient déjà, elles n'étaient pas ou insuffisamment envisagées comme des pratiques professionnelles de design, elles-mêmes issues de projets plus généraux de conception/fabrication industrielle ou autre (artisanat).

L'évolution de ces pratiques est directement liée à celles des technologies de reproduction/diffusion qui (se) renouvellent elles-mêmes sans cesse (à travers) les usages et les comportements d'écoute.

Du paysage sonore à l'écoson

Le son place l'homme dans un contexte d'écoute au sein d'un environnement donné, ce qui a pu être défini comme « le paysage sonore ». Murray Schäfer, dans son ouvrage *The Tuning of the World*[1], s'est intéressé à « l'étude des rapports de l'être humain avec son environnement acoustique » alors qu'il avait fondé avec d'autres, dès la fin des années soixante, le *World Soundscape Project's Publications* (Publications du Projet « Le paysage sonore [du monde] »).

1 Schäfer, *op. cit.*

Barry Truax et Hildegard Westerkamp continuèrent le projet après son retrait du groupe à la fin des années soixante-dix et ils ont diffusé et développé son héritage par le biais de publications et d'enregistrements de leur propre travail et de cours de communication acoustique au Département des communications de l'Université Simon Fraser de Vancouver, Canada, qui y tenait son siège social.

L'étude d'un « paysage sonore » spécifique met en évidence que « l'image » du paysage sonore est façonnée par la perception de l'auditeur. L'analyse de « l'image » est basée sur des unités cognitives telles que le premier plan, l'arrière-plan, le contour, le rythme, l'espace, la densité, le volume et le silence. De ces unités ont été dérivés des concepts analytiques tels que la « note clé », le « signal », « l'empreinte sonore », « l'objet et le symbole sonore ». Dans la continuité des recherches en « acoustique écologique » ou « écologie sonore » entreprises par Murray Schäfer dès les années soixante-dix, l'expression « paysage sonore » indique ainsi comment l'environnement est compris par ceux qui y vivent. L'auditeur individuel dans un paysage sonore fait partie d'un système dynamique d'échange d'informations, ce que Truax décrit par les termes « *Acoustic Communication* ». Aussi l'idéologie du paysage sonore reconnaît-elle que, lorsque les humains pénètrent dans un environnement, ils ont un effet immédiat sur les sons de cet environnement : le paysage sonore est créé par l'homme et, en ce sens, composé. Une interprétation qui signifie que l'écoute est sélective, non pas seulement pour adapter son oreille à l'environnement, mais aussi comme organe physico-biologique réagissant aux fluctuations acoustiques venant de l'extérieur. Écouter c'est aussi bien organiser l'audible qu'en communiquer le sens.

Issu de la révolution multimédia, l'instrumentalisation digitale du monde sonore génère une intermédialité – approche conceptuelle pluridisciplinaire s'intéressant aux relations et interactions entre des médias distincts à l'intérieur d'une œuvre et se développant dans des contextes sociaux et historiques spécifiques – qui a une influence directe sur nos comportements auditifs, alors « artificialisés » : non seulement le milieu paysager – *soundscape*, ambiance sonore – mais aussi, au regard des multiples champs du design sonore, le message – qu'il soit exprimé selon des ordres de réalité distincte – voix, objet, machine –, les produits de consommation courante qui génèrent des sons propres – appareils ménagers, véhicules, ustensiles variés –, ou encore les nombreux services audio – radio, télévision, guide… –, en somme tout élément audible dans un cadre artificiel, c'est-à-dire conçu et produit par l'homme. Certains d'ailleurs n'hésitent pas, tel Steve Goodman[1], à considérer que « l'hyper industrialisation » de la société contemporaine, depuis l'avènement de la reproduction sonore, hantée par le productivisme tous azimuts, a généré une infection sonore (*earworms* [vers d'oreille], *audio viruses*) aux effets difficilement contrôlables, et par extension qui affecte les relations de l'homme avec le vivant, le milieu naturel, comme de l'homme au sein de structures sociétales.

À l'ère proclamée de l'Anthropocène – environ 10 000 ans avant J.-C., l'agriculture naissante est aujourd'hui considérée comme responsable de la perturbation durable des équilibres fondamentaux de la planète, la distinction opérée entre une perception « hi-fi » des espaces sonores naturels et « lo-fi » des espaces sonores artificiels, si elle reste d'actualité, se doit d'intégrer les performances technologiques de la troisième révolution industrielle dite digitale comme une nouvelle génération sonore « d'hyper-objets[2] » intelligents et doués d'empathie. Dans la mesure où ces hyper-objets répondent interactivement à des principes algorithmiques dissimulés, souvent aux dépens de leurs utilisateurs, il est important d'en maîtriser les « effets » si l'on ne veut pas aboutir à une société traversée de part en part de flux audio constants constituant une forme de pollution sonore qu'il faudra nécessairement arbitrer.

En théorie, comme le conçoit Stéphane Vial, le « design n'est pas le champ des objets mais le champ des effets[3], » on parle alors de nouvelle sensorialité. Dans sa « phénoménologie du design », Vial montre comment le design, discipline pratique, affecte notre quotidien, le structure, l'organise par la production d'effets. Il distingue en cela une première dimension de l'effet, « ontophanique », qui est celle de l'enchantement, de l'augmentation de l'expérience vécue. Dans sa deuxième dimension de l'effet, prénommée « callimorphique », le design concerne l'harmonie des formes. Enfin la troisième dimension, « socioplastique », concerne la réforme sociale, pour « inventer de nouvelles manières d'exister ensemble ». Dans le cas du *sound design* au cinéma, l'acoustique est au service de l'image comme effet. Éric Viers a produit un livre éponyme sur les *sound effects* qui, dans une plus large mesure, décrit tel un manuel d'usage, les techniques électroniques de traitement du son pour la production ciblée d'effets au cinéma. En pratique, les techniques de production acoustique – traitement/mesure/mixage/montage – se font

1 Goodman, p. 141-148.

2 Morton, 2018, p. 125.

3 Vial, p. 9.

souvent selon une répartition tridimensionnelle de l'espace-temps : dialogues, bruit et musique. Elles demeurent une conception généralisée de l'univers professionnel de la production sonore qui tend à considérer plus globalement le design sonore comme cette science des effets. Ces fameux effets ont donné lieu à un inventaire détaillé pour déterminer l'environnement acoustique du vécu quotidien dans l'ouvrage *À l'écoute de l'environnement : répertoire des effets sonores*[1].

L'« ontologie acoustique » caractérise la relation que nous avons avec le monde sonore, la nôtre au premier plan et celle du groupe humain, tribal, de la communauté humaine.

Le mot « écoson », néologisme composé de la contraction de deux termes « écologie » et « son », fait référence à ce paradigme. Il signifie l'harmonisation ou « écognose[2] » des sons avec le milieu ambiant. Alors qu'il ne s'agit pas ici de considérer l'aspect négatif d'une « écologie de l'ombre[3] », cette dernière constitue néanmoins le point de départ de toute conscience écologique en référence au traumatisme existentiel qu'elle peut induire dans l'espace communautaire.

Depuis Schäfer et ses intuitions sur la question écologique, le son recouvre avec le milieu acoustique, à travers sa notion « d'agrément » (*tuning*), une dimension à part entière et au sein de laquelle repenser structurellement la société peut/doit se faire aussi *en relation avec,* ou *à partir de,* ladite réalité acoustique, et comme une forme d'engagement socio-économique, qu'il s'agisse de santé, de normes ou de respect environnemental, trois axes notables de développement en design. Le rôle du design sonore et de ses acteurs est en conséquence de veiller à cette question d'un ordonnancement sonore, que nous avons défini comme « écosonique » et au sein duquel, selon les différents espaces de vie, notre quotidien s'organise en conformité avec normes et cadres existants et autres à établir.

Il est aujourd'hui avéré que le bruit dans les espaces de travail, quelle que soit sa nature, altère la concentration et diminue d'autant la productivité du travail. Les études sur les espaces de travail ouverts, créés initialement pour favoriser la synergie entre collaborateurs d'une même entreprise, ont

1 Auguyard, Torgue, 1995.

2 Timothy Morton, dans *Dark Ecology,* décrit « l'écognose » comme l'harmonisation de toute politique écologique sous l'effet d'une prise de conscience.

3 *Op. cit.* p. 5, Morton écrit : « L'écologie de l'ombre c'est le traumatisme que suscite la prise de conscience de son état et ce moment dans lequel les hommes réalisent qu'ils sont de dangereux criminels. »

montré qu'ils réduisaient sensiblement et paradoxalement le rendement de l'entreprise en générant quantité de nuisances sonores aux effets distractifs et conduisant à des arbitrages au regard des autres avantages de ces espaces particuliers (certains espaces de travail doivent être ouverts).

Alors qu'il existe aujourd'hui des outils d'analyse systématique de « l'habitacle » pour une telle mesure – sonomètre, enquête phono-réputationnelle constituant les plus communs –, l'ingénierie acoustique se limite le plus souvent à des évaluations sonores physiques, reléguant la socio-acoustique au second plan, l'enjeu étant, conformément aux exigences écologiques, qu'un « écoson » soit conforme à la réglementation en vigueur, dès lors bien entendu qu'elle existe comme la solution en référence à la tolérance sonore en vigueur dans les différentes pratiques sociales, et qui peut faire figure de régulation acoustique de l'environnement pour une qualité acoustique optimale. La gestion de l'écoson peut alors prendre différents aspects – lois, décrets, normes, éducation, tout en respectant la diversité des protocoles.

Le « design » (au sens générique) peut être l'influent révélateur de l'environnement acoustique, alors que l'homme, en proie à des doutes sur sa condition écologique, entend repenser son avenir à l'aune de catastrophes annoncées. En termes anthropologiques, le paradigme architectural d'une harmonisation de l'habitacle et de l'environnement est aussi dans la dynamique écologique du projet humain du « vivre ensemble », où le milieu de vie conduit à trouver les outils adéquats pour produire et (se) reproduire, voire borner le périmètre de nos activités, l'enclos sonore de notre destinée aujourd'hui.

Victor Papanek dans son ouvrage *Design for the real world* (1971) met ainsi l'accent sur la responsabilité sociale du designer sous ses divers aspects – choix des matériaux, modalités de fabrications, recyclage... – qui deviendront les bases de la résilience en matière écologique. Aujourd'hui, l'interaction entre système social humain et écosystème conduit tout projet de design à une action « responsable ». Environnement, produit et services sonores doivent en conséquence intégrer ce paradigme anthropologique du design sonore – donner matière au son en recomposant l'écoute quotidienne – au risque de ne pas être compris ni accepté par la communauté et d'être à contre-courant des usages, en tout cas des besoins « sonores ou non » réels.

Chapitre 2

Marketing et communication

L'utilisation de la musique et du son à des fins de communication pour « les marques » n'est pas un phénomène récent puisqu'il a été identifié dès le XIIIe siècle où les marchands ambulants proposaient leur offre à l'aide de morceaux « sophistiqués » à trois voix.

Ensuite, dans les années 1920, avec l'apparition des techniques de diffusion publique, les cafetiers ont utilisé la musique pour procurer une ambiance conviviale dans leurs cafés et en 1927, Monoprix a utilisé la musique d'ambiance dans ses points de vente (ce fut le premier). Aux États-Unis, c'est la société Muzak qui est créée en 1922 pour développer ce qui a été appelée la musique fonctionnelle (*background music*) dans tous les lieux accueillant du public.

Depuis, l'utilisation de la musique dans une perspective de communication de la marque s'est largement développée et, aujourd'hui, aucun support d'entreprise n'échappe à son utilisation : vidéo, sites web, réseaux sociaux, téléphonie, radio, TV, magasins, lieux de service, *podcasts*, etc. Le sens commun confère de nombreux pouvoirs à la musique et aux sons : véhiculer des émotions, être un langage vecteur de sens, réduire la solitude, créer de la vie dans un lieu, influencer le comportement, etc. Ainsi, « pour les managers, la musique facilite l'interaction entre les clients et les employés, elle doit varier au cours de la journée, elle a le pouvoir d'attirer les clients, de les faire fuir ou au contraire de les retenir plus longtemps[1] ».

De longue date, le son apparaît comme une dimension importante de la vente et de la publicité mais d'un point de vue académique, les recherches sur l'impact du son dans un contexte marketing datent des années 1990 et sont donc assez récentes. Enfin, les progrès des années 2010 en neurosciences

1 Goudey, 2008, p. 52.

permettent aujourd'hui d'aller plus loin dans la compréhension du lien entre la musique et le cerveau humain. Tout cela éclaire sous un jour nouveau l'affirmation de Platon : « la musique donne une âme à nos cœurs et des ailes à la pensée ».

Dans cette section, nous allons explorer l'état de l'art et faire un bilan pour chacun des grands cas d'utilisation du design sonore à des fins de communication de la marque ainsi que les plus récentes avancées dans la compréhension des phénomènes grâce aux neurosciences.

Tedtalk d'Alain Goudey.
https://www.youtube.com/watch?v=StavAuVVpXE

Le design sonore dans la publicité (web, TV, radio)

Il existe une croyance forte et généralisée qui permet d'expliquer l'omniprésence de la musique à la télévision ou à la radio. Concernant la marque et la publicité, les annonceurs mobilisent de nombreux éléments, dont la musique, la voix et l'univers sonore pour développer autour de leur marque une rhétorique qui permettra au consommateur de percevoir (et retenir) les éléments affectifs, esthétiques, symboliques, voire fonctionnels de l'offre. Ainsi plus de 90 % des annonces télévisées ou radiophoniques sont accompagnées d'une mélodie.

Dans cette perspective, l'expérience des stylos réalisée par Gorn en 1982[1] a marqué la littérature au sujet de l'influence de la musique de publicité sur l'individu : en l'absence d'informations suffisantes sur le produit, la musique participerait directement à la formation de la préférence envers le produit ! De nombreuses recherches ont réussi à reproduire cet effet, alors que d'autres n'ont pas réussi ou n'ont réussi que dans des conditions très spécifiques (niveau d'implication faible vis-à-vis du produit, produits impersonnels, etc.).

Puis d'autres modèles, plus nuancés, ont émergé, tels que l'*Elaboration Likelihood Model*[2] (ELM). L'utilisation de ces modèles a permis aux chercheurs de comprendre l'impact de la musique sur la quantité d'informations traitées par le cerveau. Si le tempo est lent, la densité d'informations à traiter est plus faible et le cerveau a plus de temps pour mener son analyse. Si le volume sonore est

1 Gorn G. J., p. 46.

2 Petty *et al.*, p. 135-146.

faible, certaines fréquences ou certains instruments ne sont pas ou peu audibles, ce qui allège là encore la charge informationnelle. Ces modèles ont permis de montrer que la musique entre en compétition avec le message central dans l'allocation des ressources pour le traitement de l'information. Il convient donc de choisir efficacement le design sonore de la publicité pour être cohérent avec le produit exposé, la marque ou encore le message qu'il convient de délivrer.

De très nombreuses études ont montré l'influence positive de la musique sur la mémorisation du message publicitaire, de la marque ou de l'exposition à la publicité. Comme nous le verrons dans la section dédiée aux neurosciences, il s'agit ici d'une action de la musique sur la mémoire par association, en constituant ainsi un nouvel indice mémoriel. Le type d'harmonie (majeur) ou de style (musique populaire) serait plus favorable à la mémorisation.

D'autres études ont montré un impact de la musique de publicité sur l'affect de l'individu : notamment il y aurait une sorte de tempo optimal pour entraîner un affect le plus positif possible. Le mode (majeur) entraînerait des évaluations plus positives que le mode mineur.

Enfin, la musique pourrait même aller jusqu'à favoriser l'intention d'achat du produit pour peu qu'elle soit évaluée comme congruente avec le produit. Certaines musiques de publicité deviennent même des titres incontournables à part entière : la reprise de *We Will Rock You* par BETC avec des voix d'enfants pour Evian en est un excellent exemple.

Le design sonore sur le lieu de vente

La SACEM a montré dans une étude de 2014 qu'un magasin sans musique va être moins bien évalué par les clients que le même magasin avec une ambiance sonore. En effet, le magasin sans ambiance musicale est perçu comme triste, sans vie, sans âme, froid ou encore monotone. De son côté, Julian Treasure, figure emblématique du marketing sonore (et fondateur de The Sound Agency), a montré que l'absence de musique diminue le chiffre d'affaires de 28 %. Mediavea (groupe Radio POS), grâce à une étude AC Nielsen, montre que la radio d'enseigne augmente le chiffre d'affaires en moyenne de 17 % et ces résultats varient fortement selon les catégories de produits analysées, pouvant aller jusqu'à une hausse de 35 % !

En dépit des nombreuses recherches conduites ces quarante dernières années en marketing sur l'influence de l'ambiance musicale du lieu de vente, il est souvent particulièrement complexe de comparer les différents résultats de recherche car elles ont la plupart du temps lieu dans des contextes très spécifiques : variables exogènes contrôlées à des degrés divers, temps d'exposition très variable d'une étude à l'autre, manipulation musicale et sonore limitée, etc. Pour compenser cette comparabilité faible, Garlin et Owen[1] ont réalisé une méta-analyse de 32 recherches internationales et il apparaît que seuls les liens suivants sont réellement statistiquement significatifs :

- la diffusion de musique (en comparaison avec l'absence de musique) a un effet positif sur la consommation et le plaisir ;
- la familiarité et le côté plaisant de la musique ont tous deux un effet positif sur la consommation ;
- le cumul d'un tempo lent, d'un volume faible et d'une musique familière fait que les clients restent plus longuement en magasin ;
- un volume sonore élevé, un tempo plus rapide et une musique moins appréciée rallongent quant à eux le temps passé perçu ;
- le tempo agit de manière significative sur l'activation/l'éveil (*arousal*) de l'individu.

Plus récemment, une étude a confirmé que l'ambiance musicale influence directement la valeur de magasinage, tant sur la dimension hédonique qu'utilitaire[2] : la présence de musique modifie positivement la valeur apportée par le magasin aux yeux du consommateur.

La musique a donc un réel pouvoir sur la perception du lieu, même dans des cas « extrêmes ». Par exemple, la musique est parfois utilisée comme vecteur de sécurisation d'un lieu : la SNCF utilise la musique classique pour sécuriser ses gares. Des recherches scientifiques plus récentes ont montré que l'ambiance musicale impactait efficacement la perception de sécurité d'un lieu comme un parking souterrain ou une station de métro, pourtant très mal perçus initialement ! Selon le type de contenu sonore utilisé, le sentiment de présence va varier et en retour impacter la sécurité perçue[3]. Le silence est le cas qui génère le plus d'insécurité perçue là où la musique classique, mais encore plus la musique chantée (variété par exemple), génère un sentiment de sécurité fort.

Le design sonore en téléphonie

Les résultats concernant l'influence de la musique et du design sonore sur la perception de l'attente au téléphone sont très peu nombreux.

1 Garlin et Owen, p. 755-764.

2 Bonnin et Goudey, p. 637-643.

3 Sayin *et al.*, p. 343-353.

Néanmoins, quelques études établissent le fait que la musique a un effet significatif sur le laps de temps écoulé avant de raccrocher ou encore que l'appelant reste plus longtemps en ligne lorsqu'il y a présence de musique sur un répondeur. Plus largement, la diffusion de musique durant l'attente au téléphone modifie la perception du temps passé : avec de la musique, il y a une sous-estimation du temps passé à attendre et une augmentation du temps envisagé avant de raccrocher[1].

Enfin, sur ce support la musique semble également avoir un effet sur la satisfaction[2] : la présence de musique a une influence positive sur la satisfaction par rapport à une simple sonnerie, pour des attentes supérieures à une minute.

Neurosciences et design sonore

Les effets du design sonore ont été mesurés sur les dimensions physiologiques, émotionnelles et cognitives de l'individu.

Ainsi sur les aspects physiologique et émotionnel, le son a le pouvoir d'influencer les rythmes respiratoires et cardiaques mais aussi de faire varier le fonctionnement de certaines aires du cerveau : la musique a le pouvoir de changer l'état des neurones dans les aires cérébrales liées aux émotions (l'insula, les cortex cingulaires, le striatum ventral, l'amygdale et certains noyaux du tronc cérébral supérieur[3]) en augmentant de 7 % en moyenne la libération de dopamine, le neurotransmetteur du plaisir. C'est cette même libération subite de dopamine qui serait à l'origine du fameux frisson musical qui se produit à l'écoute d'une musique particulièrement plaisante pour soi. D'ailleurs, il a été montré que la musique réduit aussi l'anxiété pré-chirurgicale puisque l'écoute de musique diminue la présence de cortisol (l'hormone du stress) dans la salive des patients[4].

Concernant la dimension cognitive, nous avons tous des « musiques de marque » ou des *jingles* qui nous restent en tête. Par exemple, les quelques notes de la marque de sous-vêtements Dim sont parmi celles qui atteignent à la fois le taux de notoriété spontané le plus élevé et le niveau de saturation le plus faible. Cette musique, plus lente, de Lalo Schifrin composée pour le film *The Fox* (1967) fut retravaillée (et accélérée) par le musicien Pierre

1 Guéguen et Jacob, 2002.

2 (Peevers, *et al.*, 2009.

3 Habibi *et al.*, 2014.

4 Cooke *et al.*, p. 47-55.

Montana pour devenir ce jingle mémorable. Ici c'est la mémoire associative qui est à l'œuvre : la musique joue le rôle d'un indice supplémentaire pour se remémorer le produit, la marque ou une expérience en magasin. Par exemple, nous mémorisons presque 50 % des mots d'une publicité quand celle-ci utilise un air musical alors que ce chiffre est proche de zéro en l'absence de musique[1] !

Enfin en s'appuyant sur le concept de synesthésie faible, association sensorielle multimodale induite par l'expérience sensorielle et la construction de sens au moment de l'enfance, il a été montré que la musique constitue un véritable langage grâce à son puissant pouvoir d'évocation. En 2007, en utilisant des techniques projectives non verbales, il a été ainsi montré que le tempo et le timbre influencent les associations de l'image de marque évoquée[2]. Par exemple, la marque va être affublée d'un caractère majestueux, aérien et calme dans le cadre d'un tempo lent avec un thème musical joué au violon alors qu'elle sera jugée plus aquatique quand le piano remplace le violon. Pour un tempo rapide et un thème joué à la flûte (toute chose égale par ailleurs), la marque est jugée dynamique et dans le monde de la santé. Ces travaux ont été poursuivis et étendus en 2012 en explorant l'influence de la musique de marque sur les déterminants du capital-marque grâce au symbolisme musical.

Cette section le montre, le design sonore entretient un lien très étroit avec notre cerveau et ce lien commence finalement seulement à être de mieux en mieux compris. Les démarches de communication des entreprises s'en sont emparées très tôt alors que les mécanismes de fonctionnement commencent seulement à être mieux cernés.

1 Alexomanolaki *et al.*, p. 1190-1198.

2 Goudey A., 2007.

Chapitre 3
Design sonore d'objet

Dans le film *Mon Oncle* de Jacques Tati (1958), on découvre la maison futuriste de Monsieur Arpel, directeur d'usine et beau-frère de Monsieur Hulot. La maison est principalement habitée par différents types de sons issus de dispositifs et d'appareils ménagers. On entend le vibreur du rasoir électrique, le « buzzer » des portes automatiques, le moteur de l'aspirateur autonome, les « beeps » de la machine à laver, le détecteur de la porte garage, et le klaxon de la voiture de Monsieur Arpel qui s'éloigne dans un vacarme urbain. Les sons sont simples et produisent les effets attendus ; ils confirment les actions ou gestes, et rassurent sur le bon fonctionnement des dispositifs. Dans le film de science-fiction *THX 1138* de Georges Lucas (1971), de nouveaux usages de la vie quotidienne sont mis en scène. Ces usages sont accompagnés de sons permettant d'informer, de valider, de confirmer, ou encore de donner une vie organique aux dispositifs technologiques. Un soin particulier a été apporté par Walter Murch (*sound designer* de ce film) pour créer une harmonie sonore rendant compte d'un monde encore jamais expérimenté, celui du futur. Dans son livre *Le paysage sonore* (1977), R. Murray Schäfer a observé et analysé les sons du monde en s'interrogeant sur ce qu'il appelle « un nouveau paysage sonore » dans lequel les sons naturels sont remplacés de plus en plus souvent par des sons artificiels. Dans ce chapitre, nous considérons ces deux types de sons qui répondent aux besoins de la vie quotidienne, et nous les distinguons en termes de sons « non intentionnels » et de sons « intentionnels ».

Les sons « non intentionnels » du quotidien

Une grande partie des sons de notre quotidien sont concomitants à un événement physique ou mécanique produit par une manipulation humaine ou entretenu par une source d'énergie : le mécanisme d'une serrure, le claquement d'une porte de placard, la vibration d'un robot électroménager, l'écoulement d'une chasse d'eau, le souffle d'une gazinière, etc. On parle ici de sons

« non intentionnels » de notre quotidien – par opposition aux sons « intentionnels » qui sont produits pour être entendus.

De l'identification à la signification d'un son

Chaque son de notre quotidien est porteur d'information à différents niveaux. Un son provient souvent d'une source ponctuelle qu'il permet de détecter, puis d'identifier. Cela correspond à ce que Pierre Schaeffer appelle un mode d'écoute « naturel », c'est-à-dire une tendance prioritaire et élémentaire à se servir du son pour se renseigner sur la source. En particulier, différentes études en psychoacoustique ont mis en évidence nos capacités auditives, mais aussi leurs limites, à percevoir les caractéristiques d'une source en termes de matière, de taille et de forme.

Les sons de notre quotidien ont aussi une signification dans un contexte donné, allant souvent de la confirmation à l'alerte : par exemple, le bon fonctionnement d'un extracteur d'air lors de sa mise sous tension est confirmé par le son émis, tandis qu'en l'absence de celui-ci, il persistera une incertitude quant à son bon fonctionnement. Un son est souvent perçu inconsciemment lors de la manipulation d'un objet. Il produit une information implicite permettant de prendre une décision ou encore d'ajuster un geste dans un but donné ; par exemple, associer un son à un geste spécifique participe à une meilleure performance lors de l'entraînement d'athlètes[1].

L'absence de son a un effet contraire, priver des joueurs de tennis du son de la balle a un effet sur les gestes effectués et produit davantage d'échecs[2]. La dimension sonore des objets renforce l'interaction entre l'usager et l'objet. C'est dans ce processus interactif que la dimension sonore devient « porteuse de sens » parce qu'elle permet de confirmer une action dans un but précis. L'absence de son est donc un phénomène contre-intuitif dans de nombreux cas de notre quotidien. Imaginez-vous en train de sortir de chez vous et que la serrure ne produise aucun bruit mécanique : avez-vous bien fermé la porte ? Le son de la serrure n'est pas consciemment perçu jusqu'au jour où vous ne l'entendez plus !

Du silence à la qualité sonore

Au milieu du XXe siècle, on s'applique à supprimer le son dès la conception des produits ; des efforts importants ont été menés pour la réduction du bruit en travaillant sur l'absorption des matériaux grâce à des matières

1 Eriksson, Bresin, 2010.
2 Takeuchi, p. 1323-1328.

plus souples comme le nylon, mais aussi en appliquant des procédés d'antibruit actifs. Le silence est un gage de qualité. Les slogans publicitaires se font d'ailleurs l'écho de cette recherche du silence : « le silence fait l'automobile » (Fiat) ou encore « la paix n'a pas de prix » (Miele). À la fin du XXe siècle, la conjoncture s'inverse, on considère que les sons participent à la qualité des produits. La dimension sonore devient un atout. Les slogans d'hier font place à de nouveaux slogans : « chaque son a un sens » (Citroën). Par conséquent, une demande émerge pour une recherche menée en qualité sonore.

Le timbre : un élément clé de la qualité sonore

Le timbre est un attribut perceptif complexe souvent défini comme l'attribut qui permet de distinguer les qualités perceptives entre deux sons ayant la même intensité acoustique, la même fréquence fondamentale, la même durée et la même localisation ; il permet ainsi de distinguer un son de violon d'un son de piano. Le timbre est défini comme un percept multidimensionnel et a longtemps été associé à la notion sémantique de « couleur sonore ». Prédire la qualité sonore d'un produit à partir du timbre est un enjeu méthodologique important pour les industriels. Cette méthodologie comprend généralement trois phases :

- La première phase consiste à révéler les dimensions du timbre d'un ensemble de sons associés à un produit, puis à les caractériser par des descripteurs sonores. Les descripteurs sont généralement de deux types : des quantités numériques calculées à partir du signal sonore ou des notes obtenues sur des échelles sémantiques rendant compte des différentes dimensions du timbre.
- La deuxième phase consiste à recueillir des jugements sur la qualité de chacun de ces sons en termes de préférence à l'aide de tests d'écoute.
- La troisième phase consiste à définir des relations entre les jugements de qualité sonore et les caractéristiques du timbre. Ces relations permettent de prédire la qualité d'un son à partir de quantités numériques, et de proposer des recommandations pour son amélioration. Cette méthodologie est extrêmement utile pour relier la qualité perçue du son d'un produit à des quantités mesurables du timbre[1].

Mais que se passe-t-il lorsque le son n'existe pas encore ?

1 Lemaitre, Susini, p. 245-272.

Les sons « intentionnels » du quotidien

De nos jours, de nouveaux sons sont utilisés dans une grande variété de dispositifs et d'applications. Ces sons sont « intentionnels » : l'objectif est de produire une information par le son en complément d'une information visuelle ou en remplacement de celle-ci afin d'éviter une surcharge du canal visuel.

Une des spécificités de l'audition est qu'il n'est pas nécessaire d'orienter son attention vers un point précis ; une alarme sonore sera toujours perçue, au contraire d'une alarme visuelle qui nécessite, elle, d'être située dans le champ de vision. Le son prend possession de l'espace et de notre attention. Mais les sons peuvent également être créés pour améliorer les performances des utilisateurs en termes d'apprentissage ou de contrôle d'un dispositif ; on parle alors de design sonore d'interaction.

Des sons « non intentionnels » aux sons « intentionnels »

La plupart des études en qualité sonore visent à améliorer la qualité des sons existants ; il faut qu'ils soient agréables. En revanche, la création d'un nouveau son dans un projet de design sonore doit répondre à différentes intentions dans un contexte d'utilisation donné :

- La première intention est d'atteindre de manière efficace un objectif grâce au son, c'est la fonction du son. Elle sera atteinte si cela fonctionne, c'est-à-dire si l'usager comprend l'information véhiculée par le son ou si ses performances sont améliorées. Imaginons qu'une sortie de secours soit indiquée en cas de force majeure par une balise sonore, alors l'effet sera jugé significativement positif si l'usager trouve facilement et rapidement la sortie en question.
- La seconde intention consiste à prendre en compte, d'une part, la satisfaction de l'utilisateur, et d'autre part, la cohérence du produit en termes d'expérience multi-sensorielle. Il s'agira donc pour le designer sonore de transformer un ensemble de contraintes parfois antagonistes en un produit utile et harmonieux dans son environnement, comme s'il en avait toujours fait partie.

Le travail sur le timbre est un élément clé pour le designer sonore lorsqu'il s'agit de répondre à l'ensemble de ces contraintes. Un autre élément clé est l'exploration de l'environnement immédiat.

Vers un postulat en design sonore

Il est toujours judicieux dans un processus de conception d'explorer les affordances déjà disponibles dans le monde physique ainsi que les conventions propres à un groupe d'individus. Il s'agit d'exploiter les analogies possibles entre des comportements physiques, des règles communes, et des contraintes spécifiées lors de la conception d'un nouvel objet afin de rendre intuitives les actions possibles avec celui-ci ; autrement dit, elles n'auront pas besoin d'être explicitées, connues ni même visibles. Dans le cadre du design sonore, ce postulat reste déterminant : il s'agit de tirer profit de nos expériences quotidiennes en explorant notre environnement immédiat et ses manifestations acoustiques et d'effectuer des choix adaptés à la perception humaine.

Prenons le cas d'un designer qui doit concevoir une console de contrôle pour un robot. Il pourra exploiter des indices spatiaux et associer des indices sonores pour donner un feedback sur les actions effectuées. Les propositions pourront alors être les suivantes : le déplacement d'un objet vers le haut sera favorisé en rendant possible un déplacement vertical de la manette de contrôle et sera affiné en accompagnant le déplacement par une variation de la tonalité – vers les fréquences aiguës signifiant « vers le haut », et vers les fréquences graves signifiant « vers le bas ».

Lorsque l'interface de contrôle est un écran tactile, l'utilisation d'un son de frottement produit par le déplacement d'un doigt sur une surface rugueuse peut être judicieuse car nous avons probablement déjà tous été confrontés à ce type d'expérience sensorielle, et donc à ce type de son ; un geste de frottement plus rapide produisant des fréquences plus élevées.

Ces exemples montrent que les recherches menées en perception et cognition de l'audition peuvent être riches en information pour la conception de sons favorisant des interactions.

Design sonore d'interaction

Les dispositifs sonores interactifs permettent un contrôle direct d'une interface par un *feedback* sonore ; faire pivoter le dispositif, l'agiter, le déplacer... aura une conséquence directe sur le son entendu. Techniquement, il s'agit de dispositifs équipés de capteurs et de microcontrôleurs permettant de piloter en temps réel un outil de synthèse sonore ; la manipulation du dispositif produit des modifications des paramètres du son. L'objectif est de mettre en place une interaction dynamique par le son, entre un utilisateur et un dispositif. Nous procédons de la même manière avec les objets de notre quotidien : un instrument de musique est un bon exemple d'une telle interaction.

On parle alors de design sonore d'interaction[1]. Le son est vecteur d'interaction ; c'est la fonction du son.

Plusieurs dispositifs expérimentaux ont mis en évidence l'influence du son sur la manipulation d'un dispositif concernant la facilitation, la rapidité et la qualité de la manipulation. Le choix du *mapping* sonore (relation entre les données représentant l'information et les paramètres du son associé) est une question centrale pour l'apprentissage et la précision d'un geste ; autrement dit, un geste sera ajusté de manière intuitive et spontanée si le son associé permet d'établir une analogie avec l'action qui en est la cause.

Des outils au métier de designer sonore

Généralement, les études menées en qualité sonore sont réalisées par des professionnels possédant un savoir-faire interdisciplinaire technique couvrant les domaines de l'acoustique, de l'électronique et de la mécanique.

La méthodologie en qualité sonore est propice pour spécifier les cibles sonores à atteindre, mais la difficulté est de traduire ces spécifications en recommandations concernant les éléments de la source.

Les outils de simulation numérique, tels que les modèles physiques, sont des outils puissants permettant d'anticiper le rendu sonore d'un objet avant même sa fabrication ; on peut parler de lutherie numérique. Il est ainsi possible de modifier les paramètres de simulations pour écouter l'effet produit par différents matériaux. Une telle modélisation est envisageable pour des objets simples, mais peut devenir impossible pour des objets complexes.

Les outils de simulation analogique constituent des alternatives intuitives pour la sélection de matériaux adaptés à une interaction ; récemment, une boîte à outils, appelée SoundBe[2], a été proposée afin de produire de manière analogique – par manipulation manuelle – le son de différents matériaux combinés avec différents types d'interactions.

La méthodologie en qualité sonore combinée à ces outils permet de considérer le son en lien avec les caractéristiques de la source dans un processus industriel ; peut-on parler de design acoustique ? Que se passe-t-il lorsque le produit n'existe pas encore, ou lorsque l'on considère un dispositif silencieux mais auquel il est nécessaire d'ajouter des sons ?

1 Franinovic, Serafin, 2013.
2 Dal Palù *et al.*, p. 47-69.

Il faut imaginer et créer de nouveaux sons qui satisfassent les contraintes fonctionnelles (par exemple, la détectabilité d'un véhicule électrique) ainsi que des contraintes en termes d'agrément, d'identité et d'écologie. À l'instar des films de science-fiction, le designer sonore doit imaginer et créer de nouveaux sons pour nos environnements quotidiens.

Nous avons émis le postulat selon lequel l'exploration d'affordances[1] de notre environnement, et leurs manifestations sonores, peuvent permettre d'élaborer des connaissances utiles pour la création. Un autre enjeu est de proposer des outils permettant d'élaborer rapidement des esquisses sonores.

L'esquisse sonore doit être considérée au même titre que le croquis sur papier comme un objet intermédiaire dans le processus de design sonore, et non comme un produit final. Dans cet objectif, plusieurs aspects d'une production vocale – équivalent sonore du croquis sur papier – ont été étudiés et développés dans le cadre du projet européen Skat-VG (*Sketching Audio Technologies using Vocalizations and Gestures*), en tant que support d'idéation et de communication entre partenaires.

Ce dernier point est un autre enjeu majeur en design sonore ; comment parler du timbre d'un son ? Quels sont les mots habituellement utilisés ? Afin de pallier un manque de vocabulaire commun pour décrire les caractéristiques du timbre, un lexique a été proposé par l'équipe Perception et design sonores de l'Ircam[2].

Outre la question des outils, l'enjeu capital est de développer le métier de designer sonore en prenant soin de repousser les limites de la création sonore, souvent confinée à un support numérique par un praticien isolé en studio, et à placer l'usager au centre de la création. Il est nécessaire de considérer un ensemble de connaissances théoriques et technologiques complémentaires et transdisciplinaires ; une pratique d'atelier favorisant l'expérimentation, la confrontation et les interactions multidisciplinaires ; une pratique de projet engageant une production et l'analyse des processus créatifs engagés ; une recherche esthétique singulière. Il est nécessaire aussi de produire de beaux exemples sonores et qui fonctionnent « *to Make the World Sounds Better!* ».

1 Capacité d'un objet à suggérer sa propre utilisation.

2 Carron *et al.*, p. 85-109.

Chapitre 4
Design et environnement : les sons de la ville

Comment parle-t-on des sons, des ambiances sonores urbaines ? Il est habituel d'user d'un cadre psychoacoustique voire sanitaire pour parler des productions sonores : ces dernières sont d'ordinaire abordées comme bruit et traitées comme un problème de santé publique. Si cette approche permet de repérer les situations critiques d'exposition de la population au bruit, ce positionnement quantitatif néglige cependant de nombreux aspects du sonore en ignorant l'aspect sémantique ou esthétique du son ainsi que tous les facteurs qui interagissent sur notre perception acoustique du monde sonore environnant.

En effet, les études sur le sonore et son évaluation en milieu urbain se limitent la plupart du temps au traitement de la notion de bruit, le son considéré comme nuisance, déchet inéluctable de la vie urbaine où les bruits de voisinage, comme les bruits engendrés par l'animation urbaine, sont souvent considérés à tort comme un seul problème de nuisance.

De fait, les villes ont généré depuis l'Antiquité des bruits indésirables, sources de gêne et d'inconfort, et des réglementations de plus en plus complexes ont été édictées afin de tenter de limiter ces nuisances. Les Romains avaient par exemple défini des horaires pour limiter la circulation des chars en ville, et à l'heure actuelle, il existe dans la plupart des pays industrialisés toutes sortes de réglementations, normes et ordonnances acoustiques, se basant pour la plupart sur l'intensité sonore perçue.

À l'instar des réglementations européennes (notamment la directive européenne Bruit de 2002, point de décision des cartographies de bruit des villes européennes de plus de cent mille habitants), ces normes utilisent les notions de l'acoustique quantitative pour décomposer les sons en niveaux de bruit, diurnes ou nocturnes. Le dimensionnement sonore des villes pourrait dès lors permettre d'ouvrir le projet de design urbain sur une nouvelle manière de repenser la ville par ses ambiances, ce qui se traduit par une véritable démarche de « design sonore » des lieux de vie, démarche consistant à requalifier un lieu, une architecture ou une ville pour en optimiser son vécu « sonifère ».

Nouvelles approches interdisciplinaires du design

Le terme de design sonore urbain permet de comprendre comment le sonore, par l'entremise de ce qui se définissait et se définit toujours comme bruit ambiant, dans le cas de la ville, de drone ou bruit de fond (en référence à un mouvement de musique minimaliste, caractérisé par de longues plages musicales présentant peu de variations harmoniques, à l'instar du bruit de fond que l'on rencontre dans nos villes), peut apporter une connaissance de l'identité de la ville, tant du point de vue de sa représentation que de la compréhension des usages qui s'y déroulent.

Dans le domaine de la connaissance de l'environnement sonore urbain appliqué au projet, le design sonore se tourne ainsi de plus en plus vers une évaluation qualitative des ambiances sensibles dans une optique liée à la notion de confort, de qualité recherchée par les citadins au sein de leurs espaces vécus, qu'ils soient privés ou publics. « Designer » le son urbain revient alors à décrire des phénomènes physiques complexes, multi-sources, évolutifs, tout en traitant de la qualité sonore des centres urbains dans leur réalité perceptive, en formulant des méthodologies et des modes de représentation innovants susceptibles de transgresser les domaines scientifiques bien établis, comme l'acoustique physique, domaine des acousticiens.

Pour ce faire, il fallait rapprocher environnement sonore, ville et architecture, ce qui fut réalisé dans les années 1980 autour du concept de *paysage sonore urbain* (1980). L'intérêt de ce concept était d'envisager d'emblée notre environnement acoustique comme porteur de sens et d'identité, éléments nécessaires à la mise en forme des méthodes et outils de simulation sonore applicables dans les projets d'habitat ou d'urbanisme.

Le son devient alors un nouveau matériau, signant, repérant ou marquant un territoire. Conformément au positionnement ontologique des notions d'« objet sonore », de « paysage sonore » et d'« effets sonores », ce nouveau matériau est requalifié au plan aménitaire des espaces vécus, selon des systèmes experts ou dispositifs de réalité virtuelle ou augmentée. Les techniques dites d'auralisation visent à recréer un environnement acoustique à partir de données objectives pour rendre un environnement sonore cohérent au sein d'un système d'immersion virtuelle. Ces techniques sont notamment utilisées en acoustique des salles et en reconstruction sonore paysagère.

Des clés pour le design sonore urbain

De l'art des bruits à l'objet sonore

C'est au début du XXe siècle que le champ de la recherche s'ouvre spécifiquement vers les notions d'environnement sonore urbain. Fleuron du futurisme italien, le manifeste de Luigi Russolo *Arte de Rumori* publié en 1913[1] prône un art des bruits qui s'approprie les sons de la ville. Plus tard, la musique concrète (Pierre Schaeffer[2]) et l'acousmatique (Michel Chion[3]) contribuent à une transformation radicale du fait musical par l'espace, qui devient alors élément de composition musicale : Éric Satie propose des musiques d'ameublement, Brian Eno écrit des musiques d'ambiance, John Cage, avec son œuvre *4' 33"* (1952), amorce une révolution de l'écoute silencieuse et du statut du compositeur.

L'*objet sonore*, proposé par Pierre Schaeffer, bouscula alors les classifications esthétiques de la pratique musicale en créant ce que J.F. Augoyard appellera une *phénoménologie générale de l'audible*, pour un solfège général et pluridisciplinaire des sons du quotidien.

C'est exactement la matière élémentaire manipulée aujourd'hui par un nombre croissant de créateurs sonores, boostés par l'étonnante rapidité avec laquelle l'outillage de création audio-électro-informatique s'est développé et vulgarisé. En sont témoins tous les mouvements musicaux utilisant la technique du *sampling*, pour incorporer les sons du quotidien dans leurs compositions.

De la composition musicale au design sonore

Établissant les bases d'une nouvelle discipline, le *design sonore*, le compositeur canadien Raymond Murray Schäfer, compositeur, théoricien, écologiste et pédagogue, fonde le Projet mondial d'environnement sonore (en

1 Russolo, Lanuzza, 1913.

2 Schaeffer, 1966.

3 Chion, 2013.

anglais *World Soundscape Project*) à l'Université Simon Fraser de Colombie-Britannique. La synthèse de ses travaux en matière d'écologie sonore, publiée dans l'ouvrage de référence *The Tuning of the world*[1] (édité en français sous le titre *Le paysage sonore*), lui vaudra une reconnaissance mondiale. En fondant la discipline de l'*écologie sonore*, Murray Schäfer définit l'étude de l'environnement sonore urbain comme l'ensemble des interrelations qui s'établissent entre le bruit et les caractéristiques physiques et sociales des villes. Ce sont donc les musiciens qui ont en premier lieu ouvert ce champ de réflexion autour de ce que l'on peut dorénavant appeler *design paysager du sonore*, bousculant de ce fait les conditions sociales de l'écoute et les distinctions entre sons, bruits et musiques.

En « envisageant le monde comme une vaste composition musicale », ethnologues, sociologues, psychologues, acousticiens, architectes, paysagistes, urbanistes, compositeurs, poètes, artistes, ornithologues et autres sont autant de designers du paysage sonore qui transforment la cacophonie de la rumeur urbaine en une grande symphonie de la ville dont nous, citoyens et habitants, constituons à la fois les instrumentistes inopinés et les spectateurs souvent trop passifs.

Illustrations sonores[2]

R.M. Schäfer qualifie le paysage sonore en définissant les notions de *Keynote sound* (note clé), *Signal sound* (signal sonore) et *Soundmark* (marqueur sonore).

Son 4.1 *Keynote sounds*, de sonorité tonale, elles constituent les sonorités de fond du paysage sonore, exemple : les ambiances circulées du vieux port de Marseille.
http://dunod.link/designson41

Son 4.2 *Signal sounds* 1 ou annonce d'événements, exemple : bruits d'avertisseurs à Naples.
http://dunod.link/designson42

Son 4.3 *Signal sounds* 2, bruits de sirènes à Naples.
http://dunod.link/designson43

1 Schäfer, *op. cit.*

2 Tous les enregistrements cités ici ont été réalisés par l'auteur, à l'exception du son 4.1, ambiance captée par Didier Blanchard.

Son 4.4 *Soundmarks* 1 ou sonorité tonale « des sons familiers » constitutifs du paysage sonore, exemple : sons de cloches à Naples.
http://dunod.link/designson44

Son 4.5 *Soundmarks* 2, sons de cloches à Bordeaux.
http://dunod.link/designson45

Son 4.6 *Soundmarks* 3, signaux sonores intégrant l'identité sonore fonctionnelle ou thématique de l'ambiance d'un lieu, exemple : sons de fête foraine à Bordeaux.
http://dunod.link/designson46

Son 4.7 *Soundmarks* 4, sons de marché au Pays basque.
http://dunod.link/designson47

Les effets sonores, un outil pour le design de l'espace sensible en milieu urbain

En France, le laboratoire Cresson avec Jean-Francois Augoyard et Henri Torgue a construit le paradigme des *effets sonores*[1], qui trouve sa force dans son aptitude à décloisonner les champs de connaissance entre le son – l'objet sonore – et les pratiques et ressentis qui y sont associés. Ainsi, l'effet sonore comme outil interdisciplinaire du projet peut-il être adapté à l'analyse de situations urbaines complexes, relevant d'une structure multi-sources de *l'entendu*, permettant de mieux orienter les choix et l'usage d'outils métrologiques et psychosociologiques d'appréhension du paysage sonore environnant. Il se définit comme un descripteur environnemental de l'interaction formes (urbaines) – phénomènes (acoustiques), illustratif voire prospectif pour l'aménagement urbain ou le projet architectural et paysager.

De par sa capacité d'analyse transdisciplinaire des systèmes urbains, l'effet sonore constitue donc à la fois une base de réflexion et un support d'action uniques pour le design des ambiances sonores architecturales et urbaines.

1 Augoyard, Torgue, *op. cit.*

Les ambiances sonores : « designer » l'environnement sonore par le corps social

En articulant la « pluri-sensorialité » des canaux perceptifs au sens de l'écoute, l'ambiance rend compte des qualités perceptives multiples d'un espace dans son vécu sensible, partagées entre l'oreille, l'odorat, le goût, le toucher, tout en y intégrant ses dimensions de sociabilité. L'ambiance peut ainsi être définie comme une combinatoire intégrant phénomènes (traduits par des signaux), perceptions (par les usagers) et représentations (sociales et culturelles).

En signant l'espace du vécu sensoriel et usager de la ville, les ambiances sonores sont des constructions collectives qui possèdent du sens, devenant ainsi un enjeu de production sociale de l'urbain. Chère à Erving Goffman[1], cette problématisation du partage spatial de l'existence associe l'ambiance à la notion clé de « topie » dans son acception polysémique de « réserve », notion qui recouvre tant l'espace personnel que l'identité du lieu liée à son vécu et à ses pratiques.

Ainsi, la notion d'« ambiotope[2] », sous l'éclairage combiné du *biotope* (le milieu physico-chimique) et du *sociotope* (son équivalent socioculturel), définit les constructions collectives issues du vécu usager de l'espace urbain.

Un sociotope désigne un espace déterminé qui présente des caractéristiques homogènes au regard de ses valeurs d'usage et ses significations sociales. Le sociotope peut être décrit comme étant à la fois la vie sociale, l'usage et la signification d'un lieu (en grec : *topos*), dans une culture ou un groupe humain spécifique (en latin : *socio*). L'ambiotope constitue dès lors un *outil d'intégration inférentiel unique* du design sonore urbain.

« L'ambiotope »

Chronotopie[3] de l'ambiance sonore urbaine

La temporalité des usages vue au travers de la dimension sonore participe de la construction de la spatialité des espaces publics. Cette médiation temporelle entre l'espace construit et l'espace vécu est alimentée par les différentes échelles de temps du vécu, la temporalité des usages et des ressentis s'ins-

1 Goffman, 1971.

2 Woloszyn, p. 53-62.

3 Du grec *khrónos* (temps) et *topie* (lieu).

crivant sur des durées tant journalières, hebdomadaires, que saisonnières. Elles définissent ainsi la *géochronologie* de la rumeur de la ville.

Le design du paysage sonore des espaces publics trouve ainsi matière à repenser la relation entre l'espace et le temps : du bruit de fond à l'événement en passant par la texture, le paysage sonore se déroule sur le fil d'un continuum temporel dont le niveau de singularité et d'originalité est quantifié par leur niveau d'entropie. Ce sont les travaux de Claude Shannon et Norbert Wiener, publiés dans le *Bell System Technical Journal* en 1948, qui introduisent les définitions mathématiques de la quantité d'information.

Reposant sur une innovation conceptuelle majeure, le recours aux probabilités, cette notion d'entropie a permis le transfert de la notion d'information à travers nombre de champs disciplinaires tels que la physique statistique, les sciences de l'ingénieur, les sciences du vivant et les sciences de la cognition. Cette mesure de l'imprévisibilité, du caractère diffus, ou de la périodicité d'occurrence d'une source sonore constitue un indicateur du pouvoir d'évocation d'un environnement ambiant.

En tant qu'outil d'évaluation de l'espace urbain, l'entropie permet d'évaluer les conditions de l'accès aux éléments « remarquables » du paysage environnant sous la forme de perception sonore possible. Il caractérise spatialement et temporellement le potentiel « ambiantal » d'un lieu, et, ce faisant, en définit les conditions de mise en projet urbain pour le « designer ».

Le complexe « ambiance sonore »

Dans le champ des ambiances, la structuration de l'environnement sonore paysager permet la mobilisation des perceptions et imaginaires par une configuration des usages au sens social et des sources sonores au sens phénoménal. Cette structure est définissable par l'emboîtement de deux champs de représentation du réel :

- le champ descriptif des objets urbains qui organise les attributs physiques de l'environnement (*Umwelt*) d'une part ;
- le champ de l'imaginaire, l'espace sensible, anthropocentré, basé sur la traduction verbale des émotions ressenties lors de l'acte perceptif d'autre part (*Merkwelt*).

L'espace ontologique du design de l'environnement sonore implique de ce fait une circulation de l'information entre ces deux champs de représentation, articulant variables descriptives de l'environnement (*Umwelt*) et variables évocatives (*Merkwelt*) dans l'espace de l'imaginaire, comme schématisé ci-après (fig. 4.1).

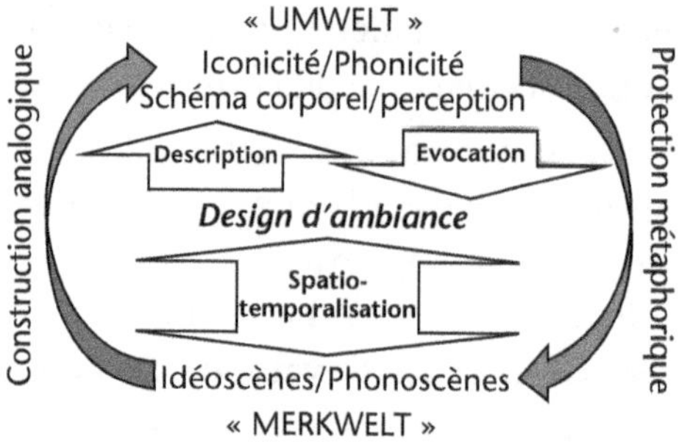

Figure 4.1 – Schématisation de la boucle analogico-métaphorique du processus rétroactif de design d'ambiance

C'est donc bien une lecture du complexe *analogico-métaphorique* de l'ambiance que le designer cherche à établir ici entre partie réelle – structure phénoménale de l'environnement sonore – et partie imaginaire – construction idéelle de ses projections. Cette décomposition de la complexité des phénomènes d'ambiance peut être établie *via* l'expérimentation immersive du paysage sonore ressenti en croisant perception anthropocentrée et représentation cartésienne sur les écrans spatio-temporels de notre perception. Elle s'appuie pour cela sur des dispositifs de réification des ambiances sonores tels que les systèmes experts ou la réalité virtuelle ou augmentée.

L'urbanité sonifère

Supports instrumentaux du design d'ambiance

Révéler ou « designer » les fonctions identitaires du paysage sonore par la représentation multidimensionnelle et partagée de ses ambiances constitue le cœur des problématiques scientifiques pluridisciplinaires en matière de réalité virtuelle, de réalité augmentée projective, ainsi que de l'étude des processus de conception et de projet en architecture et urbanisme.

Dans les systèmes de réalité augmentée tels que *HAUP* ou *Coraulis* par exemple, la richesse et la complétude du paysage sonore dans la pratique quotidienne des habitants et usagers du quartier sont lisibles et analysables dans un espace d'interactions confrontant sources sonores et auditeurs.

D'une part, le système HAUP (Hyper ambiotopes urbains participatifs) a réalisé les conditions instrumentales d'immersion de l'utilisateur au plus près de la perception des ambiances sonores dans l'espace urbain environnant par spatialisation acoustique de l'environnement sur une projection vidéo sphérique. D'autre part, l'observatoire immersif *Coraulis* (Centre d'observation en réalité virtuelle augmentée et lieu d'immersion sonore) offre un dispositif panoramique constitué d'un écran circulaire clos à 360° doté d'une spatialisation sonore et d'une capture de mouvement qui permet d'insérer l'observateur dans son environnement.

Dans ces dispositifs, l'on décrit ce que l'on entend et l'on évoque ce que l'on souhaite entendre, le paysage sonore exploré constituant dès lors le vecteur d'une médiation à la fois analogique et métaphorique des représentations territoriales. L'exploration des structures phoniques proposées à l'écoute dans ces dispositifs se trouve de fait expérimentalisée par les manipulations spatiales d'objets sonifères et les interactions perceptives qu'elles provoquent. Ainsi, le paysage sonore qui en résulte est compris comme un outil d'interconnaissance des représentations spatiales et sociales entre les publics à travers leurs pratiques et usages, ainsi qu'à travers leurs attentes et imaginaires.

De fait, la structure processuelle du projet de design du paysage sonore d'un lieu urbain en réalité virtuelle ou augmentée se réfère à la complexion des deux modalités de structuration cognitive des images mentales du vécu sonore urbain que sont les perceptions et les imaginaires, dans un but de partage du sensible pour une intelligence des sens dans l'univers urbain.

Enjeux des dispositifs immersifs pour le designer

En termes de design sonore, ces dispositifs sont à même d'évaluer le potentiel d'un lieu à assurer l'intelligibilité de certains types de signaux (alertes, messages spécifiques, échanges verbaux, discussions...) qui émergent du bruit de fond urbain tout en permettant la manipulation des données sensibles qui leur sont associées. Dans le cadre des *Soundscape Studies*, la spatialisation audiovisuelle synchrone de l'ambiance permet d'aborder la question difficile de l'enquête participative en développant des stratégies d'enquête basées exclusivement sur l'écoute. Ce faisant, ces dispositifs offrent un moyen de développer de façon exclusive des compétences d'analyse partagées entre usagers et décideurs territoriaux, pour une réponse du projet mieux adaptée à la demande sociale.

La « Sociolinguistique urbaine » utilise quant à elle ce mode de recomposition interactive du paysage sonore des villes en réalité augmentée pour formuler la structure des pratiques langagières en situation, révélatrices de la structuration sociale des territoires urbains.

Enfin, ces systèmes de médiation ambiantale permettent de constituer des connaissances patrimoniales, historiographiques ou archéologiques pour la reconstitution, la conservation ou la promotion patrimoniale des paysages urbains présents, passés ou futurs[1].

C'est ainsi que le design d'ambiance cherchera à questionner les interactions environnementales des territoires urbains pour analyser le dimensionnement spatiotemporel des interactions humaines, sociales et écologiques dans les villes, afin d'élaborer des stratégies d'optimisation aménitaire de l'environnement urbain, en un mot, pour améliorer notre cadre de vie.

1 À titre d'exemple, le projet « Bretez », issu d'une recherche exploratoire qui vise à retrouver le paysage sonore de la ville de Paris au XVIIIe siècle en utilisant les technologies immersives combinées à des sources historiques (plan de Paris de 1739 dit « de Turgot »).

Chapitre 5
Sound design, cinéma et art de l'image : de Walter Murch à Gary Rydstrom

Les gens pensent que vous êtes un sound designer si vous fabriquez des sons étranges et merveilleux [...], alors qu'il devrait plutôt être vu comme un directeur artistique. Un sound designer suit l'ensemble des étapes de création sonore et lui donne une philosophie et un objectif communs.

Gary Rydstrom[1]

L'apparition et la montée en puissance de la figure du *sound designer* dans le cinéma américain des années 1970 sont liées à une attention nouvelle portée au son dans la production hollywoodienne, en particulier par une jeune génération de cinéastes diplômés des universités américaines, les « *movie brats*[2] » George Lucas, Francis Ford Coppola, Steven Spielberg, Martin Scorsese ou Brian De Palma, désireux de placer le son au cœur de l'expérience cinématographique. Pionnier dans cette démarche, Walter Murch affirme que le son « n'est pas quelque chose que l'on vient simplement saupoudrer à la fin du processus[3] » – une revendication qu'il met en œuvre dès ses premières collaborations avec Coppola et Lucas, contribuant largement à sensibiliser les acteurs de l'industrie hollywoodienne au potentiel expressif des effets sonores[4]. Si dans la production hollywoodienne le son est au service de l'histoire narrée, il devient également

1 LoBrutto, p. 245-246. Nous conservons la terminologie anglaise pour éviter les confusions.

2 Myles et Pye, 1979.

3 Constantini, p. 42.

4 Kulezic-Wilson, p. 12-14.

sous l'oreille et les mains créatrices des *sound designers* partie intégrante de l'esthétique d'un film et porteur de sens *en lui-même*, véhiculant significations, dramatisme et enjeux sur un mode sensible.

Outre les personnalités qui l'incarnent et la mettent en œuvre, cette écoute dirigée vers le son au cinéma est aussi encouragée par les progrès technologiques concomitants en matière d'enregistrement, de mixage, de montage et de diffusion sonore – technique et esthétique étant intimement imbriquées dans une relation d'influences mutuelles. Le *sound design* implique de la part des créateurs des choix artistiques et esthétiques audacieux, adossés aux possibilités offertes par les outils techniques (facilité, liberté et flexibilité) sans que leurs réalisations sonores ne soient déterminées par la technologie.

Le terme *sound design* nécessite pourtant de prendre quelques précautions : cette étiquette floue peut recouvrir des réalités différentes selon les films et les professionnels du son. Ce flottement a conduit certains chercheurs en études cinématographiques à relativiser voire nier l'existence tangible d'une telle pratique dans le cinéma américain. Selon Sider, le concept central à l'origine du *sound design* « n'a jamais vraiment pris racine[1] » à Hollywood, tandis que Beck va jusqu'à proclamer : « Il n'y a pas de *sound designer*.[2] » Certes, la situation est d'emblée complexe. Renvoyant d'abord au travail spécifique de Murch sur la spatialisation sonore et le placement des sons perçus par l'auditeur-spectateur dans la salle de cinéma sur *Apocalypse Now* (1979), le *sound design* voit rapidement ses acceptions s'étendre pour devenir également un équivalent sonore à la direction de la photographie. Par ailleurs, les succès de *Star Wars* (1977), *Star Trek* (1979) ou de *Tron* (1982), sur lesquels travaillent respectivement Ben Burtt et Frank Serafine, entraînent incidemment l'association du crédit de *sound designer* à la conception plus restreinte d'effets sonores dans le cinéma de genre.

Comment, dès lors, penser le *sound design* dans la production hollywoodienne depuis les années 1970 ? Qu'est-ce qui fonde la spécificité du processus créateur des *sound designers* dans le sillon ouvert par Murch et leur approche de la bande-son, et quelles en sont les implications narratives, dramatiques et esthétiques ? En partant d'une mise en contexte historique et technique, on étudiera de façon concrète la manière dont les effets sonores sont conçus, élaborés et utilisés par rapport à l'image, depuis l'aube du *sound design* jusqu'à son emparement par la deuxième génération de *sound designers* hollywoodiens se présentant comme les héritiers des pionniers des années 1970.

1 Sider, p. 6.
2 Beck, p. 75.

Aux origines du *sound design*

Avant de devenir un concept esthétique, l'invention du *sound design* naît d'un problème professionnel concret. À la fin des années 1960, Murch travaille librement sans être membre d'un des syndicats de l'IATSE (International Alliance of Theatrical Stage Employees), attentifs à la stricte division du travail dans la production sonore ; il ne peut endosser le crédit de *monteur son* sans courir le risque d'une sanction financière ou pénale. La séparation des tâches des ingénieurs du son, des concepteurs des effets sonores, des monteurs et des mixeurs limite les possibilités créatives et d'expérimentation sonore tout en réduisant une vue surplombante de la bande-son.

Murch forge donc de nouvelles expressions susceptibles d'englober l'ensemble de ses réalisations sonores sur un même film. L'étiquette vague de *sound montage* dont il est crédité sur *Les Gens de la pluie, THX 1138, American Graffiti* et *Conversation secrète* lui est inspirée par les œuvres de musique concrète de Pierre Henry et Pierre Schaeffer, dont la démarche expérimentale fait du compositeur un sculpteur du son. Mais ce terme reste restrictif : il ne reflète guère l'activité d'« homme-orchestre » dont se crédite Murch[1]. De même, son travail de mixage, de montage sonore et visuel sur *Conversation secrète* reste dans l'ombre, et son rôle sur *Le Parrain* se limite au générique à « consultant de post-production ».

En concertation avec Coppola, Murch invente le concept de *sound design*, qui apparaît pour la première fois sur *Apocalypse Now* (1979), pour lequel il conçoit et enregistre les sons, les monte et les mixe, ce qui lui permet de concevoir et d'agencer le son « comme un tout cohérent en lui-même au cours du film[2] ». La dénomination s'affirme alors pour lui comme un moyen mais aussi une nécessité de résoudre le flou des étiquettes recouvrant ses multiples pratiques. C'est exactement pour ces raisons que Burtt reprend à son compte le terme dès *L'Empire contre-attaque* (1980) :

« Je me suis appelé *sound designer* parce que je ne servais pas vraiment de preneur de son ni de monteur son ni simplement de mixeur. J'ai bien effectué une partie du travail propre à ces trois métiers. Mais j'ai pu mener à bien tout cela à partir du début de la production du film [...], et il est rare qu'une seule personne soit en mesure d'endosser toutes ces tâches différentes sur un film[3]. »

1 Thomas, p. 13.

2 Paine, p. 358.

3 Ben Burtt, 1997, *http://filmsound.org/starwars/burtt-interview.htm.*

Cette opportunité ouverte à Murch et Burtt découle étroitement du contexte qui a vu émerger deux sociétés de production dans la région de San Francisco, American Zoetrope, cofondée par Coppola et Lucas en 1969, et Lucasfilm en 1971, gouvernées par un principe d'innovation et de collaboration artistique à grande échelle, loin des pratiques sonores compartimentées et des lourdeurs bureaucratiques du système des studios.

Murch commence sa collaboration avec Coppola et côtoie Lucas au moment de la création de Zoetrope, trouvant là un terreau idéal pour décloisonner les différentes pratiques sonores et appréhender le rôle de chaque étape au sein de la construction sonore d'un film. De même, Burtt, engagé neuf mois avant le début du tournage de *Star Wars* (1977), bénéficie d'un temps relativement long pour concevoir ses objets sonores tant sur un plan pratique qu'esthétique, et effectuer des prises de son sur le terrain, équipé d'un matériel d'enregistrement portatif de pointe (microphones et Nagra stéréo IV-S).

Une différence majeure distingue donc le métier de superviseur sonore des décennies précédentes à Hollywood (dont le rôle est avant tout administratif et managérial) du *sound designer* qui est surtout conceptuel et créatif : « C'était le rêve de Zoetrope [...]. Quelqu'un qui assumait la responsabilité d'"auraliser" le son du film et de prendre des décisions fermes et créatives dans ce domaine.[1] »

Les principes fondateurs du *sound design*

La conceptualisation du *sound design* par Murch sur *Apocalypse Now* prend racine dans un premier principe fondateur, la spatialisation du son, qui se double d'un souci particulier porté à la diffusion et à la reproduction sonore lors de la projection. La création d'un espace sonore « quadriphonique » et stéréo fonde la spécificité de l'approche de Murch : l'espace quadriphonique offre une expérience spectatorielle immersive grâce à un relief sonore et des bruits voyageant à 360 degrés. Au début du film, Murch mélange des sons d'espaces distincts de manière à brouiller tout repère et à nous immerger dans l'esprit du personnage principal. Le spectateur est assailli par un flux ininterrompu d'images et de sons – pales d'hélicoptères spatialisées, chanson *The End* des Doors dont les paroles clament ironiquement « C'est la fin » – qui engendre un climat d'incertitude et de flou narratif (fig. 5.1, son 5.1).

1 Kenny, p. 20.

Figure 5.1 – *Apocalypse Now*

Son 5.1 Flux ininterrompu d'images et de sons – pales d'hélicoptères spatialisées, chanson *The End* des Doors pour un climat d'incertitude et de flou narratif.
http://dunod.link/designson51

Cet alliage rêve/réalité se poursuit à l'intérieur de la chambre d'hôtel *via* un effet de fondu sonore : les bruits synthétiques des hélicoptères imaginaires se muent insensiblement en pales du ventilateur par une transformation du timbre et un léger assourdissement, avant qu'un son réel d'hélicoptère hors-champ ne prenne le relai dans un effet de passage spatialisé ciblé. Plusieurs environnements sonores complexes s'emboîtent ainsi par ces relais continus de bruits, offrant une plongée dans la *psyché* torturée du héros. La fêlure intérieure qui l'habite est matérialisée par une hantise sonore, l'univers de la jungle, par substitutions et enchaînements fluides de sons :

« Les sons étouffants de Saigon cèdent la place à des sons fantasmatiques, les sons de la jungle. Bien qu'il se trouve dans la chambre, mentalement, il est retourné dans la jungle. J'avais un sifflet d'agent de police sur une piste, j'ai cherché dans les sonothèques un oiseau qui sonnerait à peu près de la même façon, et j'ai pratiqué un fondu d'un bruit à l'autre. Le son des motocyclettes qui passaient, de même que celui de la mouche prise au piège derrière la vitre, devenait celui plus aigu des moustiques, tandis que les klaxons [...] devenaient des grenouilles.[1] »

L'approche créatrice du *sound design* découle également étroitement d'une vision d'ensemble précise de l'architecture sonore du film grâce à l'implication du créateur à toutes les étapes, de la pré-production à la post-production sonore, veillant à leur interdépendance. Emblématique de cette approche

1 Thomas, p. 18.

« holistique » du son sur le film entier, *Conversation secrète* place au cœur de son intrigue le décryptage d'une bande-son enregistrée par le héros, engagé pour mettre sur écoute la femme d'un chef d'entreprise et son amant. Mais la prise de son est parasitée par des bruits électroniques ; l'enjeu est de rendre intelligible la conversation captée, projet qui se retourne peu à peu contre Caul. Car, paradoxalement, c'est au moment où il arrive à décrypter le matériau sonore qu'il en perd le sens exact, interprétant de façon erronée la phrase de l'amant. Dans le dernier tiers du film, Murch imprime une légère modification d'accentuation, entraînant un renversement dramatique : la prononciation « *Il nous tuerait* » devient « "*Il nous tuerait* s'il en avait l'occasion", ce qui veut dire "Nous ferions mieux de le tuer avant". Les victimes deviennent les auteurs du crime par cette simple distorsion du dialogue[1] ». La clé de l'énigme n'est pas dans les *paroles* prononcées, mais dans le *matériau* de la voix même.

Troisième élément fondamental du *sound design*, le soin méticuleux apporté à la conception de bruits inédits et inventifs qui en fait des entités sonores à part entière pourvues de qualités « musicales » par leur timbre, leur registre, leurs fréquences, leur profil rythmique et leur intensité. Admiratif du *Premier Panorama de musique concrète* de Schaeffer et Henry, Murch limite dès ses premiers films le recours aux sonothèques, enregistre de nouveaux sons puis les combine de manière à donner naissance à des objets sonores *inouïs*. Sur *THX 1138*, pour créer le son des motos, il rassemble les employées de Zoetrope dans les toilettes et leur demande de crier le plus fort possible, les enregistrant avec un Nagra en poussant au maximum l'enregistrement, de sorte que les hurlements soient d'emblée altérés et distordus. Il en résulte une combinaison d'une pulsation dans les basses fréquences et d'un élément aigu proche d'une oscillation de moteur. Murch ajoute aussi un effet Doppler par le glissement des hauteurs pour donner une impression de véhicule en mouvement[2].

Cette créativité passe également par la création d'effets sonores individualisés au sein d'une même famille de bruits, grâce notamment à la superposition de multiples strates de sons différents. Tout au long de la saga *Star Wars*, Burtt s'attache à concevoir à la fois une identité générique et une spécificité propre aux objets et créatures par diverses modulations[3]. Cette quête d'individualisation sonore amène les *sound designers* à se positionner vis-à-vis des pratiques codifiées d'un genre.

1 Thomas, p. 15.

2 LoBrutto, p. 85.

3 Huvet, 2019.

Sur *Harry Potter et la Coupe de feu* (2005), Randy Thom doit s'assurer que les baguettes magiques ne sonnent pas comme les sabres laser de *Star Wars*, malgré les similitudes visuelles du duel Harry/Voldemort avec les combats Jedi/Sith (fig. 5.2 et son 5.2).

Figure 5.2 – Harry Potter 4, duel

Son 5.2 Dans Harry Potter 4, les baguettes magiques ne sonnent pas comme les sabres laser de *Star Wars*.
http://dunod.link/designson52

Pour y parvenir, il assemble des bruits de tonnerre et de foudre en ne conservant que les hautes fréquences. Cette égalisation rend le son « plus vicieux que le tonnerre normal. Vous voulez transmettre qu'il s'agit d'une lutte à mort, mais comme la scène dure un certain temps, vous devez également la rendre aussi variée et dynamique que possible.[1] »

Transparaît dans cette façon de procéder un autre trait essentiel du *sound design* : les bruits sont souvent déracinés de leur source et de leur référent originels, combinés et transposés dans un nouveau contexte pour générer crédibilité, profondeur et impact dramatique maximal, à l'image du rugissement du T-Rex créé par Rydstrom pour *Jurassic Park* (1993) :

« En prenant le son de quelque chose de petit et en le ralentissant, celui-ci devient bien plus imposant. Ce procédé m'a été inspiré par Ben Burtt,

1 « *Magical Sounds* », Creative Planet Network, février 2012, *https://www.creativeplanetnetwork.com/news/news-features/magical-sounds-373647/383191*.

mon mentor, qui avait créé le Rancor du *Retour du Jedi* en ralentissant le son d'un chihuahua. C'est un des secrets du *sound design*, si vous ralentissez quelque chose de petit, ça fait ressortir des éléments du son que vous ne pourriez probablement jamais obtenir si vous enregistriez quelque chose de gros. [...] L'élément clé du rugissement du T-Rex n'est pas un éléphant adulte mais un éléphanteau.[1] »

L'objet sonore composite qu'il façonne mêle le barrissement ralenti de l'éléphanteau à des grognements d'alligator et de tigre ainsi qu'à des souffles de baleine donnant une grande ampleur à la respiration du dinosaure (son 5.3). L'une des signatures de Rydstrom consiste aussi à intégrer des éléments vocaux pour donner à ses effets sonores résonance et finesse[2].

Dans *Terminator 2* (1991), jalon fort de l'histoire du *sound design*, Rydstrom est confronté au problème suivant : il doit trouver des sons traduisant la fluidité des métamorphoses du T1000, mais des bruits visqueux lui auraient donné un aspect trop rudimentaire (fig. 5.3, son 5.4). Il conçoit alors des sons musicaux en passant un archet sur diverses pièces de métal, jugés trop éthérés par le réalisateur et rejetés. Retournant à des expérimentations liquides, Rydstrom procède par tâtonnements jusqu'à arriver au son approprié : une pâtée pour chien sortant de sa boîte de conserve dans un bruit de succion, qu'il asperge de dépoussiérant pour engendrer une réaction chimique. Les sons résultant de cette opération s'accordent particulièrement à la plasticité des effets spéciaux du T1000 tout en préservant son côté high-tech :

« Au fur et à mesure que les bulles se forment, il a cette sonorité de sorte de mousse de lait, liquide, métallique, évoluant en même temps. Ce son semblait correspondre à ce que faisait ILM avec les effets qui ressemblaient presque à une bulle se gonflant lentement. [...] Ce son semblait convenir car il avait un début et une fin.[3] »

Son 5.3 Scène de l'arrivée du T-Rex dans *Jurassic Park*.
http://dunod.link/designson53

1 Kyle Buchanan, « You'll Never Guess How the Dinosaur Sounds in Jurassic Park Were Made », *Vulture*, juin 2015, *https://www.vulture.com/2013/04/how-the-dino-sounds-in-jurassic-park-were-made.html*.

2 LoBrutto, p. 241.

3 LoBrutto, p. 235.

Figure 5.3 – *Terminator 2*, métamorphoses du T1000

Son 5.4 Sons qui traduisent la fluidité des métamorphoses du T1000.
http://dunod.link/designson54

Le *sound design* de la transformation du T1000 implique ainsi des inflexions variées, un développement au cours du temps qui l'étoffent et lui donnent corps. En filigrane de ces exemples, se lisent une ambition de composition sonore globale et un rapport étroit à la musique, les *sound designers* étant nombreux à appeler de leurs vœux une collaboration plus étroite avec les compositeurs.

Des réalités diffractées ?

Sous ses multiples facettes créatrices, le *sound design* implique un travail sur le long terme amorcé très tôt dans la conception du film – un luxe que les créateurs son n'ont pas toujours, surtout à l'ère numérique où les délais se sont raccourcis. L'idéal incarné par « Zoetrope » et « Skywalker Sound » a-t-il réellement pu se concrétiser après les années 1970 ?

Très tôt, le sens originel murchien du *sound design* s'est dilué au fur et à mesure que l'étiquette s'est généralisée. Une confusion s'est établie entre trois dénominations : *sound designer, sound editor* et *supervising sound editor*. Les monteurs son emploient le terme au moins selon deux acceptions différentes : le *sound designer* devient, indistinctement et indifféremment selon les films, aussi bien l'« architecte », le responsable créatif et administratif de la bande-son, que le technicien spécialisé dans la création de sons spécifiques, notamment pour la science-fiction[1]. Thom déplore que le *sound designer*

1 Wright, p. 144.

ne soit parfois plus qu'« une sorte de mercenaire contacté parce qu'il sait comment manipuler des *samples*, utiliser des synthétiseurs et créer des sons de fusées ou des vocalisations extraterrestres[1] ». Une position à laquelle fait écho Rydstrom :

« Les gens sont trop concentrés sur la technologie, je suis lassé de voir des banques d'effets sonores vendues sur la base de leur enregistrement numérique alors que ça n'a pas de réelle importance. Ce qui importe, c'est comment ça sonne. [...] Votre première responsabilité est envers les éléments émotionnels et dramatiques du film[2]. »

Une tension s'est nouée autour de l'aspect *technique* opposé à la dimension *artistique* du *sound design*, suscitant méfiance et résistance envers cette dénomination dès les années quatre-vingt. Peu de superviseurs sonores revendiquent ce titre, quand bien même leurs rôles et leurs pratiques sont similaires à ceux de Murch[3]. Les professionnels du son ne sont guère incités à choisir cette étiquette, d'autant que l'Académie des Oscars ne reconnaît pas le *sound design*. Ceux qui revendiquent fermement et valorisent l'usage du terme comme Rydstrom optent pour des crédits multiples au générique en tant que monteurs ou mixeurs son, d'une part parce que le mixage apparaît comme la dernière étape de finalisation de leur travail créatif effectué en amont[4], d'autre part pour pouvoir être nominés aux Oscars[5].

Ce flou et ces incertitudes ont suscité une réaction de la nouvelle garde incarnée par Rydstrom, Thom ou Richard Beggs pour que le terme conserve son sens originel dans la lignée des réalisations de Zoetrope et de Skywalker Sound. Dans sa défense du *sound design* en 1998, Thom déploie une véritable philosophie du son faisant valoir sa place légitime et nécessaire à chaque étape : dès l'écriture du scénario pour intégrer le son à l'histoire, au moment du tournage où il doit être traité avec l'importance qu'il mérite, et en post-production où Thom plaide pour une coopération étroite entre l'ensemble des acteurs sonores, le réalisateur et le monteur image[6]. En 2013, il note une prise de conscience collective récente : « L'implication du *sound designer* durant la pré-production d'un film est une idée pour laquelle je suis fier de

1 Thom, 2013, p. 122.
2 LoBrutto, p. 245.
3 Wright, p. 144-145.
4 LoBrutto, p. 243.
5 Whittington, p. 562.
6 Thom, *op. cit.*

dire que je fais du prosélytisme depuis de nombreuses années, et c'est très gratifiant de la voir gagner du terrain dans l'industrie[1] ».

Les *blockbusters* du XXIe siècle, en particulier, paraissent pouvoir jouer un rôle porteur et s'affirmer comme un lieu privilégié à l'épanouissement de ces ferments créatifs, grâce à leurs budgets élevés et à leur dimension sensationnelle (au sens propre) faisant la part belle au son. Au vu de réalisations récentes telles que *Gravity* (2013), *Interstellar* (2014), *Mad Max : Fury Road* (2015) ou *1917* (2019), il semblerait que l'ambition portée par Murch ou Burtt ne soit pas restée lettre morte dans le cinéma-spectacle hollywoodien contemporain.

1 Thom, p. 228.

Chapitre 6
Armement : vers un design sonore négatif

Le secteur de l'armement ne se caractérise pas de façon évidente comme un acteur du design sonore. Une partie du design sonore relève de fait du contrôle social, mais à la façon de la publicité ou de la musique d'ambiance, et non de celle de l'armement : en produisant des sons censément agréables pour attirer, faciliter, influencer. Les armes acoustiques, depuis ce point de vue, constituent donc l'antithèse du design sonore. Même dans le cas de « sonals » conçus pour signaler une erreur ou une interdiction (par exemple une carte de métro numérique dont l'abonnement a expiré), demeure perceptible la volonté d'arrondir le son, de lui donner un timbre acceptable ou une réverbération plaisante, comme pour adoucir le message qu'il véhicule. On aurait très bien pu imaginer un sonal d'erreur non seulement dissonant, mais délibérément incommodant. Or, précisément, il ne s'agit pas pour l'établissement qui les emploie de rebuter ses usagers/ères, mais de les engager à renouveler le contrat avec lui, tout en maintenant une perception positive de lui-même. Autrement dit, on demeure principalement dans une relation de marque à client/e, de séduction par le son.

Le rapport entre design sonore et armement est cependant un fait très récent et non négligeable. Établir une telle corrélation semble toutefois induire l'idée d'un design sonore négatif, d'un design qui ne serait pas là pour plaire, pour faciliter un usage ou pour transmettre discrètement une information par une voie sensorielle, mais dont l'objectif explicite consisterait à déplaire, à insupporter voire à blesser. Autrement dit, dans une approche d'ingénierie stricte, le design se définirait comme une adresse qui pourrait être indifféremment positive ou hostile, la mise en œuvre d'une pure fonction. La notion paraît s'appliquer *de facto* dans le domaine de l'équipement, avec par exemple le mobilier urbain dit « de prévention situationnelle » : des rochers ou picots aménagés dans certains espaces publics pour y rendre inconfortable ou impossible toute station allongée ou simplement prolongée.

Néanmoins, dans le domaine acoustique, cette notion de design négatif paraît moins évidente à employer en raison de la culture sur laquelle se fonde le design sonore depuis qu'il s'est affirmé expressément comme tel dans les années 1970. Il s'est en effet construit sur d'autres bases que celles de l'ingénierie, suivant une double filiation : d'une part, la bande-son cinématographique, avec Walter Murch en père fondateur ; d'autre part, l'écologie acoustique, avec Murray Schäfer en autre patriarche. D'un côté, l'héritage du travail sur les bruitages et les effets sonores dans le divertissement, la culture et les médias ; de l'autre, la lignée de la lutte contre le bruit et de la contemplation naturaliste. Dans les deux cas, avec des intentions et des moyens éminemment différents, s'exprime la même recherche du « bon son », que ce soit pour bâtir une œuvre audiovisuelle ou un paysage sonore. Aujourd'hui, le design sonore continue de s'affirmer comme une pratique acoustique fondamentalement positive, comme un laboratoire de sons agréables et efficaces (quels que soient les jugements extérieurs sur leur beauté ou leur efficacité).

Ceci étant posé, la culture du design sonore peut tout à fait évoluer vers d'autres paradigmes. Notamment, émerge fortement ces dernières années, de la part des entreprises ou des collectivités qui font appel au design sonore, l'affirmation de son utilité sociale, de sa performativité pour assurer par le biais auditif un fonctionnement optimal de l'ordre institué. Dans cette perspective, le champ des armes entrerait sans mal dans une nouvelle définition, plus large, du design sonore. Ce dernier se verrait alors tiré du côté, non plus de ses savoir-faire artisanaux (fussent-ils numériques) et de sa quête du son parfait, mais de son rôle dans l'ingénierie sociale. Envisageons cette hypothèse.

Quelle classification sonore, dans ce cas, dans l'armement ? On mentionnera d'abord les démarches de design communes à nombre de secteurs industriels et commerciaux : atténuation des sons indésirables, choix de matériaux en fonction de leurs propriétés acoustiques, élaboration d'une signature sonore des objets (cliquetis spécifiques d'un fusil qu'on arme ou qu'on décharge) comme des structures (identité sonore). Cependant, plutôt que de tenter une synthèse des pratiques acoustiques et marketing dans les domaines extrêmement variés que l'armement implique (allant de la coutellerie à l'aviation en passant par la chimie), attardons-nous plutôt sur les applications spécifiquement sonores dans la police et l'armée.

Les armes sonores

Il existe essentiellement trois types d'armes ou de dispositifs coercitifs dans lesquels le son joue un rôle central, voire exclusif. Deux d'entre eux se trouvent actuellement employés dans le maintien de l'ordre ou les opérations militaires : les haut-parleurs directionnels et les grenades, qui appartiennent les uns comme les autres aux armes dites « non létales » (parmi lesquelles figurent aussi les lanceurs de balles de défense ou les pistolets à impulsion électrique). Il s'agit d'un secteur très dynamique dans l'armement, favorisé par le choix de multiples pays de répondre de façon sécuritaire à la crise sociale, écologique et sanitaire.

Les haut-parleurs directionnels diffusent une alarme médium (un signal sinusoïdal numérique, délibérément situé dans la gamme de fréquences de la communication orale, que l'oreille humaine favorise) dans un rayon étroit (± 15° pour la série des LRAD[1] de la société étatsunienne Genasys, ex-LRAD Corp, dominante sur le marché) et à très forte amplitude (jusqu'à 162 dB SPL à un mètre pour le LRAD 2000X). L'efficacité de l'arme réside dans sa capacité à blesser l'oreille (le seuil de gêne étant évalué à 120 dB et le seuil de douleur à 140 dB) et donc à engendrer instantanément une réaction de fuite et de protection.

Les grenades se classent en deux sous-catégories : celles destinées à l'action militaire et celles destinées au maintien de l'ordre. Concentrons-nous sur ces dernières, le son n'ayant qu'un rôle très secondaire dans les explosifs militaires, qui ont vocation à tuer au moyen de leur considérable effet de pression (mesuré en bar ou en psi et non en dB). Les grenades prévues pour le maintien de l'ordre exploitent quant à elles spécifiquement la puissance acoustique, avec des niveaux pouvant atteindre 180 dB à 1,22 mètre (grenade à main Sound & flash de l'Allemand Rheinmetall). En France, la société d'armement et d'études Alsetex, qui fournit le ministère de l'Intérieur, atteste sur la fiche de sa récente grenade GM2L d'un impact sonore « brisant et cassant » de 165 dB à cinq mètres. Le son, produit mécaniquement par pyrotechnie, n'en est pas moins calibré aussi bien dans son amplitude que dans son enveloppe. Il se trouve accompagné, comme dans la majorité des grenades de maintien de l'ordre en France ou dans d'autres pays occidentaux, d'autres effets, lacrymogènes, éblouissants ou cinétiques. L'objectif de ces grenades dites « à effets combinés » consiste à causer une désorientation temporaire de la personne ou du groupe ciblés, par la saturation momentanée d'un ou plusieurs sens.

Le troisième type de dispositif coercitif se situe plutôt dans la catégorie aménagement urbain, tout en descendant directement de la recherche sur l'armement du maintien de l'ordre. Il s'agit de haut-parleurs, librement achetables

1 *Long Range Acoustic Device.*

et utilisables, dotés d'une fonction sonore répulsive, mais visant un impact moins brutal et une plus grande acceptabilité sociale. Ainsi le Mosquito, développé par la société britannique Compound Security Systems (CSS) est un boîtier émettant par intermittences un signal périodique numérique aigu ou très aigu (8 000 ou 17 000 Hz) à une amplitude maximale de 103 dB. Sa fonction consiste à susciter une gêne auditive dans un espace donné afin d'y décourager la présence des jeunes (mode 17 000 Hz, audible des jeunes oreilles seulement) ou de toute personne (mode 8 000 Hz, ciblant les sans-abris).

Au-delà du design d'objet, il existe également ce qu'on pourrait qualifier de design d'espace, c'est-à-dire l'élaboration d'environnements sonores militairement exploitables. Sur le plan répressif, la musique à très fort volume ou le silence complet se trouvent ainsi utilisés, dans un contexte d'isolement carcéral, comme instrument de torture par privation sensorielle. *A contrario*, du côté entraînement des soldat/es, on citera l'*Environment for Auditory Research Facility* (EAR) institué en 2009 par l'*Army Research Laboratory* (ARL), le laboratoire de l'armée étatsunienne. Il s'agit d'un complexe de réalité augmentée sonore afin de mener une recherche appliquée sur la communication en milieu bruyant, la reconnaissance et la localisation de signatures acoustiques militaires et les performances du système auditif humain.

Usages, normes et pratiques des sons d'armement

Sur le plan technique, l'armement sonore a été marqué par des décennies de recherches étatiques infructueuses, aux États-Unis et en Europe durant la deuxième moitié du XXe siècle, pour trouver d'une part des armes à fréquences basses (il existe une abondante mythologie concernant les infrasons, mais ces derniers n'ont jamais pu être exploités), d'autre part des sons culturellement répulsifs. En réalité, les armes acoustiques ou les environnements sonores répressifs aujourd'hui en vigueur exploitent des sons majoritairement médiums, dont le pouvoir n'a rien de subliminal. Leur efficacité réside en effet dans leur capacité à blesser l'appareil auditif par l'effet d'une amplitude extrêmement forte, combinée à d'autres caractéristiques acoustiques (fréquence, enveloppe, durée).

Dans le champ policier, l'objectif est de désorienter et de perturber l'équilibre (grenades) ou de faire fuir et de créer une barrière sonore (alarmes).

Dans le domaine militaire, l'arme acoustique peut être employée en accompagnement de l'armement classique pour assumer une fonction de

« leurre sonore » (par exemple, pour faire croire à la présence d'une colonne de blindés), ou une fonction « pré-létale » (alarmes stridentes visant à désarmer des *snipers* en les contraignant à fuir), mais aussi pour briser intérieurement la personne-cible (torture). Plutôt que d'un « usage normé », il s'agit donc d'une rationalisation technique, voire d'une spécialisation du marché et des pratiques en fonction des échecs précédents.

Régulation du sonore d'armement

Le cadre régulateur de l'armement sonore demeure flou, se constituant de façon dérivée et empirique. Dérivée parce qu'agrégée à partir de textes de lois ne relevant souvent pas spécifiquement du son. Empirique parce que reposant sur l'acceptabilité sociale de ces armes et les actions juridiques intentées contre les fabricants ou les usagers.

L'armement policier se distingue généralement de l'armement militaire par la puissance déployée et l'effet physiologique recherché. Dans le cas des grenades, le niveau de pression se trouve fixée dans l'arme elle-même, qui n'est pas fabriquée pareillement selon qu'elle sera employée par l'armée (recherche d'un effet de souffle) ou par la police (recherche d'un effet acoustique). Ceci étant dit, les forces de l'ordre françaises ont utilisé jusqu'en 2019 une grenade non seulement à fort effet sonore, mais également à fort effet de souffle (la GLI-F4). Dans le cas du LRAD, un même dispositif peut permettre des usages différenciés, puisqu'il est à la fois rhéostatique (offrant une grande variation d'amplitude) et multifonctionnel (diffusion de voix, de musique ou d'une alarme). Les produits destinés au marché militaire proposent néanmoins les plus fortes puissances et les meilleures restitutions. On note par ailleurs une surenchère, d'année en année, dans les puissances de diffusion implémentées, l'amplitude maximale proposée par Genasys ayant gagné 9 dB dans les dix dernières années, soit une multiplication quasiment par dix du niveau sonore.

Cette grande latitude d'action des fabricants et des usagers d'armes acoustiques s'explique par le fait que, sur le plan juridique, l'emploi du son comme arme se situe dans une zone grise. Il se trouve partiellement couvert par des lois, conventions ou réglementations relevant de l'armement et des conflits, du droit du travail ou des législations contre le bruit. Cependant, les blessures ou mutilations auditives n'avaient jusqu'à une période récente quasiment pas été prises en compte. La littérature des fabricants n'y est pas pour rien, qui insiste abondamment sur les usages maîtrisés des armes acoustiques.

La société Genasys présente par exemple le LRAD comme un « dispositif de communication de masse », ce qu'il peut effectivement être lorsqu'employé pour diffuser un message vocal sur plusieurs kilomètres. En revanche, l'expression constitue un bel oxymore lorsqu'il diffuse de façon délibérément assourdissante. De la même façon, les effets mutilants des grenades de maintien de l'ordre sont passés sous silence parce que théoriquement impossibles dans le cas d'une utilisation protocolaire – mais le protocole n'étant pas toujours appliqué, des blessures arrivent.

En tout état de cause, les grenades communément employées dans le maintien de l'ordre en France (« de désencerclement » et « instantanées ») sont classées comme « matériel de guerre ». Notons qu'un protocole international bannit l'usage de lasers aveuglants, mais les armes potentiellement assourdissantes ne font l'objet d'aucune loi.

Néanmoins, le terrain juridique se trouve régulièrement investi de la question sonore, soit par des associations de défense des libertés publiques, soit par des personnes blessées, soit par des institutions. Diverses actions ont eu lieu pour faire interdire l'usage de la musique comme torture, sans succès. Concernant le LRAD, deux procès notables ont été menés. L'un en 2010 par l'Association canadienne des libertés civiles (CCLA) contre la police de Toronto, après que cette dernière a annoncé se doter du LRAD. La plainte s'appuyait notamment sur l'atteinte à la liberté de manifester, puisque la menace de cette arme dissuadait certaines personnes (âgées, avec des enfants, ayant des difficultés à courir…) d'exercer leur droit. Le procès a abouti à des recommandations de formation et d'usage. L'autre procès a été gagné en 2012 par Karen Piper contre la ville de Pittsburgh, pour perte d'audition permanente suite à l'usage du LRAD lors d'une manifestation en 2009.

En France, un début de recensement de blessures auditives a eu lieu début 2020 par le journaliste David Dufresne lors du déploiement de la grenade GM2L dans des manifestations contre la réforme des retraites. Enfin, une campagne contre l'usage du Mosquito a été menée en Grande-Bretagne en 2008 par le commissaire à l'Enfance, qui arguait de l'exposition abusive et indiscriminée des mineur/es. Le boîtier n'a pas été interdit pour autant.

En France également, la jurisprudence se montre défavorable au fabricant : en 2008 toujours, le TGI de Saint-Brieuc a condamné un particulier qui en avait installé un sur sa façade pour « trouble anormal de voisinage ». Néanmoins, aucun retrait de vente ne s'en est suivi. Même si elles n'ont pour l'instant qu'un impact limité sur leur usage, une contestation citoyenne de ces armes et une veille de mieux en mieux documentée à leur propos émergent donc bel et bien.

Chapitre 7
Transport : le son de la mobilité

Ce chapitre traite des relations entre la pratique du design sonore et le domaine des transports, autrement dit, entre son et mobilité. Il interroge la manière dont le son accompagne les expériences humaines de mobilité, mais également la manière dont les objets de mobilité contribuent à façonner les environnements sonores humains.

Qu'entend-on, tout d'abord, par « expériences » ou « objets » de mobilité ? Partant de la définition du terme « mobilité » (caractère de ce qui peut être déplacé ou de ce qui se déplace par rapport à un lieu, à une position[1]), considérée ici dans une acception plutôt contemporaine[2], ce sont, en fait, tous les moyens de transport (ou de locomotion) inventés, conçus – *designés* – par l'homme au cours de son évolution, notamment dans le but d'aller plus loin, plus haut, plus vite, de transporter davantage, plus longtemps, etc. En cela, comme d'autres objets manufacturés, ils répondent à l'une des intentions premières du *design* selon Vilém Flusser : « tromper la nature au moyen de la technique, surpasser le naturel par l'artificiel » (Flusser, 2002).

La mobilité s'incarne donc dans des « artefacts », au sens de systèmes artificiels issus d'une production humaine, qui possèdent leur ergonomie et leurs usages propres (l'expérience du bateau est différente de celle de l'avion ou de la voiture) et comportent généralement une dose incrémentale de progrès et d'innovation (l'automobile de 1920 n'a presque rien à voir avec celle de 2020).

En outre, la mobilité se décrit par une typologie de modalités de transport, à plusieurs dimensions : le milieu (terrestre, maritime/fluvial, aérien/aérospatial), la nature de propulsion ou de traction (moteur thermique/électrique,

1 *https://www.cnrtl.fr/lexicographie/mobilité*

2 *http://www.driea.ile-de-france.developpement-durable.gouv.fr/les-nouvelles-mobilites-r2255.html*

animal, vent, etc.), la dimension durable (« sans mise en danger de la santé et des écosystèmes[1] ») ou douce (« sans moteur, ne générant donc pas de pollution[2] »), le caractère individuel ou collectif, etc.

De cette brève mise en contexte, il ressort un double postulat (déjà succinctement énoncé) qui permet de formuler trois hypothèses et axes de réflexion autour du sujet, développés dans la suite du chapitre.

Le son accompagne les expériences de mobilité

De fait, le système (artificiel), support de la mobilité, est nécessairement une « machine », c'est-à-dire un « objet fabriqué complexe capable de transformer une forme d'énergie en une autre et/ou d'utiliser cette transformation pour produire un effet donné[3] », en l'occurrence un mouvement. Sa dimension complexe provient d'interactions internes ou externes, multiples et souvent multi-physiques (mécaniques, hydrauliques, thermiques, chimiques, aérodynamiques, électriques...). Cette complexité étant la cause potentielle de différentes sources de bruit, nous développerons l'idée que, quelle que soit sa nature, l'artefact de mobilité est une source sonore, intentionnelle ou non, que le design sonore peut être amené à concevoir, améliorer ou adapter *via* des problématiques de conception sonore, acoustique ou numérique.

Par ailleurs, dans l'expérience de mobilité elle-même, cette « machine » interagit nécessairement avec celui qui en use (l'usager), ne serait-ce que pour des raisons de sécurité ou de fonctionnalité. Cette relation peut s'avérer potentiellement compliquée, notamment dans le cas de systèmes complexes (un cockpit d'avion) ou inédits (une voiture autonome). Partant de ce constat, nous développerons ensuite l'idée que, quelle que soit sa relation à l'usager, l'artefact de mobilité propose une expérience d'usage qui nécessite d'établir un dialogue Homme/Machine que le design sonore peut être amené à résoudre, améliorer ou inventer *via* des problématiques d'interface sonore et de sonification.

1 *https://www.pourlasolidarite.eu/sites/default/files/publications/files/mobilite_durable-web.pdf*

2 *http://www.vedura.fr/environnement/transports/transports-doux*

3 *https://www.cnrtl.fr/definition/machine*

Les objets de mobilité façonnent l'environnement

En outre, l'histoire, la sociologie ou l'urbanisme montrent que les « machines » de mobilité font partie intégrante de nos sociétés, par exemple, en accompagnant les grandes évolutions économiques et sociales (*e.g.*, le tourisme de masse associé à l'hyper-développement du transport aérien), voire les grandes révolutions sociétales (*e.g.*, l'avènement de la machine à vapeur et du chemin de fer au cours de la révolution industrielle du XIXe siècle), en s'inscrivant dans la culture et la mémoire collectives (*e.g.*, le mythe du son automobile au cinéma), ou bien encore en marquant d'une empreinte sonore les environnements urbanisés (*e.g.*, la mutation récente de la sonorité des villes majoritairement peuplées de véhicules électriques, notamment en Asie). Dans cette optique, nous développerons enfin l'idée que, quelles que soient l'époque, la technologie ou la géographie, l'artefact de mobilité représente une espèce sonore, un marqueur sonore culturel et social (en reprenant la notion de *soundmark* de Murray Schäfer [Schäfer, 1977]), que le design sonore peut – et doit ? –, d'une part, intégrer dans ses fondements *via* des problématiques d'écologie sonore, et d'autre part, étudier en tant que telle *via* des problématiques de patrimoine sonore, s'inscrivant ainsi plus largement dans la discipline émergente des *sound studies* (Sterne, 2012).

Sources, usages et impacts sonores de la mobilité

La mobilité produit des sources sonores

Du fait de son caractère machinique et complexe, l'artefact de mobilité produit quasiment toujours des sons – ou des bruits – dont les caractéristiques principales (hauteur, intensité, durée, timbre) dépendent généralement de son fonctionnement et de ses propriétés typologiques. Prenons, par exemple, le véhicule terrestre à moteur thermique ; il présente trois sources acoustiques principales que sont le moteur (traction/propulsion effectuée par un moteur dit « à explosion »), l'aérodynamisme (pénétration du volume dans l'air) et le roulement (contact pneus-chaussée) – sachant que ces trois sources n'opèrent pas aux mêmes vitesses de déplacement[1]. Notons toutefois que, même lorsque

1 Braun *et al.*, p. 1241-1265.

ce type de mobilité devient discret (un véhicule électrique, à basse vitesse), la nécessité de signifier la présence et l'allure de la « machine » s'impose malgré tout dans la mesure où un objet (même de faible volume) mobile et silencieux peut difficilement coexister sans danger dans un espace partagé, *a fortiori* urbain – c'est, en l'occurrence, la base de la norme sur les émissions sonores des véhicules électriques mise en œuvre au niveau européen en 2019[1].

Cela étant, dans le cadre de notre réflexion, on peut formuler la problématique suivante : quel rôle le design sonore peut-il jouer dans cette production industrielle de sons ? Comment peut-il améliorer ou concevoir le son de la mobilité ? Une partie de la réponse réside dans la distinction fondamentale entre deux catégories de sons : conséquentiels *vs.* intentionnels[2].

- Les sons conséquentiels, d'origine acoustique, inhérents à la machine, résultent d'une transmission mécanique de l'énergie. Le designer sonore réalise plutôt un « design acoustique » en étudiant les composantes structurelles (dimensions, matériaux) ou dynamiques (forces d'interaction) du système producteur de son. C'est une approche courante dans le champ du design sonore « produit[3] ».
- Les sons intentionnels, d'origine électroacoustique, sont rajoutés à la machine au moyen d'une chaîne audio (processeur, amplificateur, haut-parleurs) produisant des sons de synthèse. Le designer sonore est davantage un compositeur/concepteur de sons qui conçoit des sonorités artificielles – des *artefacts sonores* – en lien avec la dynamique de l'objet. On rencontre cette approche, notamment depuis quelques années, à propos du son des véhicules silencieux (*cf.* partie II, cas n° 3).

Cependant, il peut arriver que ces deux catégories se croisent pour, en quelque sorte, *designer* des sons conséquentiels de manière intentionnelle. En 1996, l'équipe « Acoustique instrumentale » de l'Ircam, associée au compositeur Louis Dandrel, a été confrontée à cette situation singulière, pour le design sonore de la TULIP (Transport urbain libre et public) – *concept* de véhicule électrique partagé, développé par PSA[4]. La contrainte y était définie ainsi : n'utiliser que des principes naturels de la voiture pour produire du son (pas d'électronique embarquée). Le travail a donc essentiellement consisté à prototyper des objets (fabriqués par un luthier, Sylvain Ravasse) incarnant des idées (imaginées par un compositeur, Louis Dandrel) adaptables aux

1 Pardo *et al.*, 2015.

2 Langeveld *et al.*, 2013.

3 Ozcan *et al.*, 2009.

4 Noblet, p. 38-52.

sources d'énergies physiques disponibles : rotation des roues, mouvement de translation, courant d'air, etc. Les solutions proposées étaient éminemment écologiques – développant des notions de discrétion, furtivité, aspect organique, etc. – mais industriellement non viables. Le design sonore s'est trouvé être, dans ce cas, un savant (et fructueux) mélange d'art, d'industrie, d'artisanat... et d'informatique – car des modèles numériques étaient également développés afin de prolonger le prototypage « analogique » du luthier[1].

Ainsi, à travers ces courts développements, nous entrevoyons le fait que le designer sonore, qu'il vienne de la science (acoustique) ou de l'art (musical), peut être un véritable prescripteur de solutions pour maîtriser au mieux l'émission sonore, intrinsèque ou additionnelle, des objets de mobilité.

La mobilité implique l'usage du sonore

Les objets de mobilité sont des machines associées à une forte valeur d'expérience, c'est-à-dire opérées, utilisées, éprouvées par des êtres humains. Ils posent donc nécessairement la question du dialogue entre l'Homme et la Machine, et en corollaire, celles de l'interface et de l'interactivité. En cela, le caractère systémique de la mobilité s'intègre parfaitement aux problématiques générales – et aux communautés scientifiques[2] – relatives aux Interfaces Homme-Machine (IHM) ; et dans lesquelles s'intègrent à son tour, naturellement la recherche et le développement en interfaces sonores – *auditory display*[3].

En effet, l'IHM sonore exploite le paradigme suivant : dans une interaction avec une machine, et *a fortiori* dans un habitacle de voiture, un cockpit d'avion ou une capsule spatiale, le message sonore peut être un vecteur d'alerte, de notification ou d'information autant – voire plus – efficace que son équivalent visuel (voyant, écran, image, graphisme...) en complétant – voire suppléant – la transmission de l'information, grâce aux propriétés spécifiques de la modalité auditive.

Cette approche soulève des questions fondamentales auxquelles le design sonore tente de répondre lorsqu'il s'intéresse aux *earcons*[4], *auditory icons*[5], *spearcons*[6], *morphocons*[7]... et plus généralement à la sonification de données[8]

1 Misdariis, 2018.

2 *https://afihm.org/ ou https://chi2020.acm.org/*

3 *https://sites.cnam.fr/GTson/ ou https://icad.org/*

4 Blattner *et al.*, p. 11-44.

5 Gaver, 1986, p. 167-177.

6 Walker *et al.*, 2006.

7 Parseihian *et al.*, p. 409-418.

8 Hermann *et al.*, p. 399-425.

ou d'informations[1]. Elles sont, entre autres, relatives à la relation signifiant/signifié d'un son – comment définir un langage sonore ? –, aux alarmes et signalétiques sonores, à l'apprentissage, la fatigue ou l'intrusivité induits par le son.

Considérons, par exemple, cette étude récente dans le domaine de la conduite automobile autonome (thématique suscitant un intérêt croissant dans le monde du design/design sonore[2]). En 2018, l'équipe Perception et design sonores de l'Ircam, associée au compositeur Antonio Cera, a été impliquée dans le projet Symbioz – *concept-car* électrique et autonome développé par Renault[3]. L'une de nos missions était de concevoir l'ensemble des IHMs sonores de l'habitacle, à savoir tous les sons usuels de la voiture (clignotant, alerte ceinture, radar de recul...) mais aussi ceux associés à l'expérience inédite de la conduite autonome. Deux enjeux majeurs se sont ainsi présentés.

- L'exhaustivité : création d'une soixantaine de signaux sonores différents, en respectant une cohérence sémantique.
- L'inventivité : exploration d'un nouveau langage sonore à partir du scénario d'usage de la conduite autonome (lâcher du volant, reprise en main...), intégrant le fait d'incarner le (bon) fonctionnement de l'intelligence embarquée à la place du conducteur (libre de détourner son attention de la route). Ce travail a donné lieu à l'expérimentation de concepts tels que les *brain sounds* ou la basse intrusivité[4].

Ici encore, qu'il ait des connaissances en psychologie, sciences de la communication, UX (User Expérience) design ou composition musicale, le designer sonore se trouve potentiellement à même de répondre à la question de la relation humain/machine qui tend à se généraliser dans un monde de plus en plus automatisé et connecté – au-delà même de la mobilité.

La mobilité impacte l'environnement sonore

Le moyen de transport est omniprésent dans nos sociétés ; qu'il soit collectif ou individuel, lourd ou léger, rapide ou lent, polluant ou durable, nous sommes tous et toutes très régulièrement confrontés à une « machine » qui permet ou favorise nos déplacements. Par définition, l'objet de mobilité fait donc partie de notre « écologie » – science ayant pour objet les relations

1 Barrass, 2018.

2 *https://icad2019.icad.org/workshops/ ou https://siicproject.wordpress.com/activities/*

3 *https://group.renault.com/news-onair/actualites/renault-symbioz-demo-car-un-design-innovant-au-service-des-voyageurs/*

4 Misdariis *et al., art. cit.*

des êtres vivants (animaux, végétaux, micro-organismes) avec leur environnement, ainsi qu'avec les autres êtres vivants –, en ce sens qu'il dicte des relations entre les êtres vivants et leurs environnements – en premier lieu, les êtres humains mais aussi les (autres) espèces animales.

Du point de vue sonore, on peut bien entendu éclairer cette réflexion à l'aune du manifeste pour l'écologie acoustique écrit, en 1977, par Murray Schäfer et voir notamment dans les concepts de « schizophonie » et de « lo-fi » l'expression de l'impact environnemental de la mobilité, « [créant] un paysage sonore synthétique dans lequel les sons naturels sont de plus en plus remplacés par des sons artificiels, et où les signaux qui ponctuent la vie moderne ne sont plus que des substituts fabriqués par les machines[1] ».

De nombreuses occurrences dans l'histoire de l'humanité démontrent, avec plus ou moins d'optimisme, la force de cette vision, et plus généralement, le fait que les artefacts de mobilité fassent partie intégrante de notre écosystème sonore. Pour preuve, prenons deux exemples radicalement éloignés (en temps et en objet), En 2020, le confinement à grande échelle lié à la pandémie de Covid-19 a notamment montré que stopper la mobilité dans une ville comme Paris revenait à transformer significativement le paysage sonore urbain[2] mais aussi à faire revenir (ou ré-entendre ?) le chant des oiseaux dans les rues... Environ deux siècles auparavant, un fabricant d'instruments de musique révolutionne le son du transport ferroviaire en inventant le sifflet à vapeur – *steam trumpet* – qui, grâce à son ergonomie (une action mécanique sur le débit de vapeur libéré dans l'instrument) définira un langage sonore du monde ferroviaire quasi universel, et qui perdure encore maintenant dans l'imaginaire collectif (même après la disparition des locomotives à vapeur[3] !).

Ce constat général (brièvement illustré) oblige, dans ce domaine, le design sonore – autrement dit, tout acte de création et d'insertion d'un son artificiel dans un environnement – à une posture résolument modeste et sobre. Pour ce faire, il peut être intéressant de s'inspirer de la nature elle-même en considérant l'artefact de mobilité comme une espèce sonore intégrée à un écosystème donné, et en reprenant des principes formalisés, entre autres, par Bary Truax ou Bernie Krause sur l'organisation et l'harmonie

1 Schäfer, *op. cit.*

2 *https://www.bruitparif.fr/suivi-des-modifications-de-l-environnement-sonore-en-lien-avec-le-confinement-et-le-deconfinement/*

3 Ross *et al.*, 2015.

sonores des espèces animales[1]. Cette approche, potentiellement vertueuse, pourrait contribuer à faire que le son ne soit plus cité comme l'une des pollutions majeures de nos sociétés modernes, en évitant la surenchère et en ouvrant la voie à une nouvelle forme de design sonore, inspiré par le vivant (*bio-inspired*).

1 Truax, 1984 ; Krause *et al.*, 2016.

Partie II

Méthodologie et études de cas

Chapitre 8
Méthodologie

La gestion de projet en design sonore

La gestion de projet est fort ancienne, très antérieure à l'ère industrielle. Les monumentales pyramides égyptiennes, le Grand Canal du Yang Tsé Kiang, les expéditions militaires antiques, les gigantesques temples précolombiens ou asiatiques, les cathédrales romanes ou gothiques, la création parfois *ex nihilo* de villes entières par telle ou telle dynastie lointaine, les expéditions de Christophe Colomb n'ont pas été décidés au doigt mouillé et réalisés au jour le jour et en tâtonnant. Et l'horizon temporel de la fin de la réalisation dépassait souvent l'espérance de vie de leurs initiateurs ! On admire les prouesses techniques de ces réalisateurs mais leur génie organisationnel force également l'admiration. Il continue d'inspirer les grands créateurs modernes.

Le double sens du mot projet

Comme pour beaucoup d'autres, le mot « projet » a un double sens : il désigne à la fois le *process* et l'*objectif* devenu un jour le résultat. Si un projet au sens « gestion » du terme désigne l'ensemble des moyens humains, financiers, techniques et organisationnels mis en œuvre pour atteindre un objectif, le sens concret final désigne la solution développée pour satisfaire le besoin ou le problème à l'origine de la démarche. Il y a donc dans la logique de projet une *dimension concrète* plus ou moins ponctuelle (le résultat *projeté*) et une dimension de *pilotage* (la *gestion* du projet). Surtout s'il est collectif, une bonne gestion de projet est la condition d'un bon résultat final. La gestion de projet vise essentiellement à gérer, fédérer et coordonner efficacement les différents moyens mis en œuvre (humains, techniques, financiers, organisationnels) et, en particulier, les différents intervenants. Ces derniers peuvent être nombreux, parfois internes parfois externes à l'entité en charge du projet.

La présente partie de cet ouvrage s'intéresse à cette composante gestionnaire à la fois parce que le designer sonore gagne sans doute à bien connaître ces éléments de gestion mais aussi parce que, presque par définition, il s'inscrit lui-même en tant que designer dans des projets dont il a tout intérêt à comprendre la logique non seulement créative mais aussi de gestion (fig. 8.1).

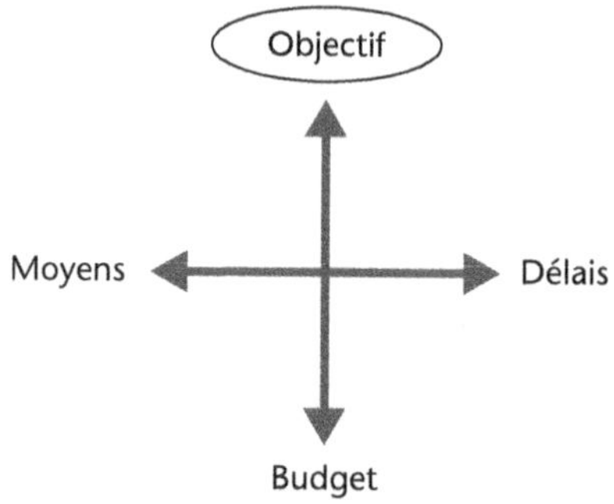

Figure 8.1 – Les quatre points cardinaux d'une gestion de projet

Gestion par projets et gestion de projet

Il convient d'abord de ne pas confondre ici gestion *de* projet et gestion *par* projets.

La gestion *par* projets désigne le mode d'organisation que certaines entreprises adoptent lorsqu'elles se caractérisent par des organisations devenues complexes (par exemple matricielles avec, outre les grandes fonctions du siège, des directions verticales et d'autres transversales, les unes et les autres souvent éloignées physiquement et dont les collaborateurs se connaissent mal, voire sont mis en concurrence). Le développement d'un nouveau projet de produit, matériel ou immatériel, risque alors de souffrir de cette complexité et des aléas ou lourdeurs bureaucratiques ou de décision qu'elle entraîne souvent. Un chef ou directeur de projet est alors désigné qui a la responsabilité de mener à terme la réalisation du projet jusqu'à ce que celui-ci, s'il s'agit d'un produit commercial, passe sous la responsabilité d'une direction commerciale ou d'un chef de produit. (Les compétences et les motivations d'un chef de projet ne sont pas forcément celles d'un chef de produit.) Lorsque la réalisation permanente de produits nouveaux devient une caractéristique stratégique de l'entreprise, celle-ci peut alors créer une fonction de directeur des projets, lequel anime plusieurs chefs de projets et gère donc un « portefeuille de projets », voire plusieurs.

Certains secteurs d'activité sont organisés de façon naturelle en logique de projets. C'est souvent le cas des « agences » comme les cabinets d'architectes, les agences de communication ou... les agences de design. Lorsqu'une très grosse affaire est acquise, toute l'organisation peut même être revue au service de ce qui devient un nouveau projet. La variation des tailles des nouveaux projets peut aussi avoir conduit ces entreprises à sous-traiter ou externaliser les fonctions soit hors « cœur de métier » soit, au contraire, à très forte valeur ajoutée mais où il est exclu que pèsent les lourdeurs organisationnelles de l'ensemble. Cette externalisation n'exclut pas, bien sûr, que ces entités satellites puissent rester dans l'orbite de la maison-mère par le biais de participations capitalistiques[1].

Tout ceci explique les jeux d'acteurs et systèmes de décision complexes auxquels sont parfois confrontés les designers sonores (fig. 8.2).

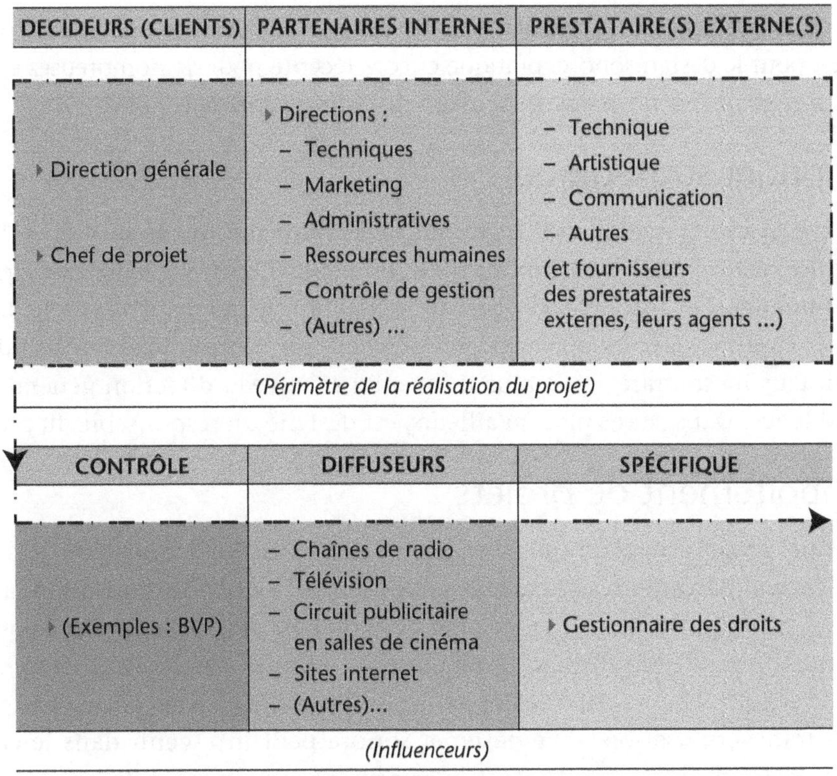

Figure 8.2 – Schéma de base du système d'acteurs d'un projet (cas d'une illustration sonore pour spot publicitaire)

1 Dans certains cas (Défense notamment), les fournisseurs des prestataires externes doivent être agréés par le client et/ou titulaires de certifications spécifiques.

Projets internes ou projets externes

Les projets auxquels le designer est amené à contribuer peuvent en effet être internes ou externes. Les seconds ne sont pas forcément plus stratégiques que les premiers. Des projets internes (plus ou moins perceptibles par le client final, parfois pas du tout) peuvent être stratégiques : installation dans un nouveau siège, digitalisation, délocalisation... Ce n'est pas forcément le cas de la sortie d'un Nième produit nouveau dans une filiale lointaine « marketé » de façon courante. Le projet externe est généralement lié directement au business. Il a vocation à être perçu par le client : un nouveau modèle, un nouveau magasin, un nouveau produit financier ou touristique. Il peut s'agir d'un projet routinier (nouveau modèle attendu depuis longtemps pour une marque qui en « sort » régulièrement), ou d'un projet de rupture (modèle radicalement nouveau destiné à toucher de tous autres segments de clientèles et qui fera l'objet d'une commercialisation elle-même radicalement nouvelle). Les designers internes ou habituels sont souvent associés au premier type, les designers externes au second. En particulier pour le design sonore, pratique encore récente pour de nombreuses entreprises et qui relève donc encore souvent de l'innovation de rupture.

Le projet stratégique

Un projet est stratégique s'il conditionne l'avenir (parfois la survie) de l'entreprise ou, *a fortiori*, sa création. Il est, en général, annoncé aux principaux actionnaires. Les instances dirigeantes (Direction générale, Comité de direction – Codir –, Comité d'exécution – Comex) sont impliquées dans sa décision. Plus il est stratégique, plus il est suivi au niveau direction générale ou présidence. Dans ce cas plus qu'ailleurs, est désigné un responsable du projet.

Emboîtement de projets

Plus un projet est techniquement complexe, plus il est constitué de sous-projets compartimentés (dans le cas d'un nouvel avion : motorisation, avionique, pilotage, cabine, etc.). Le chef de projet est alors assisté d'une équipe pluridisciplinaire dont chaque membre va animer ses réseaux de prestataires et fournisseurs internes et externes avec d'évidentes problématiques de « transversalisation ». Le designer sonore peut intervenir dans le cadre d'un projet lourd et complexe. Il n'intervient cependant qu'à un moment de développement du projet global, rarement au tout début, rarement à la toute dernière finalisation. Selon le mode de management de ses interlocuteurs dans la structure porteuse du projet global, il n'a pas forcément une vision claire du déroulement précis du projet dans lequel il s'insère.

Chef de projet et équipe projet

C'est avec ce responsable ou avec un de ses collaborateurs directs (souvent le Marketing ou la Communication) que le designer sonore est en relation de travail mais il peut arriver qu'il ait à rencontrer à certains points de phases un dirigeant plus élevé, voire un très haut dirigeant. Le designer sonore doit se préparer à ces éventuelles rencontres où il pourra être amené à devoir expliquer sa contribution à des interlocuteurs parfois encore peu au fait de la question, voire peu convaincus...

L'équipe projet peut également comporter ou être assistée (suivie...) par un contrôleur de gestion chargé de la surveillance des coûts ; dans les projets très importants, il peut s'agir d'une véritable équipe. Ce point permet d'aborder celui du dépassement des coûts et de la demande d'une rallonge budgétaire. S'il est difficile d'en avoir la confirmation dans le secteur privé, très peu de grands projets publics respectent leur budget (temps et financement) initial.

Méthodologie et instrumentation

On le voit, d'importantes méthodologies et instrumentations organisationnelles se sont peu à peu développées en matière de gestion de projets. Le chef de projet peut recourir à l'un ou l'autre des nombreux logiciels de gestion de projet disponibles sur le marché, parfois spécifiques à certains secteurs (BTP, cinéma...), parfois intégrés dans le SI (Système d'information) de l'entreprise.

Dès que le projet a une nette dimension internationale l'anglais est généralement retenu comme langue du projet, mais les mesures respectent le plus souvent le système métrique, ces points étant mentionnés dès la signature des contrats et dans les manuels ou documents de procédures du projet. Force est de noter ici que, hormis ce qui concerne la sonorisation au cinéma et celle de très grands événements, il est encore rare que les designers sonores aient à en connaître dans leurs prestations. Mais les choses peuvent évoluer.

Les différentes phases et étapes

Une gestion de projet est presque toujours orientée résultat donc délai. Avec, bien sûr, le budget, calendrier et échéances sont des données essentielles de la gestion d'un projet. Comme il s'agit souvent de temporalités imbriquées et interdépendantes entre les différents acteurs internes ou externes, il s'agit d'une dimension critique de tout grand projet. L'expression « chemin critique », ancienne, désigne d'ailleurs les phases clés où elle est particulièrement décisive.

Le calendrier d'un projet comporte deux moments clés : en fin de cycle, la présentation du résultat (au personnel, aux clients, aux actionnaires, à la presse, etc.) et, au tout début, le « kick off » (réunion de lancement). On entend par cette formule venue du football américain : « Aujourd'hui on lance le projet et voici comment. » Il y a donc déjà eu, à haut niveau, des étapes plus ou moins longues de réflexion, parfois sur plusieurs « projets de projets » dont un seul ou un petit nombre ont émergé. Plus le projet est stratégique, plus ces premières étapes, peu formalisées, auront été discrètes afin de ne pas alerter la concurrence habituelle... ou future, et plus elles pourront avoir été menées avec des prestataires (cabinets de conseil notamment).

Après cette période d'étude d'opportunité et de faisabilité, viennent les grandes phases avec chacune leurs étapes. Chaque entreprise ou secteur a sa culture ou ses exigences, parfois réglementaires, en cette matière. La notion de phase est généralement employée pour les grandes périodes, celles d'étapes pour les périodes à l'intérieur des phases. Des revues de projet scandent les phases qui, elles, incluent des revues d'étapes. Des rapports présentés à chacune de ces réunions font le point sur le déroulement et le résultat de la période, puis sur ceux de la phase ou étape suivante. Ils peuvent être attentivement prédéfinis quant à leur forme et leur contenu précis. Les expressions *go* et *no go* synthétisent le type fondamental de suite à donner...

Il a été choisi de s'aligner ici sur le phasage habituel du secteur culturel en distinguant trois grandes phases :

- la **pré-production** : en grande partie les études d'opportunité de faisabilité mentionnées ci-dessus ;
- la **production** : qui va de la décision de lancer le projet à la remise du livrable contractuellement prévu ;
- la **post-production** : qui peut aussi être contractuellement spécifiée.

Cette structure a été bien comprise et a paru fonctionner dans les cas étudiés pour cet ouvrage, y compris à l'étranger. Les frontières entre ces phases peuvent bien sûr différer selon les entreprises et les cas, surtout dans un secteur assez disparate et à faible maturité institutionnelle et organisationnelle comme celui du design sonore (fig. 8.3).

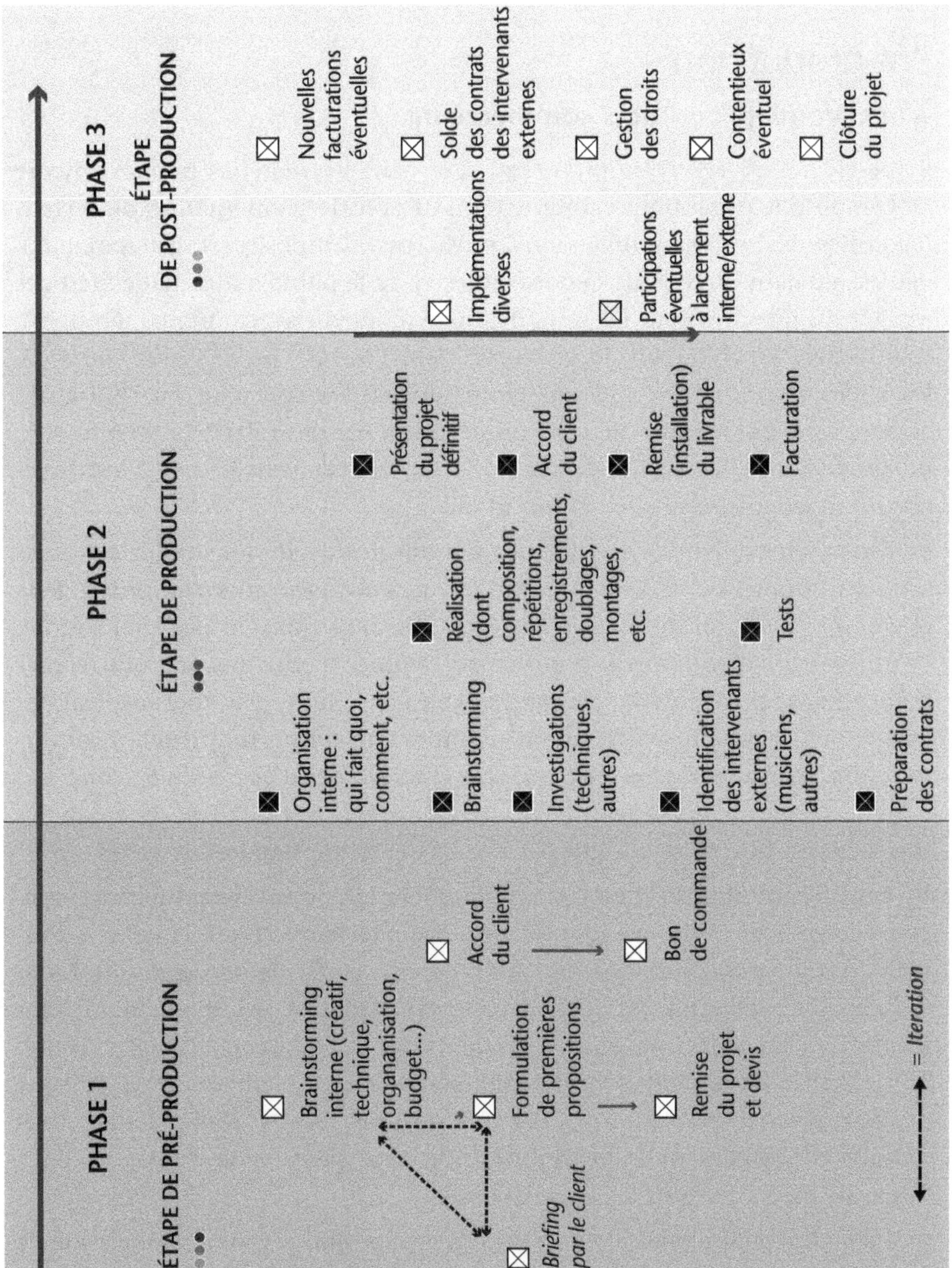

Figure 8.3 – Déroulement schématique d'un projet

Les phases de la gestion de projet

Pré-production

■ Les premiers contacts commerciaux

Étape clé s'il en est, cette phase est, sauf dans les marchés publics, encore très empirique notamment compte tenu de la forte segmentation du secteur (acousticiens, bruiteurs, ingénieurs, musiciens, compositeurs, groupes, etc.), des usages dans chacun de ces domaines et de la faible maturité de bien des aspects du marché. Pour les têtes d'affiche (comédiens, chanteurs, groupes), la notoriété est, bien sûr, le facteur décisif. Pour les projets plus courants, les habitudes de travail plus ou moins anciennes avec l'un ou l'autre des acteurs de la chaîne de valeur, la prescription par des relations personnelles ou professionnelles (communication, architecture, urbanisme...) semblent constituer encore des facteurs importants.

Être référencé par les agences de communication ou les studios auxquels sont susceptibles de s'adresser les annonceurs ou les acteurs « amonts » de la chaîne de valeur est donc un objectif de bon sens pour un designer sonore. La prospection directe des annonceurs ne semble pas être une pratique recommandable, sauf ingénierie très particulière (avionique, matériel médical par exemple). On note toutefois que les grandes entreprises industrielles concernées ont maintenant, en général, des laboratoires d'acoustique, voire des designers sonores *stricto sensu.* Mais on sait que le fait de disposer d'équipes internes spécialisées ne revient pas à se passer de prestataires externes.

Les sites internet sont en train de modifier la donne. Les principaux designers et agences de design sonore ont désormais leur site sur lequel des donneurs d'ordre potentiels peuvent les repérer à partir de requêtes simples et ainsi écouter des échantillons de leurs productions et, éventuellement, s'informer de leurs méthodes et moyens de travail et de leurs réalisations. Toutefois, les sites amplifient considérablement le champ concurrentiel puisque peuvent ainsi se présenter des offreurs de tous statuts, toutes tailles, tous niveaux d'équipement et de compétence, tous pays, et de toutes les politiques de prix y compris les plus basses.

Passés les tout premiers contacts et s'ils sont positifs, s'établit une relation de caractère commercial de détermination des attentes et de la réponse proposée.

Côté designer sonore, la démarche commerciale appelle donc une première exploration de l'univers du client (produits ou services et leurs symboliques, stratégie générale de communication dans laquelle va s'intégrer le dispositif sonore, image de fait de la marque/image cible, système-clients finaux et ses habitus). Cette démarche peut s'opérer de façon informelle : visite du site web de l'entreprise, de ses surfaces de vente, observation de leurs publics et de leur univers sonore de fait, de son siège, analyse de ses produits (matériels ou immatériels)... Le résultat est encore intuitif mais il peut alimenter un début de démarche commerciale. La détermination des objectifs à lui assigner et l'environnement dans lequel le dispositif sonore s'insérera sont les points clés de cette phase d'étude informelle.

■ Cas de mise en concurrence

Les premiers contacts peuvent avoir lieu dans le cadre d'un appel d'offres (plus ou moins formalisé). Sauf dans les secteurs déjà fortement industrialisés, mais ce cas semble encore assez rare, même dans les marchés publics les prestations de design sonore dépassant rarement le seuil des marchés de gré à gré. Certains spécialistes et praticiens expliquent cette situation par le développement encore limité du secteur, la faible visibilité-lisibilité de l'offre et, dès lors, l'importance souvent soulignée des accointances techniques et artistiques et du facteur confiance personnelle.

Dans le cas des appels d'offres formels, le designer soumissionnaire doit bien sûr respecter le règlement de la consultation, de même qu'il doit répondre aux spécifications des composantes de la proposition à fournir (qualifications des intervenants, moyens mis en œuvre, méthode, expériences ou réalisations antérieures, budget, délais, proposition proprement dite, documents juridico-administratifs). On verra plus loin un cas où la consultation a fait l'objet d'un concours rémunéré. Des contacts personnels directs restent possibles dans ces situations. Comme pour une simple consultation, des critères hiérarchisés ou « coefficientés », parfois mentionnés, peuvent intervenir dans le choix final. De plus en plus souvent, des échantillons ou préfigurations (prémaquettes) peuvent être demandés. Ce point est problématique dans la mesure où les nouvelles technologies permettent d'aller très loin dans la qualité de ces maquettes sonores qui peuvent alors être très proches du rendu définitif et reportent dans la phase de pré-production, généralement non rémunérée, une part déjà importante de la production.

■ La définition des objectifs et du cahier des charges

Après le rappel de la nature du dispositif sonore et des effets attendus (objectifs), les principales caractéristiques sonores et techniques du livrable (durée, timbre, texture, style, nombre de versions intermédiaires et finales, supports de livraison, matériels éventuels, mise à jour, maintenance, etc.) devront être clairement spécifiées dans le devis (ou en annexes), puis le bon de commande.

On note à ce sujet qu'une composante de la prestation peut consister à définir le cahier des charges final de la prestation ou de la réalisation attendues.

Ces éléments sont le plus souvent budgétés soit dans le devis, soit dans une annexe au devis, lesquels peuvent aussi comprendre des clauses d'accord préalable du client en cas d'évolution d'un ou plusieurs paramètres et de révision du budget, et donc le devis définitif. Des clauses *ad hoc* sont alors prévues pour aligner le devis définitif sur le choix de réalisation retenu. Les donneurs d'ordre tendent actuellement à séparer prestation d'établissement du cahier des charges et réalisation.

Dans certains cas (Défense, Sûreté nucléaire, milieu carcéral notamment), très rares semble-t-il dans le design sonore, le client peut exiger un agrément ou une certification préalable des sous-traitants éventuels du prestataire du designer sonore, voire de son personnel.

La mention de la personne directement en charge du projet (chef de projet prestataire) est généralement requise.

■ La formalisation de la commande

La commande suit, normalement, la réception d'un devis une fois celui-ci accepté. Les marchés publics suivent les procédures qui leur sont propres. Très rares semblent les cas d'intervention en régie (commande globale pour une période avec facturation en fin de cette période selon les réalisations).

À la différence d'un secteur comme celui de l'édition (par exemple), il n'existe pas de contrat type compte tenu de la très grande hétérogénéité des prestations et de la faible organisation du secteur. Le secteur des alarmes présente de ce point de vue une particularité.

Un bon de commande plus ou moins détaillé est la norme, en conformité avec le devis et complété des exigences et précisions courantes de ce type de documents (échéances de paiements, pénalités éventuelles) ou spécifiques au secteur d'intervention ou au domaine technique (certifications, respects de normes, etc.).

Dans le cas des prestations lourdes, plus le nombre de partenaires externes du designer sonore (sous-traitants, renforts ponctuels, etc.) est important, plus la liste des engagements réciproques gagnera à être spécifiée ainsi que d'éventuelles clauses de dédits ou autres de ce type. Un conseil ou une supervision juridique peuvent être utiles. Dans le cas d'interventions de comédiens, musiciens ou toutes autres personnalités connues et à rémunération élevée, une aide de trésorerie peut être apportée par le donneur d'ordre pour que l'élément ne pèse pas sur la seule trésorerie du designer sonore contractant lorsque celui-ci n'a pas une structure importante derrière lui.

Production

La commande une fois reçue et les démarches administratives qui lui sont liées réalisées, commence la phase de production avec la mise en œuvre du projet (réunion précédemment citée de *Kick off* en gestion de projet) et donc une finalisation de l'organisation interne et la confirmation aux éventuels sous-traitants et prestataires déjà contactés du lancement des opérations. Des achats de fournitures peuvent aussi faire partie de cette étape.

■ Désignation du chef de projet et des procédures

Le chef de projet chez le prestataire sera la personne en relation avec le chef de projet chez le client et considérée par ce dernier comme responsable. En général, il est intervenu dès les premiers contacts commerciaux. Dans le cas des projets complexes, le chef de projet rappelle les objectifs, répartit les responsabilités, détermine les plannings (globaux et intermédiaires) ainsi que les procédures de travail, et valide les étapes. Il suit en particulier et supervise les contrats des sous-traitants et intervenants externes. Dans tous ces domaines, il s'appuie sur les pratiques habituelles, souvent bien rôdées, mais il est attentif à ce qu'elles soient adaptées dans le cas de projets innovants. (Rappelons ici qu'il existe de nombreux logiciels de gestion de projets.) Les fonctions administratives, souvent déjà associées à la préparation du dossier commercial et du devis puis à l'enregistrement de la commande, sont également mobilisées. Le chef de projet multiacteurs n'est donc pas seulement un expert du domaine (acousticien, artiste, designer sonore, compositeur, musicien, bruiteur, etc.) mais un organisateur, un négociateur et un manager. La communication avec et entre les membres du projet est un élément souvent décisif de sa réussite.

■ Identification du problème

Cette étape peut, soit faire partie de la négociation commerciale (voir Préproduction), soit constituer une étape « étude » de la phase de Production et budgétée comme telle.

Compte tenu du caractère souvent intuitif et peu instrumenté du recours au design sonore dans bien des secteurs, il s'agira d'écouter l'expression de son besoin par le client (sens large des différentes directions ou services voire clients types ou autres acteurs internes ou externes intéressés), mais aussi de l'aider à formuler une attente réaliste et pertinente des effets attendus du dispositif sonore compte tenu de l'environnement dans lequel il sera mis en œuvre (socio-économique mais aussi sonore, acoustique, musical, juridique dans le cas de milieux normés, autres), des moyens mobilisables et des objectifs assignés, la réflexion pouvant être itérative, ici comme ailleurs.

Un bon professionnel du son est donc celui qui sait non seulement proposer de bonnes solutions mais aussi permettre à son client de formuler au mieux son besoin.

■ Recherche et création

Vient ensuite l'étape créative de *conception* des pré-projets ou pré-maquettes.

Chaque secteur du design sonore a ses pratiques et ses exigences spécifiques mais on constate qu'une telle phase existe presque toujours et qu'elle prend d'abord la forme de brainstormings, recherche documentaire, de premières préfigurations et de réflexion sur les ressources à mettre en œuvre, les effets sonores adaptés au problème du client, le style, etc.

Des équipes peuvent être mises en compétition interne ou, pour les cas à forte dimension artistique, il peut être recouru à un compositeur ou renfort créatif extérieur. (Cette situation se retrouve dans plusieurs des cas présentés plus loin.) Dans le cas des dispositifs complexes, cette étape peut associer les futurs prestataires sous-traitants et fournisseurs ou certains d'entre eux.

■ Réalisation et présentation des maquettes

Plusieurs maquettes ou projets ou un projet avec variantes peuvent alors être réalisés puis présentés au client.

Ces rencontres avec le client permettent au designer sonore de savoir s'il va dans la bonne direction mais elles aident aussi parfois le client à mieux définir son attente.

Selon la nature du projet et du client, ces réunions intermédiaires, explicitement prévues ou non dans le cahier des charges de la mission si celui-ci est formalisé, peuvent être plus ou moins nombreuses et réunir plus ou moins de participants (Communication, Marketing, Moyens techniques, Sécurité...).

Les questions sonores étant encore peu verbalisables et objectivables, plus les participants sont nombreux et plus la discussion risque d'être confuse.

Bien gérer ces présentations intermédiaires est une bonne préparation à l'organisation de la réunion de décision finale.

■ Tests

S'il a été possible de réaliser ces tests, un bon moyen de progresser en pertinence pré-projets/besoins mais aussi de limiter les jugements purement subjectifs dans ces réunions est d'en apporter les résultats qui ont permis d'optimiser progressivement les maquettes. Ces tests doivent bien sûr être les plus objectifs possibles et menés auprès des populations les plus représentatives possibles des clients ou bénéficiaires finaux. Presque tous les dispositifs sont testables. Dans le cas des dispositifs d'alarme, par exemple, on simule une intrusion indue.

■ Présentation du projet définitif et décision finale

C'est évidemment une étape clé. On note que deux situations se présentent : soit la réunion porte sur la réalisation définitive prête à être exploitée, soit elle porte sur une maquette ou un plan certes définitifs mais devant encore être intégrés dans un processus industriel ou autre.

Dans les cas complexes (projets sonores s'intégrant dans des projets architecturaux, industriels, urbains...), l'instance décidant du choix final peut comporter, outre le chef de projet chez le client, un nombre important de membres avec parfois des membres non encore rencontrés par le designer sonore. Il convient alors de procéder à un rappel des objectifs et des options initiales, du déroulement de la démarche (méthodes, moyens, participants, délais, approfondissements ou reformulations progressives du projet et des résultats des tests). Le designer peut alors procéder à la présentation du projet finalement proposé en en spécifiant les caractéristiques et leur conformité aux attentes (cahier des charges) et, éventuellement, les « plus » issus de la phase créative ou des tests. Ces « plus » devront être toutefois peu nombreux au regard des derniers projets présentés préalablement à l'interlocuteur chef de projet, sauf dans le cas où c'est ce dernier qui les leur aurait suggérés ou demandés.

Un dossier peut être remis qui reprend, illustre et parfois développe les arguments, diapositives et auditions de la présentation orale. Notons qu'il est possible que cette réunion de décision finale n'ait pas lieu en présence du designer ou prestataire sonore ou, en tout cas, que ce ne soit pas lui qui la conduise. C'est ainsi le chef de projet interne au client qui va présenter le dossier à sa direction. Si, comme cela peut arriver dans les grandes organisations, le chef de projet lui-même a changé plusieurs fois, un solide briefing de ce dernier par le designer est alors nécessaire... Notons enfin que la réunion de présentation n'est pas la délibération, surtout dans le cas de projets concurrents. Le designer sonore n'assiste pas à cette dernière qui peut, dans certains cas, déboucher sur d'ultimes consignes.

■ Remise du livrable

Plusieurs situations se présentent avec trois cas types : cas où l'objet de la présentation évoquée ci-dessus est le livrable final (exemple : une production sonore enregistrée) et l'on est arrivé au terme de la phase de production avec possibilité de facturation, cas où il s'agit de plans ou de prototypes appelant une réalisation ou installation définitive (exemple : installation *in situ* d'une alarme sonore, développement industriel d'un son embarqué sur machine), cas intermédiaires où le livrable sonore est achevé mais où il reste, par exemple, à installer son système de diffusion et d'exploitation.

Dans ces deux derniers cas, si le designer est encore associé à ces opérations, se succèdent alors des étapes finales de réalisation définitive, d'installation et de mise en service. On se situe alors souvent dans une logique de chantier avec les procédures de gestion de chantier habituelles et de réception finale, procédures qui ne sont pas spécifiques à la gestion de projet de design (sonore ou autre) mais qui doivent néanmoins être suivies attentivement, lorsque cela est possible, dans la mesure où toute installation sur site peut réserver des surprises et présenter des aléas. On note que ce ne sont plus forcément les mêmes acteurs qui pilotent du côté du client cette phase qui s'achève dans les deux cas par la facturation et le solde des contrats afférents à l'opération proprement dite avec, notamment, la remise de documents techniques pour les personnels en charge du dispositif sonore, les archives de la société ou son système qualité.

Post-production

Selon les cas, la fourniture et l'installation du dispositif sonore ne marquent pas la fin de la prestation. Le designer ou prestataire sonore peut ainsi participer à l'information voire à la formation du personnel concerné (interne ou externe au client) pour l'utilisation du dispositif (communication interne). S'il s'agit d'un dispositif à forte dimension médiatique (nouvelle identité de marque, nouvel hymne lié à un événement ou activité sociétale), peut avoir lieu une présentation à la presse et à diverses personnalités.

Des articles, interviews et rencontres diverses peuvent suivre la réalisation de certains projets.

Dans le cas des dispositifs musicaux, intervient aussi le dépôt de la partition ou de l'enregistrement auprès des organismes de propriété intellectuelle et de gestion des droits.

Sans être gestionnaire des droits des comédiens et musiciens intervenus dans la réalisation de son projet, le designer sonore peut être conduit à conseiller et assister son client dans ce domaine s'il n'y a pas eu cession de ces droits dans leur contrat.

Des suites commerciales peuvent aussi être proposées : maintenance, vérification et implémentation des matériels et systèmes, mise à jour et renouvellement stylistique dans le cas des dispositifs musicaux, adaptation à des circonstances exceptionnelles.

Le designer sonore cherchera enfin souvent à s'intéresser à la vie de son œuvre au risque que celle-ci, restée inchangée, puisse paraître peu à peu « dater », entraînant son auteur dans cette perception. Si ce suivi est relativement aisé concernant les identités de marques, les illustrations sonores de spots publicitaires ou de sites internet, les ambiances de magasins ou de lieux publics, ce n'est pas toujours le cas pour d'autres flux. Le designer sonore est parfois perçu et géré comme un prestataire comme un autre. On peut l'oublier, surtout dans les grandes organisations où les responsables bougent fréquemment. Garder sa visibilité et maintenir le contact par diverses pratiques relationnelles et si possible créatives, une information périodique et, désormais, un site internet séduisant et interactif en sont des moyens (fig. 8.4).

CAS	1	2	3	4	5	6	7	8	9	10	11
Gestion par projets chez le donneur d'ordre ou son intermédiaire	X	X		X			X		X	X	
Gestion par projets chez le prestataire sonore	X		X	X			X		X	X	X
Projets complexes, multi sous-projets chez le donneur d'ordre		X	X		X		X				
Compétence *a priori* du designer sonore en matière normative			X	X							
« Kick off », validations d'étape et présentation interne ou externe	X	X	X	X	X	X	X				
Phase de **Pré-production** nettement formalisée (procédures)	X	X	X		X	X	X				
Internet intervenu dans la mise en relation avec le donneur d'ordre	so	X		X							X
Devis final fixé en phase de préproduction	so	X	X	X			X	so	X	X	X
Cahier des charges techniques défiitivement fixé en phase de préproduction	X			X				X	X	X	X
Mise en concurrence formalisée (appel d'offre ou concours)	so	X	ica	X							
Établissement d'un bon de commande formalisé	ps	X	X	X	crs	crs	X	crs	X	X	X
Phase de **Production** nettement formalisée (procédures)	X	X	X	X	X	X	X	X	X	X	X
Production sonore faisant appel à des prestations externes	X	X			X	X		so	so	X	X
Approfondissement du problème prévu dans la phase de Production	X	X	X		X	X	X		X		
Cas ayant supposé une compétence scientifique	X	X	X		X	X	X	X	X		
Appel à un (des)compositeur(s) ou artitste(s) extérieur(s)		X			X		X		X	X	X
Travail de terminologie du son pour faciliter les échanges	X	X		X	X		X		X		
Tests formalisés des solutions proposées		X	X		X	X	X				
Designer sonore présent à la présentation du projet retenu à la Direction générale		X	X	X					X		
Phase de **Post-production** nettement formalisée (procédures)	X	X	X	X		X	X			X	
Actions de mise en service ou intégration industrielle	X	X	X	X	fnr	X	X		X		X
Formation information du personnel		X	X	X		X					X
Contribution à opérations médiatiques et communication externe	X	X	X		X	X		X			

Impacts particulièrement significatifs dans les cas – cases vides, élément sans occurrence ou sans objet (so), procédure spécifique (ps), contrat de recherche spécifique (crs), finalisation non réalisée compte tenu de nouvelles orientations (fnr), indirectement via le concours d'architecture (ica)

Figure 8.4 – La gestion de projet dans les cas présentés

Chapitre 9
Design sonore et vie quotidienne

Cas n° 1 – Norme acoustique des espaces de travail ouverts

- **Responsable du projet** : Yoann Le Muet, Président de la Commission AFNOR S30D « Acoustique des locaux de travail ».
- **Client** : milieux professionnels et sociaux dont promoteurs immobiliers de bureaux.
- **Objet de l'opération** : création-rédaction de la norme NFS 31 199[1] consacrée à la gêne dans les espaces ouverts et intitulée *Performance acoustique des espaces ouverts de bureaux.*
- **Contenu final de la norme** : il s'est principalement agi de définir des descripteurs acoustiques tels que, si on cherche à les améliorer, il en résulte une réduction certaine de la gêne.
- **Système de décision** : système institutionnel de l'AFNOR spécifique aux normes.

Le système relationnel

Dans le système d'acteurs d'une norme, lui-même normé, on note principalement les membres de la commission ou sous-commission en charge de la norme et d'autres intervenants périphériques, soit principalement les acteurs suivants (fig. 9.1) :

- **Chef de projet** : Yoann Le Muet, Président de la Commission AFNOR S30D « Acoustique des locaux de travail » (cette commission opère dans

1 Démarche de prévention et norme NF S31-199 - Yoann Le Muet *https://www.youtube.com/watch?v=iNkywl-xDDk.*

plusieurs directions orientées soit sur les matériaux, soit directement sur les opérateurs en milieu de travail et leurs activités comme c'est le cas ici), où il a notamment animé la rédaction de la norme NFS 31 199. Il est, par ailleurs, responsable Marketing d'une importante entreprise du secteur de la construction où il est plus spécialement en charge de diverses marques de matériaux acoustiques.

- **Client décisionnaire** : l'AFNOR (Association française de normalisation), association selon la loi 1901, dotée d'une mission d'animation, orientation et coordination de l'ensemble des travaux de normalisation du système français de normalisation, et productrice de normes d'application volontaire considérées comme sources de progrès et de confiance.
- **Financeurs** : les dépenses afférentes aux travaux de la commission sont couvertes par une contribution des entreprises et par les organisations professionnelles qui la composent. L'AFNOR participe elle-même au financement de l'internationalisation de la norme par l'ISO (International Standard Organization).
- **Participants à la réalisation** de la norme : Président de la Commission, Direction des normes de l'AFNOR, secrétariat technique des commissions de l'AFNOR, membres de droit de la Commission dont représentants des administrations concernées, membres volontaires (voir financeurs), experts et groupes d'experts spécialement institués et mandatés pour la rédaction de certaines composantes de la norme, personnalités contactées de façon plus ou moins formelle selon les besoins.
- **Éditeur-diffuseur** : le service Édition de l'AFNOR qui intervient également en amont pour « l'éditorialisation » de la norme, activité également normée.
- **Informateurs et influenceurs** : toutes personnes ou entités de nature à contribuer à la promotion de la norme, à sa compréhension et à sa mise en œuvre par les professionnels concernés, notamment les organisations professionnelles, les organismes économiques territoriaux, la presse spécialisée et les structures de réflexion et de partage de connaissances dans les domaines abordés par la norme.
- **Utilisateurs** : tous acteurs systémiques de la construction de bureaux et lieux de travail ouverts (promoteurs publics et privés, architectes, bureaux d'étude, sociétés de contrôle technique, entreprises de construction, l'ensemble de l'ingénierie, les financeurs, milieux de la prévention, organisations représentant les bénéficiaires finaux...).

- **Clients finaux** : acheteurs effectifs de la norme en ligne ou *via* AFNOR Éditions.
- **Bénéficiaires finaux** : personnels travaillant dans les espaces de travail ouverts.

DÉCISIONNAIRE DU LANCEMENT	▸ AFNOR (Direction, Comité stratégique) ▸ Commission AFNOR S30D « Acoustique des locaux de travail » ▸ d'Experts (avis d'opportunité, faisabilité)
EN CHARGE DE LA RÉDACTION	▸ Sous-commission ad hoc (Membres publics de droit, représentants des milieux professionnels, experts) ▸ Présidée par le Président de la Commission
EXPERTS PONCTUELS	▸ Missionnés sur thèmes spécifiques selon les besoins d'expertise
RÉDACTEURS DU PROJET FINAL DE NORME	▸ Sous-commission ad hoc Après audition des experts, analyse de leurs travaux, débats internes ▸ Sous la responsabilité du Président de la sous-commission
DÉCISIONNAIRES DE LA PUBLICATION OFFICIELLE	▸ AFNOR (Direction, Comité stratégique) ▸ Commission AFNOR S30D « Acoustique des locaux de travail » ▸ Groupe d'Experts (avis d'opportunité, faisabilité)
ÉDITEURS VENDEURS	▸ AFNOR Direction générale ▸ Après enquête publique
INFORMATEURS DIFFUSEURS	▸ AFNOR (Communication) ▸ Membres de la Commission et sous-commission ▸ Organisations professionnelles (nationales et locales) ▸ Presse spécialisée ▸ Autres acteurs sociaux et sociétaux intéressés

Figure 9.1 – Système d'acteurs pour le cas « Norme acoustique des espaces de travail ouverts »

Pré-production

La phase de pré-production a essentiellement été liée aux modalités et usages propres à l'AFNOR en matière de décision de production d'une nouvelle norme.

■ Identification du problème

Les membres de la Commission ont été amenés à faire et partager les constats suivants.

Les nuisances sonores liées à la multiplication des espaces de travail ouverts faisant suite aux anciens bureaux individuels ou quasi individuels, ont généré un mouvement de réaction appelant des progrès dans ce domaine, mouvement dont la presse s'est faite largement l'écho, notamment sur la question du bruit et du conflit communication/concentration (l'oreille humaine est constituée de telle sorte qu'une communication non utile va perturber la concentration de ceux qui y sont exposés).

Le secteur des bureaux est jusqu'ici moins encadré et moins normé que les locaux de type industriels malgré l'existence de nombreux labels souvent privés et parfois redondants. Pouvant s'avérer être une nécessité pour certaines tâches et facteur de productivité en tant qu'élément de confort (concentration), la qualité acoustique de ce type d'espace de travail, longtemps considérée comme secondaire, a désormais rallié des partisans à la rédaction d'une norme en dépit du caractère contraignant de toute norme, même celles d'application volontaire comme c'est le cas ici.

De plus, dans les tensions sociales qui peuvent caractériser les restructurations d'entreprise dont l'instauration des espaces ouverts est parfois l'un des éléments, ils peuvent devenir un enjeu de négociation face auquel les parties présentes se trouvent souvent méthodologiquement désarmées.

■ Définition des objectifs

Dans sa communication, l'AFNOR présente cette norme comme un « mode opératoire disponible pour améliorer la qualité sonore des espaces ouverts, ces espaces de travail ouverts de plus en plus courants dans les entreprises. Les bénéfices ? Réduction des bruits, bien-être et gain de productivité ».

Dans le contexte de compétences estimé encore souvent faible des acteurs de la construction dans le domaine acoustique et, en particulier, de celle des espaces de travail ouverts, l'existence d'une norme a été jugée de nature à être, d'abord, un instrument de sensibilisation des acteurs de ce secteur, puis un support d'expression du problème et des attentes : mesure de la gêne et facilitation de l'expression des besoins, d'identification de solutions adaptées et de formalisation des paramètres de la performance acoustique à atteindre. Viennent ensuite les systèmes constructifs à mettre en œuvre pour y parvenir, les solutions étant presque toujours multifactorielles.

■ Décision de procéder à la réalisation de la norme

Pour avaliser le lancement d'un tel projet, l'AFNOR dispose de procédures dont une étude d'opportunité et de faisabilité confiée à un premier groupe d'experts. Les conclusions de celui-ci ayant été positives, le principe a encore dû être avalisé, *in fine*, par le Comité stratégique de l'association.

Malgré un délai initial imparti de 24 mois, la rédaction de cette norme a demandé, en fait, près de 10 ans. Une des principales difficultés expliquant ce dépassement a résidé dans l'ampleur de la recherche documentaire et des travaux scientifiques sur ce sujet de normalisation nouveau.

Production

■ Constitution de l'équipe dédiée

Le Comité stratégique de l'AFNOR ayant validé le projet, il a été procédé à la constitution au sein de la Commission d'une sous-commission *ad hoc*. Conformément aux usages de l'AFNOR, celle-ci devait être représentative de l'ensemble des représentants de la chaîne de valeur du domaine : les laboratoires, des institutions telles que le secteur de l'assurance-maladie, l'Institut national de recherche et de sécurité pour la prévention des accidents du travail et des maladies professionnelles (INRS), le Centre scientifique et technique du bâtiment (CSTB), d'autres organismes de recherche, la Direction générale du Travail, enfin les grands groupes industriels concernés soit comme ressortissant au secteur de la construction, soit comme grands utilisateurs finaux (fig. 9.2).

Une première étape a consisté pour les membres de cette sous-commission, trente personnes environ, à définir les champs d'application du projet, à savoir le ou les types précis d'espaces de travail concernés. N'ont pas été retenus, par exemple, des espaces comme les salles d'opération du secteur hospitalier.

NORMALISATION	POUVOIRS PUBLICS	MILIEUX ÉCONOMIQUES ET PROFESSIONNELS
‣ AFNOR	‣ Ministère en charge du travail ‣ Ministère en charge du travail ‣ Ministère en charge de la construction	‣ Études et validation des projets ‣ Simulation informatique ‣ Participation à la rédaction des cahiers des charges ‣ Examen des offres ‣ Suivi de chantier

CENTRES DE RECHERCHE	REPRÉSENTANTS DES SALARIÉS	AUTRES MILIEUX SOCIÉTAUX DONT ENVIRONNEMENT
‣ CSTB	‣ Organisations syndicales représentatives ‣ CHCT ‣ Organisations syndicales représentatives	‣ Appropriation rapide du nouvel équipement

Figure 9.2 – Milieux professionnels et sociaux concernés par la norme

■ Phase exploratoire et validation des hypothèses de travail

La sous-commission s'est ensuite intéressée d'une façon minutieuse aux différentes activités ou tâches menées dans les espaces ouverts types retenus du point de vue du conflit communication/concentration. Pour les cas où le cœur du problème n'était pas ce conflit mais le confort de travail collaboratif, il a été procédé à une évaluation des niveaux et de l'intensité des collaborations.

Des entretiens et enquêtes auprès de professionnels tels qu'architectes, designers ou encore *space-planers* ont dès lors été menés sur les solutions déjà proposées, mais aussi sur les tendances du développement des différents espaces ouverts de travail et leurs problématiques acoustiques particulières.

Un cas spécifique s'est avéré être celui des *call centers*, cas déjà bien documenté. D'autres l'étaient moins et des enquêtes *ad hoc* ont été menées, notamment par questionnaire.

Le questionnaire auto-administré par un bénéficiaire final (personnes travaillant dans un espace ouvert) peut toutefois s'avérer insuffisant car présentant souvent une sous-évaluation de telle ou telle nuisance sonore ou de son impact (effet d'habitude notamment). Objectiver les ressentis et les effets réels devient alors une tâche des experts missionnés. Une erreur souvent commise est ainsi de penser que parce que l'on travaille dans un espace ouvert de grandes dimensions avec un fond sonore relativement élevé, la voix des autres occupants de l'espace ouvert paraît masquée par ce brouhaha. La charge cognitive et la mémoire s'en trouvent pourtant fortement affectées.

■ Rédaction de la norme

Sous l'impulsion de M. Le Muet, il a été attentivement veillé à ce que le repérage et l'analyse des différentes activités développées dans les espaces ouverts constituent bien l'objet central de la norme avec la fourniture des moyens méthodologiques pour procéder à cette identification et aux mesures *ad hoc* les plus rigoureuses possible avec des suggestions de solutions possibles, solutions généralement systémiques (multifactorielles).

Un problème fréquemment rencontré a été celui d'un désaccord relevant de malentendus sur les termes ou les expressions alors qu'il y a, en fait, accord sur le point traité. Bien se comprendre sur les termes a été une préoccupation constante, surtout pour une norme abordant un sujet peu exploré et avec des participants parfois nouveaux et *a fortiori* pour un domaine comme le son, domaine relevant souvent d'un ressenti subjectif et pour lequel le vocabulaire analytique courant est encore limité. D'où une importante composante de la norme consacrée à la terminologie et aux définitions.

Autre difficulté rencontrée : les débats de doctrine entre les différentes écoles de pensée dans le domaine de l'acoustique. Plutôt que de trancher, M. Le Muet a essayé d'opérer des passerelles, des synthèses.

■ L'orientation rédactionnelle

La composition de cette norme s'est inscrite dans la forme, elle-même normée, des normes AFNOR avec leur appareil habituel comprenant notamment, outre les développements techniques, le préambule, le champ d'application, les nomenclatures et définitions spécifiques au domaine, la méthodologie d'élaboration de la norme ainsi que des annexes normatives ou non normatives. La lisibilité pour les non-professionnels a été suivie de près.

Cette commission, comme presque toutes les commissions de normalisation, a donc vu s'affronter des logiques différentes liées aux convictions des acteurs, à leur formation ou encore à leurs intérêts économiques ou institutionnels. Le président de la Commission estime que, *in fine*, pour départager des positions éventuellement antagonistes, ont prévalu le point de vue humaniste et la prise en compte prioritaire des attentes et besoins naturels des bénéficiaires finaux. Pour la rédaction, qui s'est avérée longue et souvent très discutée, ce recentrage sur l'humain est ainsi apparu comme le moyen de dénouer des situations parfois délicates. M. Le Muet donne d'ailleurs du design sonore, dont il se réclame comme représentant d'entreprises œuvrant pour la qualité des sites de travail, une définition selon laquelle « le design sonore, à la fin, recherche le meilleur pour l'humain ».

■ Enquête publique avant publication

Conformément aux règles régissant les normes AFNOR, il a enfin été procédé à une enquête publique sous la responsabilité de celle-ci. C'est le stade ultime de travail sur une norme rédigée avant sa publication officielle. Cette enquête publique, notamment par Internet, s'est étendue sur une période de trois mois, l'AFNOR ayant obligation de répondre à toutes les observations ou requêtes.

Post-production

■ Promotion de la norme

Une fois publiée et éditée (ou imprimable), la norme a fait l'objet d'une promotion en vue de sa bonne connaissance et de son utilisation par les professionnels et autres milieux concernés, notamment les acteurs de prévention et les Comités d'hygiène, de sécurité et des conditions de travail (CHSCT) ou les Comités sociaux et économiques d'entreprise (CSE). Une cible particulière a également été celle des concepteurs de logiciels susceptibles d'être utilisés en matière acoustique et qui doivent, entre autres, s'adapter aux nouvelles approches en matière de métrologie.

Cette phase de promotion a permis de valider l'intérêt spécifique des différentes composantes de la norme. Ainsi est-il apparu que le questionnaire d'évaluation de la gêne a été très rapidement utilisé et de façon fréquente. On constate par ailleurs un effet d'entraide entre les acteurs de l'acoustique compte tenu de ce que cette dernière est encore souvent « le parent pauvre de la construction », l'acousticien n'étant que rarement associé d'emblée à la maîtrise d'œuvre mais sollicité plus tardivement. Selon M. Le Muet, un des problèmes de l'acoustique est que l'identification des victimes des défauts et malfaçons dans ce domaine est moins nettement évidente que dans d'autres types de sinistres. Par ailleurs, le visuel est spontanément privilégié au regard du sonore, la perte de la vue étant, par exemple, jugée plus grave que celle de l'audition.

■ Internationalisation *via* l'ISO

Une suite significative de la publication de cette norme a été d'en proposer une extension internationale *via* l'ISO (International Standard Organization).

Au moment de la rédaction du présent ouvrage, cette norme internationale ISO en était au stade d'enquête publique en vue de passer du stade de *Draft international standard* à *Final draft international standard*, dernier stade avant la publication.

La norme française traduite en anglais avait été proposée comme document de travail de départ. Parmi les points où elle a été améliorée figurent la terminologie, les implicites culturels français n'étant pas forcément partagés par d'autres pays, ou encore la chronologie de la mise en œuvre de la norme dans un projet.

Une attention supplémentaire a également été portée à la classification des activités mais surtout aux relations entre les activités pouvant se dérouler dans un même espace ouvert et leur sensibilité respective au bruit. Les Néerlandais, très performants en matière de *facility management* et de confort du lieu de travail comme levier de performance et les Anglais en matière d'acoustique, ont beaucoup contribué à ces améliorations.

Un phénomène tendanciel devrait contribuer à accélérer la prise en compte du problème : la mise à disposition croissante du public d'instruments miniaturisés de mesure et d'analyse de l'environnement sonore. Des applications sur montre connectée ou smartphone vont se multiplier, envoyant, au minimum, des signaux d'alerte dès l'entrée dans une zone trop bruyante. Ils s'accompagneront souvent de messages de sensibilisation où les réglementations et les normes seront très certainement évoquées.

Cette prise de conscience croissante des questions liées aux dommages générés par le bruit aboutira alors à une pression en retour sur les concepteurs des lieux de vie, de loisirs ou de travail pour optimiser leurs réalisations dans ce domaine. La norme sera alors d'autant plus préconisée et utilisée.

Par ailleurs, les modèles d'organisation du travail évoluent et cette organisation se fera en activités avec plus ou moins de présentiel selon les entreprises.

Les techniques et systèmes constructifs évolueront aussi, en particulier en direction de la performance thermique, de la limitation des rejets de CO_2 et du recyclage. On construira avec moins de ressources et avec des matériaux plus légers réduisant notamment la charge de transport.

Il faudra veiller à ce que les phénomènes acoustiques affectant les personnes au travail soient bien pris en compte. Surtout dans l'hypothèse, envisageable, d'un progrès de la dérégulation.

Cas n° 2 – Signature sonore pour véhicule électrique

- **Responsable de l'équipe design sonore** : Nicolas Misdariis (Ircam).
- **Client** : Renault SAS (Direction des Prestations Clients avec Direction du Design et Directions techniques – pour l'électronique et l'acoustique).
- **Objet de la prestation** : la signature sonore d'un véhicule électrique.
- **Objectif** : concevoir et intégrer une signature sonore sur un prototype – puis un modèle de série – de véhicule électrique dans une double logique de sécurité et d'identité.
- **Système de décision** : un jury de concours puis trois comités décisionnaires.

Le système relationnel

- **Client** : Renault SAS. Direction des Prestations Clients.
- **Chef de projet chez le client** : un représentant de la Direction des Prestations Clients.
- **Responsable du projet à l'Ircam** : Nicolas Misdariis.
- **Participants au projet** : l'Équipe Perception et Design Sonores (PDS) et Antonio Cera, compositeur extérieur, pour l'Ircam, et, selon les étapes du projet, différentes entités du constructeur, dont acousticiens et responsables industriels, ainsi qu'une société externe de prestation électronique opérant pour le compte du constructeur.
- **Décisionnaire final** : un comité *ad hoc* composé de dirigeants du constructeur ou de leurs représentants.
- **Utilisateurs** : les conducteurs/conductrices et passagers/passagères du modèle de véhicule électrique produit consécutivement à ce prototype (le modèle ZOE).
- **Durée du projet** : trente-quatre mois de l'appel à concours (automne 2009) à la fin de la phase d'implémentation industrielle, phase qui a commencé fin 2011 – et s'est terminée mi-2012 (fig. 9.3).

I. PRE-PRODUCTION Concours Comité de décision 1	▸ RENAULT SAS organise un concours et contacte IRCAM pour candidature ▸ IRCAM accepte de candidater et constitue Equipe Projet interne ▸ IRCAM contacte A. Cera pour participation à Equipe Projet (acceptation A. Cera) ▸ Rédaction de la réponse au concours par équipe et par Equipe Projet IRCAM ▸ Réunion du jury RENAULT SAS Projet IRCAM retenu ▸ Passation / Réception bon de commande RENAULT / IRCAM Réunions d'organisation du projet Briefings complémentaires
II. PRODUCTION Comité de décision 2 Comité de décision 3	▸ Lancement de l'étape exploratoire Equipe Projet (recherche documentaire, benchmarking) ▸ Lancement de la phase de réalisation des maquettes consécutives et tests Coordination avec différents services de RENAULT SAS dont Direction des Prestations client, Département Design et services acoustiques et avec la société d'ingénierie chargée de l'intégration industrielle finale ▸ Présentation des maquettes à RENAULT SAS ▸ Intégration des observations Remise de la maquette définitive ▸ Validation de la maquette définitive ▸ Remise de la maquette définitive et dossier ad hoc à RENAULT SAS
III. POST-PRODUCTION	▸ Implémentation technique des sons produits par la société de prestation informatique pour embarquement sur les véhicules ▸ Participation IRCAM à briefings et information interne RENAULT niveau Groupe ▸ Publications et colloques sur les aspects recherche du projet

Figure 9.3 – Chronologie du projet « Signature sonore pour véhicule électrique »

Pré-production

■ Premiers contacts sous la forme d'un concours

La Direction des Prestations Clients contacte l'Ircam et l'invite à participer à un concours rémunéré, point relativement nouveau pour cette équipe encore peu habituée à ce type de démarche, et relativement nouveau également dans le domaine du design sonore. Les autres compétiteurs étaient une agence de design allemande, une agence française et une équipe de deux designers sonores français indépendants.

■ *Brief* du concours

Le concours visait la création de l'identité sonore d'un véhicule électrique prototype (sous nom de code et qui devait préfigurer la future ZOE) avec deux préoccupations dominantes :

- préoccupation fonctionnelle : signifier le véhicule dans le bruit de fond urbain ;
- préoccupation identitaire : porter la marque Renault à travers cette sonorité.

Pour l'équipe de l'Ircam, le problème pouvait être synthétisé de la façon suivante : doter d'une empreinte sonore un objet se mouvant dans la ville, qui est silencieux et qui doit être perçu par les personnes qui évoluent dans son entourage.

Les compétiteurs ont disposé d'un mois pour remettre leur proposition qui, dans le cas de l'Ircam, a inclus des sons (morphologies et timbres) et des éléments méthodologiques.

■ Réponse au concours

Conformément aux usages de l'Ircam, l'Équipe PDS s'est associée à un compositeur extérieur, le compositeur italien Antonio Cera, pour concevoir la matière sonore de base ainsi que les processus d'interactivité (variation du son en fonction de l'allure du véhicule) avant intégration technique.

■ Rendu du concours

Sur la base d'exigences formellement définies par le règlement du concours, l'Ircam a remis un dossier numérique comportant de premiers éléments sonores accompagnés d'un document Power Point qui a également servi de support à la présentation.

■ Détermination du budget

Ce point a été traité dans les étapes qui ont précédé le choix du gagnant du concours.

■ Choix du compétiteur retenu

L'Ircam n'a pas été informé des termes de la délibération du client sur les différentes propositions mais pense que la culture « recherche » de l'équipe PDS lui a été favorable. Un autre élément positif semble avoir été la présence d'un artiste réputé dans l'équipe.

■ Passation de la commande

La passation de commande consécutive à la désignation du gagnant du concours a pris la forme d'un document accompagné d'une quinzaine de pages d'annexes techniques, habituelles dans ce type de marché, l'Ircam se voyant, chose relativement nouvelle pour lui, qualifié de « prestataire » et destinataire d'un « bon de commande ». Antonio Cera a par ailleurs signé avec l'Ircam un contrat de droits d'auteur avec cession des droits (fig. 9.4).

INTÉGRATION INDUSTRIELLE	CLIENTS	PRESTATION DESIGN SONORE		UTILISATION FINALE
	RENAULT SAS	**Équipe Projet IRCAM**		
		IRCAM	**Compositeur**	
▸ Société de prestation informatique	▸ Comité de décision ▸ Direction des prestations client ▸ Département design ▸ Laboratoire d'acoustique ▸ Piste d'essai ▸ Directions techniques de production	▸ Équipe dédiée ▸ Services techniques ▸ Services administratifs	▸ Antonio CERA	▸ Acheteurs conducteurs du véhicule ZOE

Figure 9.4 – Système d'acteurs du projet « Signature sonore pour véhicule électrique »

Production

Les points clés du cahier des charges tel que résultant du concours et de diverses réunions de travail étaient :

L'intégration d'une dimension interactive avec la voiture ce qui entraînait une réduction des options notamment l'abandon du *simple play* (lecture simple de fichiers sons prédéfinis) et la définition des paramètres et modalités de cette interaction (vitesse du véhicule, accélération, appui-pédale, régime moteur...).

Concernant l'embarquement des sons dans le véhicule, de nombreuses options étaient envisageables parmi lesquelles l'intégration d'un module de synthèse sonore paramétrique, sur la base de techniques telles que synthèse par lecture de tables, synthèse FM, synthèse additive (assez courante, et qui consiste à rajouter de l'énergie sur diverses fréquences conduisant à un effet d'enrichissement du timbre, donc du son). Le son devait être diffusé sur le véhicule par haut-parleurs à partir d'une chaîne audio classique : une source

– en l'occurrence un processus de synthèse adéquat, une amplification et la diffusion, le tout dans une logique priorisant la perception par le piéton.

À ceci s'ajoutaient aussi notamment :

- le rejet systématique de certains sons mécaniques de nature à pouvoir être rapidement associés à des défaillances, au moins potentielles ;
- le rejet des sons *toys like*, les sons gadgets « ou de style dessin animé », alors qu'ils peuvent être présents sur les véhicules des marques concurrentes ou sœurs, au Japon notamment.

Bien entendu, étaient à prendre en compte des paramètres comme la consommation en énergie des solutions proposées, l'espace mémoire nécessaire disponible (en mégaoctets) de même que la fréquence d'échantillonnage et la résolution audio – toutes ces données ayant un impact direct sur la qualité des propositions sonores.

Sur cette base, les grandes composantes de la phase de production ont été les suivantes.

■ Étape de méthodologie et d'organisation du travail

La structuration de l'écosystème de groupes de travail propre au bon déroulement du projet

Cet écosystème de groupes de travail a comporté plusieurs niveaux :

- premier niveau : groupe de travail expert restreint, composé des personnes directement en charge du projet ou directement concernées par lui chez le client et à l'Ircam ;
- deuxième niveau : groupe de travail plus technique avec des représentants de l'acoustique pour procéder aux différents tests et, en début de démarche, alimenter l'équipe de l'Ircam de problématiques et de données et mesures spécifiques à ce sujet ;
- troisième niveau : le Comité de décision composé des décisionnaires finaux du constructeur et dont les réunions ont rythmé le déroulement du projet avec trois grands jalons « *go, no-go* », instances de réunion brèves et appelant un très grand soin dans la préparation et la présentation/explication des problématiques et solutions soumises.

La structuration de l'« établi »

La structuration de l'« établi » et la constitution des outils de travail sont susceptibles d'être utilisées pendant le projet en fonction des spécifications techniques de production des sons (étape interne menée avec le compositeur).

Afin de limiter l'écueil de la subjectivité ou de l'imprécision, les outils méthodologiques ont notamment comporté un outillage verbal commun proposé au groupe de travail expert restreint et à différents « co-acteurs » du projet à partir d'espaces sémantiques et selon des axes tels que « abstrait/concret » ou « nature/musique » ou encore, un outillage graphique permettant d'exprimer, à l'aide de schémas, des concepts de forme tels que « pur », « égrené » ou tout autre de cette nature. Ainsi les conditions d'écoute et de réception des sons proposés progressivement à chaque étape de la réalisation ont-elles pu être mieux maîtrisées que dans la phase du concours.

■ Réalisation des maquettes sonores

Cette phase de production proprement dite a comporté deux étapes de maquettage (production de maquettes régulièrement étudiées en groupe de travail d'experts et enrichies des apports des acousticiens du constructeur).

Ces maquettes sonores devaient pouvoir refléter les différences de fonctionnement (vitesses) du véhicule.

Sur la base des éléments techniques du *brief*, le stade décisif a induit la création d'un moteur de synthèse sonore par lecture de tables. Un tel système renferme des mémoires de son qui seront lues de manière évolutive et réinterprétées par un module *ad hoc* en fonction de la vitesse du véhicule. Sur un plan pratique, il s'agit d'un synthétiseur à quatre échantillons, valeur permettant une richesse relative mais qui ne pouvait être dépassée en raison de contraintes techniques, ces échantillons étant traités en temps réel conformément à la vitesse du véhicule et ajustés en sortie, mixés puis envoyés dans la chaîne audio.

Le cœur du travail de design sonore est alors de produire des sons (matière, timbre en particulier) intégrés à ce dispositif, opération conduite par Antonio Cera.

Chaque stade de production de maquettes a été précédé d'un *brainstorming* interne avec plusieurs points d'appui (d'inspiration) : l'état de l'art et les solutions déjà initiées par d'autres ainsi que le contexte du projet s'insérant dans le cadre des nouvelles mobilités en milieu urbain, avec des prises de son de différentes ambiances et milieux urbains réels (l'interrogation principale étant de savoir comment émerger efficacement dans le bruit de fond urbain ainsi identifié).

Toutefois, constatant que la littérature scientifique utilisable restait encore limitée, Antonio Cera a également proposé une modalité de recherche inattendue et très stimulante : l'approche spontanée du problème par le cinéma et l'étude de l'imaginaire collectif qu'il avait déjà forgé pour le son des véhicules du futur.

■ Itérations tests – développement

Les échantillons sonores de base de chaque maquette avaient une durée unitaire de l'ordre de 500 millisecondes environ.

Chaque maquette sonore a fait l'objet de tests d'écoute, tests réalisés simultanément par les équipes du constructeur et par l'Ircam, sur des groupes différents et des paramètres différents. Les tests menés par l'Ircam ont été de nature plutôt psychoacoustique (mesures sur des échelles de jugement, par exemple). Quoique réalisés en laboratoire, ces tests ont relevé d'une approche « écologique », chaque maquette sonore étant présentée en vidéo dans l'environnement sonore urbain prévisible d'utilisation du véhicule (fig. 9.5).

Ces tests perceptifs se sont inscrits dans un gradient continu d'expérimentations et tests des solutions réalisées tout au long de la conduite du projet en allant, dans les derniers stades, jusqu'à des tests grandeur nature sur piste réelle au centre d'essai de Renault. Ces tests en grandeur réelle se sont avérés très utiles et ont conduit à des corrections significatives.

Une ultime étape a été celle des expérimentations sur les premiers prototypes du véhicule électrique, avec une préfiguration quasi aboutie de la chaîne embarquée. Ces expérimentations très proches du réel ont permis de tester les sons sur le plan strictement acoustique mais aussi directement à l'écoute.

Une fois travaillée la fonction de sécurité assignée aux solutions sonores, de nouvelles approches en termes de design ont pu être effectuées sur l'identité sonore à partir de positionnements types en termes d'images de marque.

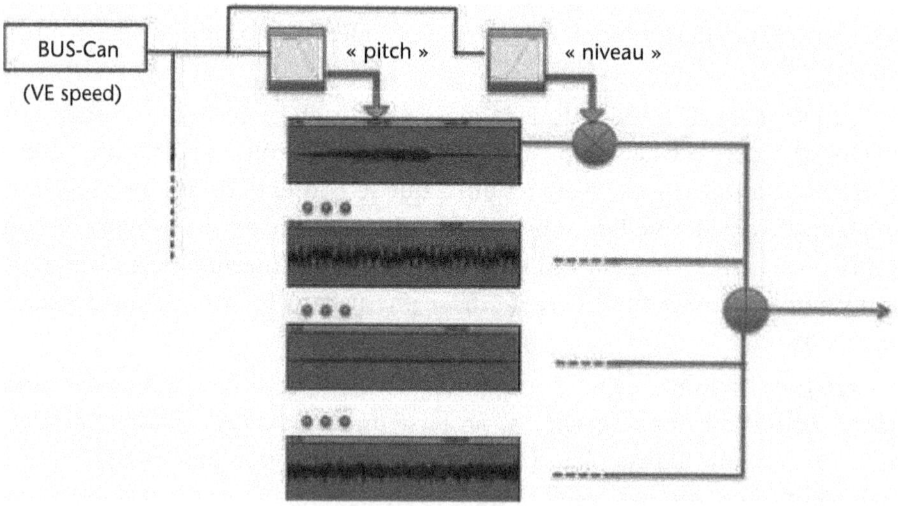

Figure 9.5 – Détail de l'architecture du moteur de synthèse pour la sonorisation de la ZOE

■ Les stades de décision

Le premier comité de décision s'est tenu en juin 2010, six mois après la réception de la commande et le début du projet hors phase de concours, soit déjà une assez longue période de maturation. Il a statué sur les points clés de la démarche méthodologique et les premières maquettes sonores. La durée, brève, de la réunion de ce comité a exigé, comme pour les suivantes, une préparation méticuleuse et pointue tant sur le choix des échantillons sonores que sur les commentaires et documents graphiques d'accompagnement dont les résultats des tests et expérimentations.

Le deuxième comité (mars 2011) a principalement statué sur les nouvelles propositions résultant des conclusions du premier, à savoir la fourniture de trois sons différents (et non plus un seul) destinés à être embarqués sur le véhicule. Ce sont ainsi trois propositions déjà très différenciées et très abouties qui ont été soumises.

Le dernier comité (juin 2011) a choisi parmi les solutions définitives proposées et donné son accord pour l'implémentation industrielle.

Des problèmes sont inéluctablement apparus au cours du projet. Le cahier des charges technique a notamment été amené à évoluer. Un point d'évolution a été la décision prise en cours de projet que le véhicule ne devait pas émettre de sons à l'arrêt (0 km/h). Or, développer un son à partir de 0 km/h ou de 0,1 km/h ne relève pas tout à fait du même processus de conception, notamment en ce qui concerne la gestion des paramètres de contrôle de la synthèse sonore.

Parmi les autres difficultés rencontrées, certains comités techniques ont parfois exprimé des remises en cause drastiques du coût des solutions envisagées ou de leur taille mémoire.

Le changement périodique de certains interlocuteurs techniques (ou décisionnaires) a également constitué une difficulté pour le travail courant.

Le livrable final comprend trois sons constitués chacun de quatre échantillons sonores de base différents et assortis de tables de gains et de hauteurs (*pitchs*), soit la manière dont la vitesse du véhicule est convertie en vitesse de lecture et en niveau de sortie de chacun des échantillons sonores, ce système étant destiné à être embarqué dans le véhicule après codage sur microprocesseur par un prestataire du constructeur (son 9.1, son 9.2, son 9.3).

son 9.1 GLAM
http://dunod.link/designson91

son 9.2 PURE
http://dunod.link/designson92

son 9.3 SPORT
http://dunod.link/designson93

Post-production

■ Implémentation industrielle

Cette ultime étape a duré six mois, le premier véhicule électrique Renault ayant été commercialisé en 2013. Cette implémentation industrielle s'est déroulée avec un prestataire extérieur du constructeur dont la mission a été, sur cette opération, d'effectuer ce portage vers les lignes de production concernées. Il revenait également à ce prestataire en électronique, installé chez le constructeur lui-même, de fournir l'ensemble de l'équipement audio embarqué : le microprocesseur sur lequel était programmé le moteur de synthèse sonore, l'amplificateur et le haut-parleur.

Cette étape a donc surtout consisté pour l'équipe de l'Ircam à expliciter à ce prestataire les algorithmes et paramètres techniques, nouveaux pour lui, des données sonores à intégrer de sorte qu'il puisse les transcrire et les coder dans son langage de programmation sur le microprocesseur embarqué dans le véhicule. L'intervention de l'équipe de l'Ircam a consisté ensuite à valider ce portage au fur et à mesure de sa réalisation et de sa traduction sonore en bout de chaîne, validation souvent réalisée à l'oreille. Pour l'équipe de l'Ircam, associée à la phase industrielle, il s'agissait d'aller jusqu'au bout du processus opérationnel en dépassant largement le travail expérimental en laboratoire.

■ Dépôts de brevet

En fin de projet, le client industriel a souhaité déposer la signature sonore de ZOE. Un point technique a alors été d'identifier sous quelle forme pouvait être réalisée cette opération, d'autant qu'il s'agissait d'un son interactif et évolutif.

L'équipe de l'Ircam a remis la description de l'algorithme ainsi que des exemples sonores illustratifs au constructeur qui a réalisé la démarche de dépôt de brevet.

■ Diffusion interne et externe

L'équipe de l'Ircam a ensuite été sollicitée pour participer à des groupes de travail internes au constructeur, cette fois au niveau du Groupe Renault (avec lequel la collaboration se poursuit) pour assurer la présentation et l'explicitation des solutions finalement embarquées sur le véhicule prototype et, *in fine*, sur ZOE.

Chercheurs avant tout, les intervenants de l'Ircam ont également procédé à la diffusion des résultats scientifiques du projet avec l'écriture d'articles scientifiques et la participation à différents congrès et colloques.

■ Acquis théoriques et méthodologiques

L'équipe de l'Ircam estime que cette mission lourde sur un objet industriel nouveau et dans un contexte très spécifique lui a beaucoup apporté. Les réflexions « post-opératoires » menées avec Antonio Cera ont notamment permis d'approfondir leurs conceptions et approches du design sonore. S'étant placée d'emblée dans une logique de « recherche-projet », l'équipe de l'Ircam estime ne pas avoir seulement produit des solutions mais aussi des connaissances sur les outils, le métier et les produits, sur l'œuvre du designer sonore ainsi que sur sa position et son statut dans le processus industriel, surtout s'il est collectif comme cela a été le cas dans ce projet.

Cas n° 3 – Acoustique architecturale : le théâtre d'Albi

- **Responsable acoustique du projet** : Jean-Paul Lamoureux.
- **Client** : municipalité d'Albi.
- **Objet de la prestation** : responsabilité de la composante acoustique dans l'équipe de Dominique Perrault, gagnant du concours pour la construction du nouveau théâtre de la ville d'Albi, projet comportant de nombreux défis du point de vue de l'acoustique.
- **Objectif** : doter d'une acoustique irréprochable un équipement à vocation polyvalente construit en environnement urbain actif et bruyant.
- **Système de décision** : situation d'un marché public précédé d'un concours.

Le système relationnel

Dans ce cas, sont identifiés comme acteurs systémiques principaux :

- **le designer sonore :** Jean-Paul Lamoureux, responsable de la composante acoustique du projet ;
- **l'architecte :** Dominique Perrault ;
- **le client décisionnaire :** la ville d'Albi ;
- **les bureaux d'études** puis les entreprises soumissionnaires puis retenues pour la construction du théâtre.
- **les exploitants des autres établissements** destinés à occuper le même site (cinéma, restaurant) ;
- **l'équipe artistique du théâtre**, en particulier le directeur ;
- **le personnel du théâtre**, en particulier le régisseur ;
- **les utilisateurs finaux :** spectateurs du théâtre et du cinéma et clients du restaurant (fig. 9.6).

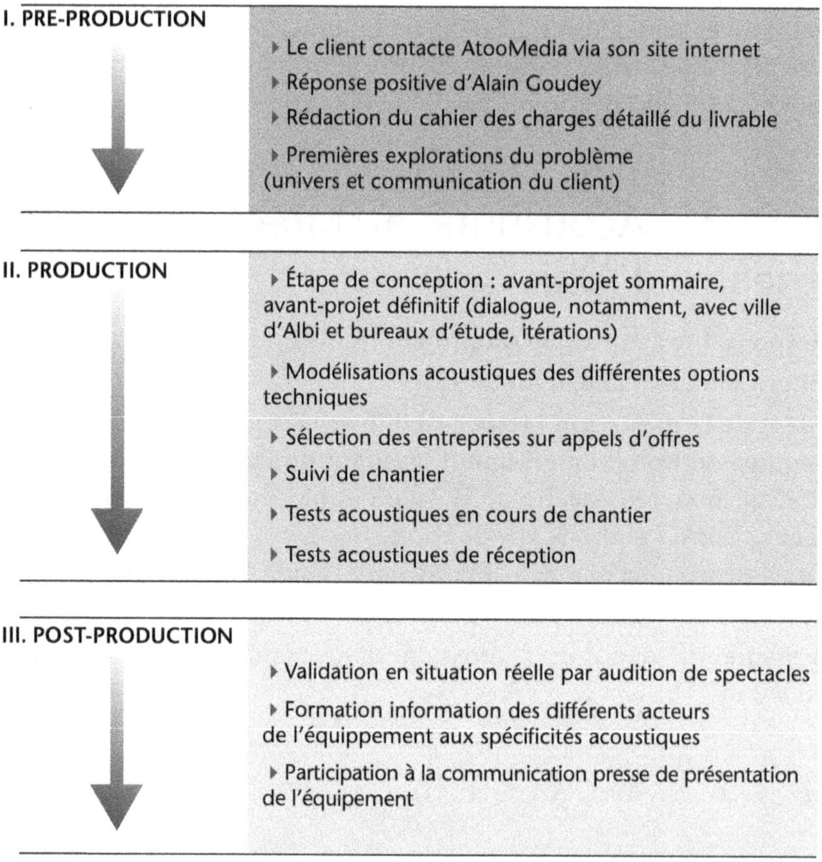

Figure 9.6 – Chronologie du projet « Acoustique du nouveau théâtre d'Albi »

Pré-production

La première étape de cette phase a été la réponse à un concours rémunéré lancé par la ville d'Albi pour la construction d'un nouveau théâtre en centre-ville historique. Outre un passé historique ancien et majeur et une élégante situation géographique sur les rives du Tarn, Albi dispose de bâtiments emblématiques comme sa célèbre cathédrale gothique en briques rouges et le non moins réputé musée Toulouse-Lautrec (Palais de la Berbie).

L'architecte Dominique Perrault décide de répondre et demande à Jean-Paul Lamoureux, avec lequel il a des habitudes de travail anciennes, de prendre en charge la composante acoustique, évidemment décisive pour un tel équipement.

La réponse de Dominique Perrault fait partie des quatre retenues pour participer au concours. Jean-Paul Lamoureux intervient à toutes les étapes de réflexion et de proposition, compte tenu notamment des nombreuses contraintes du projet ayant un impact en matière acoustique : situation en centre-ville, surface relativement limitée pour un équipement principal de 900 places devant aussi comporter une salle secondaire de 250 places, un restaurant et plusieurs salles de cinéma, celles-ci en quasi sous-sol. On peut également signaler que la ville a souhaité que le théâtre dispose d'une fosse d'orchestre, non encore visible au moment de la rédaction du présent cas, dans l'hypothèse où il viendrait à s'ouvrir à l'art lyrique. L'existence d'un tel volume vide, même recouvert, a évidemment un impact acoustique. Sur chacun de ces problèmes, des solutions ont dû être avancées sur l'efficacité desquelles a été donné un engagement formel après différentes modélisations informatiques (fig. 9.7).

CLIENTS VILLE D'ALBI	ARCHITECTE DOMINIQUE PERRAULT	ACOUSTICIEN JEAN PAUL LAMOUREUX	DIRECTION ARTISTIQUE DU SITE
▸ Lancement et gestion du concours ▸ Suivi du projet ▸ Réception du projet	▸ Dossier de candidature ▸ Réalisation avant-projet sommaire ▸ Avant-projet ▸ Projet définitif ▸ Rédaction des cahiers des charges et des appels d'offres ▸ Conduite de chantier ▸ Livraison du bâtiment (réception)	▸ Contribution au dossier ▸ Études et validation des projets ▸ Simulation informatique ▸ Simulation informatique ▸ Participation à la rédaction des cahiers des charges ▸ Examen des offres ▸ Suivi de chantier ▸ Tests acoustiques en pré-perception ▸ Tests acoustiques	▸ Formulation des besoins et attentes techniques et artistiques d'exploitation ▸ Suivi des phases et étapes ▸ Validation

BUREAU D'ÉTUDE ET EXPERTS	ENTREPRISE DE CONSTRUCTION	EXPLOITANTS CONNEXES CINÉMA, RESTAURANT	UTILISATEURS FINAUX
	se connecte		
▸ Étude des différentes hypothèses de conception (avant-projets) ▸ Contribution aux cahiers des charges ▸ Examen des offres ▸ Validation	▸ Élaboration des offres ▸ Participation au chantier (mise en oeuvre de leurs lots)	▸ Concertation avec l'architecte du théâtre	▸ Appropriation rapide du nouvel équipement

Figure 9.7 – Système d'acteurs du projet « Acoustique du nouveau théâtre d'Albi »

Production

■ Étapes de conception

Le projet de Dominique Perrault est vainqueur de la compétition.

Ont alors commencé les étapes administratives (établissement des contrats) puis les étapes techniques avec les bureaux d'études. L'architecte a organisé le travail et, désireux d'une parfaite réussite acoustique mais n'ayant pas encore d'expérience de construction de théâtre, l'acoustique a été l'une des premières composantes sur lesquelles il a commencé à travailler. Différents choix architecturaux et techniques ont alors été passés en revue sur chacun desquels l'acousticien a formulé ses commentaires, parfois dissuasifs. L'architecture théâtrale a ses contraintes acoustiques très spécifiques, notamment en termes de rapport entre le volume de la salle et celui de la scène. Sans dispositif d'amplification, ce rapport a ses limites. Et, à l'intérieur même du volume optimal, toutes les configurations n'ont pas les mêmes résultats acoustiques.

Les détails du projet se sont progressivement précisés et à chaque grande étape normée vers le projet final (avant-projet sommaire et avant-projet définitif) vers le projet final Jean-Paul Lamoureux a été sollicité sur les aspects acoustiques. Tous les paramètres ont ainsi été passés au crible. Chaque variante du projet architectural dans sa phase d'élaboration (avant construction) et chaque matériau de construction, de séparation ou de revêtement ainsi que le mobilier envisagé ont fait l'objet de réflexions communes entre l'architecte et l'acousticien. Celui-ci estime avoir eu en Dominique Perrault un interlocuteur très conscient et très sensible à ces problèmes et « ne traitant pas l'acoustique "en bout de chaîne" », cas qu'il présente comme encore fréquent. Il note que l'acoustique est une des rares techniques complètement transversales et qui exige que l'acousticien connaisse et comprenne toutes les autres techniques mises en œuvre et le métier de tous les autres intervenants puisqu'il suffit d'un détail même modeste de tel ou tel élément de réalisation pour altérer sensiblement la performance acoustique de cet élément.

■ Les problèmes structurels

Parmi les problèmes importants, notons ceux du restaurant situé au sommet de l'édifice et ceux des salles de cinéma. Ces dernières toujours dotées d'installations sonores puissantes ne devaient pas entrer en conflit avec l'acoustique de la salle de théâtre. Le traitement acoustique du hall a également constitué un problème spécifique en raison de la configuration retenue et qui constitue l'un des éléments devenus emblématiques du bâti avec sa forme quasi cubique, son parement de briques et sa résille métallique externe.

À ces points clés du programme architectural, viennent s'ajouter l'impact acoustique d'équipements comme les ventilations et le chauffage (centrales et gaines) dont les installateurs n'ont pas forcément une perception précise de l'effet sonore dans un tel type de bâtiment.

L'intervention de l'acousticien a donc consisté à trouver à chaque fois la meilleure solution, en étroite concertation avec l'architecte et les bureaux d'étude et rédacteurs des cahiers des charges des différents lots.

■ Modélisations informatiques

Pour chaque grand choix, Jean-Paul Lamoureux s'est appuyé sur des modélisations informatiques obtenues avec des logiciels de modélisation acoustique alimentés par les données de construction envisagées. De formation universitaire scientifique, il recourt activement à ces nouvelles instrumentations. Il caractérise son attitude de la façon suivante : « Je suis comme les gens du luxe : si, à l'exécution, je peux mettre en œuvre les moyens artisanaux de la plus haute qualité, j'utilise les techniques les plus avancées pour mettre au point et valider les projets. »

■ Étapes de sélection des entreprises de construction et de validation des réponses aux appels d'offres

Passé les étapes de conception du projet, viennent celles des appels d'offres avec la rédaction des cahiers des charges et la sélection des entreprises. L'avis de l'acousticien a été sollicité à chaque étape et sur chaque dossier des entreprises soumissionnaires, tant pour les paramètres de matériaux que d'agencement. Cette phase s'est avérée, comme souvent, cruciale compte tenu de la destination de l'édifice et des entrepreneurs n'ayant pas forcément l'acoustique comme préoccupation décisive. Pour beaucoup d'entreprises, l'acousticien est « l'empêcheur de tourner en rond », celui qui ergote sur ce que beaucoup perçoivent comme des détails dont ils ne saisissent pas d'emblée les enjeux acoustiques.

■ Suivi de construction

Au cours de la construction, l'acousticien a continué d'être cet intervenant pointilleux et intransigeant sur la parfaite conformité des solutions de construction au cahier des charges, notamment, là encore, sur des points dont l'impact acoustique pouvait échapper aux responsables de lots. Et cela a bien été le cas sur ce chantier, soit concernant les matériaux d'isolation, soit en matière de conductivité des vibrations par les poutres de suspension (en particulier entre le restaurant surélevé et la grande salle). La circulation des fluides, spécifique dans un théâtre, a également dû retenir toute son attention. Même chose pour les évacuations du restaurant.

■ Problèmes nouveaux

Outre ces problèmes relativement naturels et les aléas habituels d'un suivi de chantier, l'équipe a été amenée à en affronter un autre, tout à fait inattendu : l'inscription par l'Unesco du centre urbain ancien de la ville au Patrimoine mondial de l'humanité.

Une telle inscription entraîne la venue de visiteurs plus nombreux et s'est alors posée la question de la création d'un centre de congrès et colloques. Il a donc été décidé que le théâtre, encore en construction, devrait également assurer cette fonction. Un des problèmes acoustiques liés à cette modification du programme a été que, outre leur coût plus élevé, les sièges d'un centre de congrès sont plus larges que ceux d'un théâtre, ce qui a conduit à modifier la taille de la salle et donc la largeur des parois et, en conséquence, l'acoustique prévue de la salle. Cette dernière ne pouvant être exagérément élargie compte tenu de la contrainte du terrain, ce problème a été réglé notamment par l'élément décoratif mais surtout acoustique que constituent les « briques » en bois, creuses et de profondeurs diverses, fixées aux parois intérieures de la salle et qui font aujourd'hui partie de l'identité architecturale du théâtre.

■ Étapes de construction

L'acousticien a également participé à chaque étape de construction. Il s'agissait surtout de vérifier que les différents cahiers des charges étaient bien respectés. La qualité des « antivibratiles » (matériaux anti-vibrations) entre la dalle du restaurant et la poutre supportant la couverture de la salle a constitué un point sensible. Sur un autre point, il a été nécessaire de procéder à un arrêt de chantier, situation toujours très délicate. En fin de chantier, des problèmes de réglage du système de ventilation ont également dû être résolus. Jean-Paul Lamoureux tire de ce type d'expérience une conclusion simple : « Il faut être là tout le temps ». Ce qui peut constituer un problème si le chantier est loin de ses bases. D'où l'importance de la bonne coopération et de la confiance entre l'architecte ou son représentant sur le chantier et l'acousticien qu'ils ne doivent pas hésiter à contacter dès qu'ils ont un doute ou flairent un problème.

■ Réception et tests acoustiques

Étape théoriquement finale, la réception du chantier a bien sûr été une étape cruciale. Sur le plan acoustique, il a été procédé à des tests acoustiques (mesures de réception) à l'aide d'enceintes puissantes disposées sur les scènes et des instruments de mesure de rigueur. Ont été passés au crible les dispositifs d'isolation, la réverbération des différents types de parois, les bruits des équipements tels que la climatisation, plusieurs de ces tests ayant d'ailleurs été déjà réalisés en pré-réception au cours du chantier.

Cette étape finale s'intéresse notamment à la sonorité, à la réverbération et au comportement du son à l'intérieur du volume définitif (avec sièges, éclairages et tous éléments de mobilier et de revêtement). Sur ce chantier considéré par l'acousticien comme globalement exemplaire, cette étape de réception n'a révélé aucun problème sérieux.

Post-production

La post-production a été légère sur ce projet, situation imputable à la qualité de la conception puis de la maîtrise d'œuvre et enfin de la conduite du chantier. Il est à noter par ailleurs que cette post-production relativement limitée est une caractéristique des projets de théâtre dramatique, théâtre de parole, à la différence des salles de musique et théâtres lyriques où il faut aider l'orchestre et le régisseur de la salle à s'approprier le nouveau lieu et ses caractéristiques, notamment lorsqu'il y a des dispositifs acoustiques réglables.

À ce sujet, Jean-Paul Lamoureux note que l'un des éléments de progrès prévisibles de son métier sera la possibilité de faire de l'acoustique variable avec des dispositifs à coûts non prohibitifs et faciles à réaliser et mettre en œuvre. Cette question est importante pour les salles polyvalentes puisque les problématiques de réverbération ne sont pas identiques pour la parole non amplifiée et la musique où un peu plus de réverbération flatte l'oreille. Des dispositifs mixtes, électroacoustiques et, pour la musique « classique », mécaniques et « naturels » sont même envisageables. Une autre rupture technologique serait la réalisation de matériaux absorbants de très faible épaisseur.

La post-production commence aussi, bien sûr, avec l'audition de spectacles afin de vérifier que tout fonctionne comme prévu, ce qui a été le cas. Ont aussi eu lieu des interviews dans des revues ou émissions spécialisées.

Cas n° 4 – Dispositif d'alarme sonore en milieu industriel

- **Responsable du projet sonore :** Alexandre Gonçalves.
- **Client :** un grand entrepôt industriel de la région lyonnaise.
- **Objet de la prestation :** conception, fourniture et installation d'un dispositif sonore d'alarme.
- **Objectif :** doter l'entrepôt d'un dispositif performant et durable de protection contre les intrusions et les vols.

- **Système de décision** : la direction de l'entreprise cliente initialement représentée par le responsable du site et le responsable Sécurité.

Le système relationnel

Dans ce cas sont identifiés comme acteurs systémiques :

- **Le designer sonore** : l'entreprise Agelec Protection représentée en début de cycle commercial par Alexandre Gonçalves, concepteur du projet, assisté par les techniciens d'installation et programmation.
- **Le client décisionnaire** : direction de l'entreprise cliente après consultation de différents responsables dont le responsable du site.
- **L'architecte** du site.
- **Un prescripteur** : il n'y a pas eu de prescripteur particulier pour cette affaire mais le fait d'être certifié APSAD a été un facteur déclenchant de la relation commerciale.
- **Les utilisateurs** : les responsables et techniciens du site.
- **Les logiciels** : logiciels spécifiques à ce type d'ingénierie (systèmes de programmation, pilotage et contrôles à distance des installations, conduite de chantier mais aussi, propre au prestataire, son logiciel de gestion de clientèle).
- **Les fournisseurs amont** : fournisseurs des différents types d'alarmes et prestations associées (vidéosurveillance) et des matériels nécessaires à leur installation et à leur pilotage.
- **Les entreprises d'intérim** : pour l'embauche sur place d'opérateurs pour les opérations de base d'installation.
- **Les opérateurs de télésurveillance** : pour intervention rapide après déclenchement des alarmes.
- **Les services de police** : (idem).
- **Les sociétés d'assurance** : validation des installations, règlement des sinistres éventuels.
- **Les services préfectoraux ou municipaux** : pour les réglementations locales en matière de nuisances sonores. (À la différence des alarmes d'incendie ou des cornes de brume qui font l'objet d'une réglementation précise, la réglementation française encadre peu l'utilisation des dispositifs d'alerte sonore anti-intrusion. Elle vise surtout à protéger le voisinage des nuisances provoquées par leur déclenchement intempestif. Il n'existe pas de norme stricte. Il revient alors aux préfectures et municipalités d'édicter des dispositions précises telles que le volume sonore maximal ou la durée d'émission du signal.)

- **Les administrations concernées** : dépôt des dossiers relatifs à la protection des données personnelles (cas des installations d'alarme complétées de caméras de surveillance et en application du Règlement général sur la protection des données, dit RGPD (fig. 9.8).

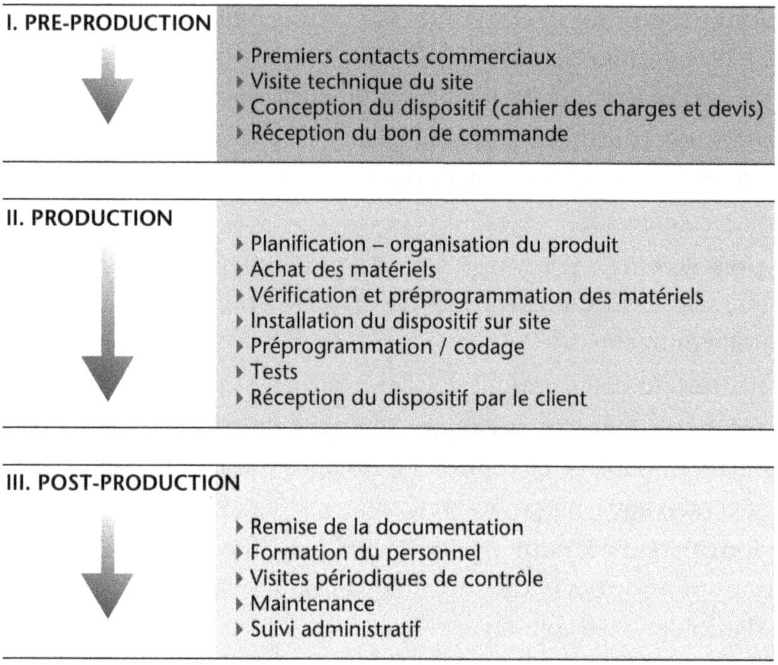

Figure 9.8 – Chronologie du projet « Ingénierie et installation d'alarmes sonores »

Pré-production

■ Premiers contacts

Le premier contact a été téléphonique et a eu lieu à l'initiative du client qui a repéré l'entreprise *via* son site internet. La proximité géographique et la certification APSAD constituaient des paramètres clés de la requête.

Le site internet d'Agelec Protection n'est pas uniquement promotionnel et de présentation de l'offre. C'est aussi un site de précommande pour premier devis. Le prospect peut renseigner un formulaire technique en ligne lui permettant de décrire le ou les sites à protéger et le type de protection dont il souhaite la mise en place.

Pour les projets importants comme celui présenté ici, la visite de l'installation à sécuriser est cependant d'usage après le contact téléphonique. Elle a bien eu lieu.

■ Visite du site

Ces visites effectives permettent d'identifier la valeur des biens stockés (elle peut déterminer le type de risques et de délinquants potentiels) ou des points sensibles du site à protéger, points dont le client n'a pas forcément une perception complète et au regard desquels l'intervenant en protection sonore a une certaine expérience. Elles permettent aussi de spécifier les caractéristiques de construction du site en fonction des exigences normatives ou pratiques d'installation et fixation du matériel, mais aussi les équipements électriques, électroniques et informatiques auxquels se raccorder. Des paramètres d'environnement doivent aussi être analysés tels que le niveau d'isolement du site dont dépendra le type de sirène « qui doit fonctionner mais surtout être entendue par quelqu'un », le type d'urbanisme et d'habitat, la proximité éventuelle d'autres établissements sensibles en matière de bruit tel un établissement hospitalier ou un autre établissement à fortes émissions sonores.

■ Champ concurrentiel

Plusieurs paramètres concourent à faire de ce marché un marché de relative proximité dont, en premier lieu, la nécessité d'intervenir rapidement en cas de problèmes. Il s'ensuit que ce secteur professionnel est composé d'entreprises de petite taille et dispersées sur tout le territoire national, et qui peuvent parfois intervenir en sous-traitance pour les quelques gros opérateurs qui se chargent rarement de l'installation, de la mise en service et de la maintenance. Le marché de l'alarme pour particuliers est, lui, largement investi par quelques gros opérateurs au développement récent et très rapide. La chose est moins claire pour les projets de type professionnel. On note toutefois l'irruption des banques qui, fortes de l'expérience acquise pour leurs propres sites, la proposent désormais sur le marché.

■ L'argumentation de l'offre

Outre la proximité géographique et les certifications, l'ancienneté de l'entreprise et ses références sont des arguments commerciaux importants. L'établissement d'un climat de confiance est également un facteur décisif s'agissant de sécurité avec accès à des données confidentielles dont, tout simplement, les plans et les codes des installations réalisées. (Le recrutement des collaborateurs revêt donc une grande importance[1].)

1 Dans le cas des chantiers en milieu carcéral, l'absence de tout antécédent judiciaire est une exigence de base. Signalons ici que, d'un point de vue de l'éthologie animale et, bien sûr, l'anthropologie sonore et avant même d'être outillé (sifflet, percussions, corne de brume…), le cri d'alarme, très varié en fonction du type de danger, constitue avec l'appel, lui aussi décliné, une des toutes premières formes de « design » sonore codifié.

■ Rédaction du cahier des charges-devis

Pour cette opération, la rédaction du cahier des charges détaillé a été directement liée à celle du devis. Elle est donc à l'initiative du prestataire de sécurité. Alexandre Gonçalves s'est appuyé sur le cahier des charges type que sa société a progressivement élaboré (analyse du problème, plan du site, détail et disposition des équipements proposés), sur les exemples que fournit le dispositif APSAD et sur son outil informatique de gestion de clientèle grâce auquel l'entreprise dispose d'une longue mémoire technique. Le choix entre alerte intérieure et extérieure avait été formulé dès les premiers contacts ainsi que celui d'un système assorti de caméras de vidéosurveillance avec leurs projecteurs d'éclairage, éléments qui ont aussi un effet dissuasif mais moins décisif en termes d'alerte. Ce document est validé par le responsable technique d'Agelec-Protection, les fournisseurs (fabricants et distributeurs) sont également consultés, en particulier sur la question de la compatibilité informatique des systèmes.

À noter que le cahier des charges-devis a inclus une clause de révision en cas de problèmes ou de nécessaires ajustements susceptibles d'apparaître pendant la phase de mise en place, fait assez courant dans ce domaine.

■ Les sirènes proposées

Les sirènes sont de types et de fonctions différentes. Dans le cas présent, la fonction première est la dissuasion, la seconde est l'alerte des services de sécurité (gardiennage en premier lieu).

Les sirènes intérieures, très puissantes (113 décibels), ont pour fonction de provoquer un fort malaise auditif chez l'intrus, de le perturber (troubles divers) et de le pousser à renoncer à poursuivre son action. Elles se caractérisent par un son strident. Leur intensité et leur rythme sonore peuvent être progressifs, laissant ainsi le temps de les désactiver dans le cas d'une intrusion non malveillante.

Les sirènes extérieures ont une fonction plus préventive en termes de dissuasion et d'alerte. Elles peuvent être couplées à des caméras de surveillance et à leur système d'éclairage. Elles sont moins puissantes et n'attaquent pas le tympan (107 décibels), elles ont un son qui doit porter à distance. Elles sont souvent dotées d'un flash lumineux intermittent qui permet d'identifier rapidement l'emplacement du problème sur la zone protégée.

Les sirènes peuvent aussi être couplées avec des haut-parleurs diffusant des messages de dissuasion. On a donc, dans ce cas, un double dispositif sonore qu'il convient de régler de telle sorte que les deux composantes ne se neutralisent pas entre elles. Dans les deux cas, elles sont actionnées par des détecteurs dont le réglage est délicat s'agissant d'éviter les déclenchements intempestifs (simples passages d'animaux). Gonçalves constate également qu'en termes de sonorités, l'offre d'alarmes proprement dites (effets sonores) s'est fortement diversifiée aujourd'hui au fil des évolutions technologiques – électronique et synthèse vocale –, et ceci même si les ressorts sensitifs restent assez primaires.

Pour les contrôles d'accès, les claviers de neutralisation du dispositif sonore (cas d'entrée d'une personne habilitée) disposent eux-mêmes d'un système de « bips » sonores. Ces bips peuvent s'accélérer et s'intensifier avant le déclenchement des sirènes ou inclure des paliers longs après la neutralisation du système et confirmant ainsi cette dernière. Dans certains cas, ces bips peuvent désormais être remplacés ou complétés par des consignes ou informations verbales.

■ La négociation commerciale

Compte tenu du travail amont avec le client et de l'importance des enjeux, il y a eu peu de négociation sur le prix au moment de la remise du devis. Les entreprises déménagent relativement souvent avec, en général et en conséquence, un interlocuteur pour la gestion des sites. Il y a également là un facteur de vitalité du marché pour le secteur de la sécurité. Par ailleurs, s'il commence à exister des prix de référence ou prix de marché qui peuvent guider le client dans la négociation, ils sont surtout fonction du type de site, de la valeur à protéger et du niveau de sécurité envisagé, la combinaison de ces paramètres laissant une marge significative à la négociation.

■ Le bon de commande

Pour ce cas, le bon de commande a couvert la totalité de l'opération et n'a donc pas été segmenté en lots ou étapes, ce qui peut arriver sur certains gros chantiers (fig. 9.9).

Direction	Responsable sécurité	Responsable du site	Architecte
‣ Décision initiale ‣ Initiative des premiers contacts commerciaux ‣ Expression du besoin ‣ Acceptation du devis ‣ Réception finale du dispositif	‣ Suivi du projet ‣ Facilitations et validations intermédiaires ‣ Réception du dispositif	‣ Validation du projet (conception et réception finale)	‣ Appuis divers à la mise en place du dispositif

AGELEC PROTECTION		FOURNISSEURS	INTÉRIM	SURVEILLANCE
Alain Gonçalves	**Techniciens**			
‣ Responsable du projet ‣ Contacts commerciaux ‣ Rédaction du cahier des charges /devis ‣ Suivi technique du projet ‣ Suivi administratif ‣ Suivi de maintenance	‣ Validation du cahier des charges ‣ Validation et test des équipements achetés ‣ Installation du dispositif sur site ‣ Programmation du dispositif ‣ Mise en service ‣ Formation du personnel client à l'utilisation	‣ Contribution à l'élaboration du cahier des charges /devis ‣ Fourniture des équipements	‣ Renfort de main-d'œuvre pour installation sur site	‣ Services de police, sociétés de télé-surveillance et gardiennage pour interventions

Figure 9.9 – Système d'acteurs du projet « Ingénierie et installation d'alarme sonore »

Production

On se retrouve avec ce cas dans une situation (de plus en plus fréquente) où la phase de négociation commerciale inclut la conception complète ou quasi complète du dispositif proposé. Les étapes d'étude et de conception, non rémunérées, sont donc positionnées en phase de pré-production. Reste la réalisation, d'autant plus complexe que réalisée sur site.

■ Étape d'organisation

Cette première étape, essentiellement consacrée à la planification des opérations, a été considérée comme importante compte tenu de la complexité des installations et de la taille du site à sécuriser. Il convenait également d'intégrer les périodes d'éventuelle indisponibilité du site. Cette planification a donc été partiellement validée par le client.

Le recrutement d'électriciens en intérim sur place, la logistique et l'hébergement du technicien en déplacement sont également planifiés pendant cette période.

■ Achat des matériels

On distingue, pour cette étape, l'achat de gros matériels pour lesquels il peut y avoir des délais, et celui des accessoires. Certains sont livrés directement sur le site, d'autres chez l'installateur pour vérifications et réglages.

■ Pré-programmation

Les principaux matériels achetés sont vérifiés et testés avant déplacement sur site. Pour les matériels électroniques, ils peuvent aussi donner lieu à des pré-programmations, l'objectif étant de travailler dans des conditions plus confortables et de limiter les aléas sur site et les durées et coûts de déplacement.

■ L'installation

L'étape de travail sur place a duré deux semaines pour une équipe de deux techniciens.

Elle a commencé par une nouvelle visite du site, lequel peut avoir évolué depuis la première visite avec des changements parfois mineurs mais de nature à impacter l'installation du dispositif d'alarme.

L'installation sur site a comporté deux types de tâches partiellement consécutives (sous-étapes) :

- l'installation des lignes électriques (tirage de lignes de la centrale vers les sirènes, détecteurs et autres matériels constitutifs de l'installation) ;
- la mise en place, les connexions, la programmation, les tests (essais) et la mise en service des alarmes qui ont été assurés par un technicien de l'entreprise. La réalisation du projet a conduit à découvrir des problèmes nouveaux exigeant des solutions non prévues ou différentes de celles prévues dans le cahier des charges.

■ Tests

Les tests ou essais, opérés ici en présence du client, ont naturellement pris la forme de simulations d'intrusion et ont visé à vérifier le bon fonctionnement de l'installation et, notamment, la bonne programmation par zones (bureaux, autres) ou accès, certaines zones devant bénéficier d'un régime particulier (horaires, types et niveaux de protection).

■ Problèmes types

Il est rare qu'un projet ne comporte pas d'aléas. Les problèmes types rencontrés sur ce chantier n'ont toutefois pas été spécifiquement liés au caractère sonore des dispositifs mis en œuvre mais à des caractéristiques du site ayant évolué depuis la phase de pré-production et modifiant les paramétrages de sécurité ou qui ne sont apparues que pendant les travaux (malfaçon d'un mur ou d'une cloison).

(Un autre type de problème est celui des informations manquantes en tout début de projet ou encore celui de la compatibilité entre les systèmes d'exploitation de différentes composantes du matériel électronique installé, parfois d'une version à l'autre d'un même modèle. Par ailleurs, outre les installations classées, des milieux particuliers présentent leurs problèmes spécifiques comme les monuments historiques (où le matériel installé ne doit pas être visible) ou le milieu carcéral.)

■ Réception par le client

Cette étape de validation des installations au regard du cahier des charges initial s'est déroulée devant plusieurs responsables de l'entreprise cliente (direction, responsable des locaux, responsable sécurité). L'ensemble des documents techniques a été remis au terme de cette étape.

Post-production

Cette étape de réception n'a toutefois pas marqué la fin du projet. Pratique systématique car indispensable, elle a été suivie d'une formation du personnel concerné de l'entreprise cliente à l'utilisation du nouveau dispositif sonore.

Des vérifications périodiques approfondies avec compte rendu écrit ont également lieu sur ce type de cas, prévues dès le contrat initial. Des évolutions du matériel et des technologies disponibles justifient souvent la reconfiguration de certains systèmes. De très nombreux clients souhaitent aujourd'hui disposer d'une application mobile pour contrôler leur alarme, ce qui oblige à intégrer des cartes ethernet ou GSM dans les alarmes. Un autre motif de reconfiguration des dispositifs d'alarme est celle des locaux eux-mêmes ou de leur contenu. Le passage actuel à l'IP, dans le cloud, est considéré par Alexandre Gonçalves comme un moment très important de l'histoire du métier.

Cas n° 5 – Interface de navigation sonore pour web-radio

- **Responsable de l'équipe intervenant en design sonore** : Patrick Susini (Ircam).
- **Client** : Web-Radio Thématique (WRT). Suite à une demande de subvention auprès du ministère de l'Éducation nationale, de la Recherche et de la Technologie en 2000, ce projet RNRT, appelé RADIOTHEM, a pour objectif général l'étude et le développement d'un service de radio thématique en ligne.
- **Objet** : hyperliens sonores et signalétiques sonores pour la navigation sur la Web-Radio Thématique (WRT) avec différentes fonctionnalités. Par exemple, les « guillemets sonores » signalent à l'auditeur que tel mot ou nom prononcé dans une émission donne lieu à une information supplémentaire dans une extension de l'émission et avec le lien *ad hoc*.
- **Objectif** : la mission de l'Ircam dans ce projet était dédiée à l'étude et à la mise en œuvre de nouveaux concepts sonores afin de faciliter la navigation dans l'interface de la Web-Radio Thématique (WRT), en particulier pour permettre à l'usager d'avoir des informations sans être contraint de maintenir son attention sur son écran d'ordinateur, et tout en écoutant le programme radiophonique sélectionné. Un autre objectif était de proposer une cohérence de tous les sons de manière à homogénéiser l'ensemble des informations de navigation et à apporter un certain niveau de confort sonore dans cette navigation (les éléments de signalétique devant dépasser le stade du simple « bip » sonore).
- **Contexte de la prestation** : en 2000, Internet est encore une chose nouvelle pour beaucoup d'usagers potentiels. La réalisation de ce prototype doit donc prendre en compte cette dimension de découverte et d'ouverture à ce nouvel univers. L'ordinateur lui-même, qui fonctionnait surtout avec la souris, était aussi un objet récent voire inconnu pour certains. Plusieurs de ses fonctionnalités types étaient tout à fait nouvelles, n'existant pas dans d'autres supports d'information courants, telle celle du « copier-coller » aujourd'hui si utilisée. Ces paramètres devaient impérativement être pris en compte.

- **Durée du projet** : vingt-quatre mois avec des réunions périodiques de présentation de l'avancée des travaux entre les différents partenaires (France Télécom R&D, Radio France Multimédia, la société Hyptique et l'Ircam) de l'avancée des travaux.
- **Budget** : la composante budgétaire pour l'Ircam intégrait les prestations de deux designers sonores (sous contrat de cession des droits), la participation de l'équipe de recherche et d'un assistant de recherche sous contrat (Piotr Gaudibert), les frais techniques (différents matériels et locaux utilisés) et administratifs. Les deux designers sonores étaient Louis Dandrel, à la forte culture musicale, et Emmanuel Deruty, d'une formation très différente et davantage tournée vers la recherche et la technologie. Ils ont participé à l'ensemble de la démarche et à toutes les réunions une fois le projet lancé. Les frais techniques incluaient aussi la participation à deux colloques pour présenter les résultats du point de vue de la recherche. Patrick Susini estime rétrospectivement que ces coûts avaient été correctement anticipés sauf le temps passé en réunions et les déplacements, plus importants que prévu (fig. 9.10).

I. PRE-PRODUCTION

- Opérateur de télécommunication contacte IRCAM pour demande de participation
- Débat interne à l'IRCAM et acceptation
- Rédaction d'un dossier de participation par IRCAM (avec présentation du budget)
- Accord du partenaire et du financier

II. PRODUCTION

- Adoption de procédures de travail et répartition des tâches entre les partenaires (itérations)
- Détermination détaillée du cahier des charges technique et stylistique des sons à produire
- Création par compositeurs des premières maquettes sonores
- Tests des maquettes - corrections - nouvelles maquettes (itérations)
- Présentation des projets définitifs (accompagnés des résultats et analyses des tests)
- Remise de la maquette définitive et dossier ad hoc au client Acceptation par les partenaires
- Traitement final des données

III. POST-PRODUCTION

- Clôture du projet
- Communication sur le projet

Figure 9.10 – Chronologie du projet « Interface de navigation sonore pour web-radio »

Le système d'acteurs

- **Client final** : opérateur de radiodiffusion (Radio France Multimédia).
- **Initiative du projet** : opérateur de télécommunication (France Télécom R&D).
- **Coordination du projet** : l'opérateur de télécommunication (France Télécom R&D).
- **Participants au projet** : un opérateur public français de radiodiffusion (Radio France Multimédia), un opérateur public français de télécommunication (France Télécom R&D), un organisme français de recherche et de création (Ircam), et une PME spécialisée dans la conception multimédia pour Internet/Intranet et pour cédérom (Hyptique).
- **Financeur** : Réseau national de la recherche technologique (RNRT).
- **Intégrateur final** : la PME Hyptique.
- **Utilisateur final** : auditeurs naviguant sur le site de l'opérateur de radiodiffusion pour réaliser son propre programme d'écoute à partir des différents contenus en ligne proposés par la Web-Radio Thématique (WRT) (fig. 9.11).

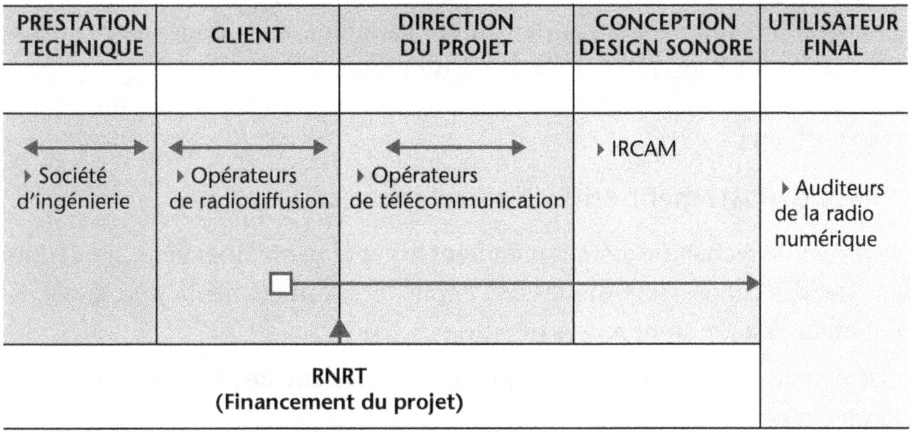

Figure 9.11 Système d'acteurs du projet « Interface de navigation sonore pour web-radio »

Pré-production

■ Premiers contacts

L'opérateur de téléphonie a contacté l'Ircam dont les travaux de recherche lui étaient connus par la participation à divers colloques où ils avaient été présentés.

■ Débat interne à l'Ircam

Comme son nom l'indique, l'Ircam a pour objet la création, certes contemporaine, mais musicale. Travailler sur de simples sons, très brefs (quelques secondes, voire moins) a paru surprenant à certains, voire trivial ou « gadget » et sans comparaison avec une œuvre musicale. Il n'y avait pas encore, non plus, dans cette institution, une culture courante de travail sur la conception sonore industrielle ou environnementale.

■ Rédaction d'un dossier de financement

Dès la fin des contacts préliminaires, un projet a été rédigé pour accompagner une demande de financement adressée au Réseau national de la recherche technologique (RNRT). S'agissant d'un budget net forfaitaire et d'une démarche à l'époque novatrice, les partenaires ont été amenés à procéder à une estimation qui s'est avérée plutôt sous-estimée de leur contribution en journées de collaboration.

■ Réception de l'engagement de financement et organisation du projet

Une fois reçu l'engagement de financement, les partenaires ont adopté des procédures détaillées de travail et, en particulier, un calendrier opérationnel en sous-projets simultanés sur des durées variables, mais pouvant pour certains s'étaler sur l'ensemble de la durée du projet.

Production

■ Phase d'ajustement entre les partenaires

Si le projet de recherche a été rapidement accepté par le financeur, les détails du cahier des charges techniques de l'application ont été libellés progressivement et au prix de nombreuses itérations.

De plus, le projet concernant ce que l'on appelait encore à l'époque les « nouvelles technologies de l'information et de la communication » (NTIC), la définition du projet ne pouvait pas être très précise pour les spécificités techniques, souvent encore à développer, notamment pour les aspects strictement sonores. Des ajustements progressifs ont donc été nécessaires entre les différents acteurs.

Cette étape conduite sous la forme de réunions avec les partenaires, est jugée décisive par Patrick Susini, même si elle peut paraître laborieuse sur l'instant. C'est elle qui a permis de définir avec précision le cahier des charges pour le choix des fonctionnalités nécessitant des éléments sonores, au-delà des intentions générales initiales.

■ Répartition des tâches

Elle a assez naturellement résulté des compétences et de la position de chacun dans le projet. Sous la supervision de l'opérateur de télécommunication, l'opérateur de radio a conçu les scénarios d'usage et la PME a commencé à concevoir l'algorithme qui devait permettre de créer son programme de radio et l'interface visuelle de navigation associée. De son côté, l'équipe de l'Ircam, en lien avec les autres partenaires et en fonction des scénarios d'usage, déterminait d'une part les fonctionnalités à doter d'une intervention de design sonore et devait œuvrer d'autre part à leur création. Les designers sonores auxquels l'Ircam allait confier la création des sons étaient déjà associés à la conduite du projet.

■ Le choix des fonctionnalités

Après consultation des partenaires, les fonctionnalités retenues pour un traitement spécifique en design sonore ont été les suivantes : l'habillage des transitions entre chaque contenu du programme réalisé par l'auditeur, l'ouverture et la fermeture d'un programme, les signaux de validation ou d'erreur de manipulations, l'arrivée d'un message provenant de la web-radio, une alarme – par exemple pour appeler un rendez-vous, et les hyperliens sonores indiquant les informations complémentaires disponibles pour l'auditeur.

■ Méthodologie

Patrick Susini considère qu'en design sonore, un processus en trois étapes successives doit être respecté : analyse, création, tests/validation[1]. Dans cette approche (fig. 9.12), il place la création au cœur du processus de design ; d'une part, elle découle d'une étape d'analyse comprenant, entre autres, différentes réunions avec les partenaires (ou le client), et d'autre part, elle s'intègre dans un processus itératif avec une étape de validation faisant appel aux utilisateurs. Par ailleurs, l'étape de création est le point d'articulation entre différents types de connaissances ; le « savoir » du chercheur ou de l'ingénieur, et le « savoir-faire » du designer ou du compositeur. Mais surtout, elle répond à un ensemble de contraintes ou d'attentes du produit final à partir de règles fonctionnelles et esthétiques – prises en compte dans le projet WRT – mais aussi écologiques.

■ Analyses et expérimentations

Au cours des réunions avec les partenaires, l'équipe de l'Ircam a recueilli des suggestions et intuitions des différents acteurs[2]. Puis, l'étape d'analyse a débuté par

1 Ce processus s'intègre dans une approche globale décrite dans un article paru en 2014 dans le journal *The New Soundtrack* (Edinburgh University Press).

2 Parfois sur le mode, qui peut paraître sommaire mais n'en est pas moins significatif : « je verrais bien quelque chose comme cela ».

l'exploration du champ du projet allant d'observations sur site à la recherche documentaire sur des projets pouvant être sources d'inspiration. En particulier, la phase d'analyse a consisté à opérer, autant que faire se pouvait, un *benchmarking* et à examiner quels sons avaient retenus certains fabricants d'ordinateurs pour leurs applications telles que l'ouverture/fermeture d'une application, l'envoi/réception d'un e-mail, le rappel d'un rendez-vous, un appel, une erreur, etc.

Des expériences ont ensuite été menées avec des participants extérieurs au laboratoire pour vérifier comment ces sons étaient réellement perçus, quelles informations ils véhiculaient effectivement et quelles conclusions pouvaient être tirées d'éventuels écarts entre cette perception réelle et les intentions des fabricants, afin de déterminer les caractéristiques sonores les plus saillantes associées à une fonctionnalité[1].

■ Adoption d'un principe de base

En charge de la composante design sonore de l'opération, Patrick Susini a proposé comme point de départ méthodologique pour la production des sons de partir de l'expérience courante des sons que nous identifions et décodons spontanément et facilement dans les environnements sonores quotidiens (par exemple, le son de quelque chose qui fonctionne normalement puis qui dysfonctionne, de quelque chose qui roule, puis tombe et se casse, de quelque chose en déplacement dans une direction).

L'idée a alors été de recourir aux caractéristiques perceptives des sons du monde physique, et de les transférer dans l'univers virtuel de la radio numérique plutôt que de créer pour cette dernière une gamme de sons sans familiarité cognitive pour l'utilisateur final, ce qui aurait exigé de sa part un apprentissage supplémentaire. Il ne s'agissait pas cependant de réutiliser les sons tels quels (les caractéristiques sonores d'un son de fermeture de porte utilisé comme analogie à la fermeture d'un fichier/dossier seront rapidement et facilement comprises par les utilisateurs), mais plutôt de révéler leurs caractéristiques auditives spécifiques pour déterminer les ingrédients qui serviront de recommandations aux designers. Le postulat était donc le suivant : si nous comprenons l'information véhiculée par les sons du quotidien, il devrait être possible d'en tirer des règles « fonctionnelles » pour la création de nouveaux sons pour le monde numérique. Le nouvel environnement numérique, à la fois visuel, tactile et sonore devient ainsi plus sensible et plus naturellement intuitif. C'est ce que Patrick Susini appelle le « savoir » produit par le chercheur, en contrepartie du « savoir-faire » esthétique propre à chaque designer.

1 Par exemple, il apparaît que le rythme, la hauteur tonale et l'intensité sont des caractéristiques nécessaires pour qu'une alarme soit audible et jugée comme urgente.

La première étape du processus de design sonore a donc été la phase d'analyse visant à identifier des règles fonctionnelles en termes de caractéristiques sonores facilitant la navigation dans l'interface de la Web-Radio Thématique.

■ Création des sons

Consignes aux designers sonores

Il leur a été demandé de prendre en compte les caractéristiques sonores spécifiées à partir des résultats de la phase d'analyse, notamment en termes de morphologie tonale et de profil dynamique. Une autre exigence particulière de cette consigne était que l'information soit exprimée par un son court de une à trois secondes. D'autres consignes, toutes aussi primordiales, concernaient un bon niveau de différenciation entre les sons tout en conservant une cohérence et une homogénéité d'ensemble afin de conserver une identité unique sur l'ensemble des sons. En s'adressant à deux designers sonores différents, il était attendu d'obtenir différentes solutions avec des identités sonores distinctes. Un délai de trois mois leur avait été donné.

Si les aspects fonctionnels avaient été déterminés par des règles communes pour les deux designers, les aspects liés à l'identité, eux, ont été fortement colorés par la singularité esthétique de chacun des deux designers en termes de texture ou de timbre mais aussi d'outils de création allant de la synthèse à l'usage d'instruments de musique. C'est le « savoir-faire » du compositeur ou du designer. En s'adressant à deux designers sonores différents, il était attendu d'obtenir différentes solutions avec des identités sonores distinctes. Un délai de trois mois leur a été donné.

Deux registres sonores

Chacun, travaillant séparément de l'autre, a proposé une gamme de sons esthétiquement assez différente au terme de nombreux allers-retours d'écoute et de débat avec Patrick Susini et son équipe.

Deux gammes de sons

Chacun ayant, de plus, proposé deux gammes de sons pour chaque fonctionnalité, il a été possible de présenter aux partenaires quatre gammes complètes, deux de culture plus musicale à partir d'un clavier, deux composées de « *samples* » et de sons de synthèse (fig. 9.12). Dans la figure 9.12 sont présentées quatre composantes de validation :

- Montrer que ça marche.
- Aider au processus de création dans les choix à effectuer.

- Contextualiser par rapport à des sons équivalents.
- Proposer éventuellement des révisions du cahier des charges.

Les points 1 et 2 ont été considérés lors de la phase de validation.

Voici un exemple d'écoute d'une gamme d'exemples produits par chacun des deux designers (Designer1 [D1]) et Designer2 [D2]) pour les fonctionnalités de l'interface :

Son 9.4 Designer1 ouverture de programme
http://dunod.link/designson94

Son 9.5 Designer2 ouverture de programme
http://dunod.link/designson95

Son 9.6 Designer1 fermeture de programme
http://dunod.link/designson96

Son 9.7 Designer2 fermeture de programme
http://dunod.link/designson97

Son 9.8 Designer1 alarme
http://dunod.link/designson98

Son 9.9 Designer2 alarme
http://dunod.link/designson99

Son 9.10 Designer1 erreur
http://dunod.link/designson910

Son 9.11 Designer2 erreur
http://dunod.link/designson911

Son 9.12 Designer1 mail in
http://dunod.link/designson912

Son 9.13 Designer2 mail in
http://dunod.link/designson913

Son 9.14 Designer1 mail out
http://dunod.link/designson914

Son 9.15 Designer2 mail out
http://dunod.link/designson915

Son 9.16 Designer1 validation
http://dunod.link/designson916

Son 9.17 Designer2 validation
http://dunod.link/designson917

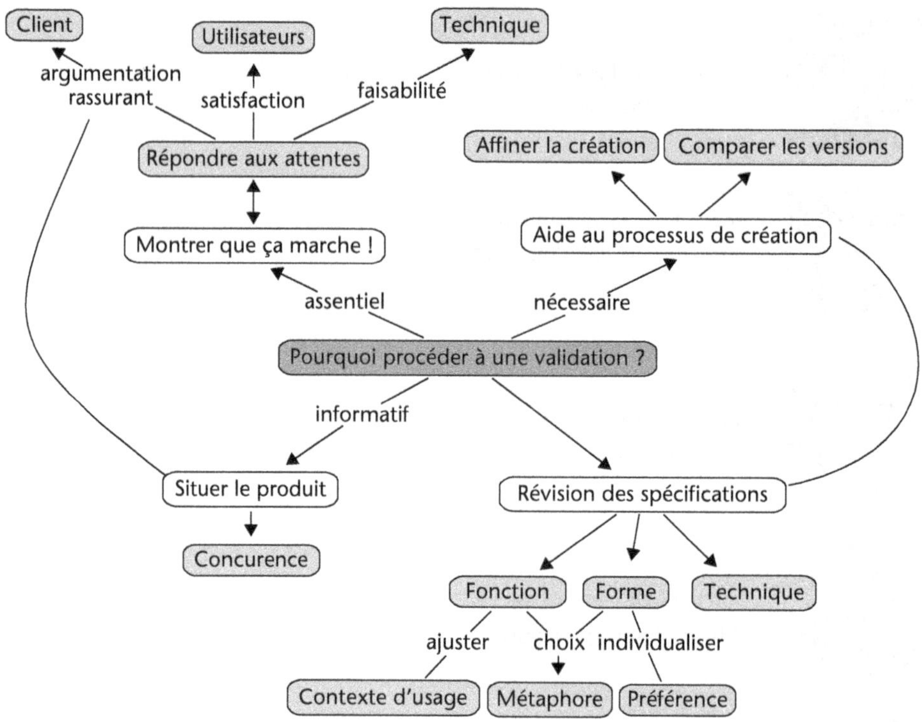

Figure 9.12 – Schéma de validation du projet « Interface de navigation sonore pour web-radio »

■ Tests itératifs

Cette étape de tests dans la gestion d'un projet de ce type est jugée cruciale par Patrick Susini. Elle seule permet de valider que telle ou telle proposition est effectivement opérationnelle. À divers stades de cette étape du projet, les sons proposés, mélangés avec d'autres, ont donc fait l'objet de tests d'écoute avec des participants. Chaque son a nécessité un classement par chaque participant dans une catégorie fonctionnelle, méthode différente de celle de l'enquête de vécu ou de ressenti et limitant les risques d'interprétation subjective des résultats[1]. Les résultats des tests ont plusieurs fois conduit à reconsidérer les sons. De nouvelles propositions étaient alors faites et testées à leur tour.

1 Au moment de la réalisation de cet ouvrage, Patrick Susini finalisait au sein de l'Ircam une application dénommée « SpeaK » et présentant un lexique sonore de mots couramment utilisés dans la description des sons. Ce lexique a été validé par un groupe de professionnels du son, un exemple sonore étant fourni pour chaque mot. Cette initiative fait suite à la constatation d'un manque de vocabulaire spécifique partagé pour décrire les sons et d'un langage commun partagé dans le processus du design sonore.

Au total, ces tests individuels réalisés en cabines audiométriques et d'une durée de trente minutes ont été menés auprès de plus de cent personnes (avec le logiciel PsyExp, développé à l'Ircam), phase significative en termes de temps dans la gestion du projet compte tenu de la préparation elle-même des tests puis de la rédaction des rapports (réalisé à l'aide du logiciel « Matlab » bien connu des ingénieurs et des scientifiques pour le calcul et la visualisation des données).

L'objectif était, à cette étape, de vérifier que les solutions sonores proposées n'étaient pas simplement intuitives, mais avaient bien l'effet attendu, l'important étant d'abord que cela fonctionne, la fonctionnalité primant toujours en dernier ressort sur le choix esthétique, principe cardinal du design en général.

■ Présentation finale aux responsables du produit final

La présentation aux partenaires des propositions sonores retenues a été accompagnée d'un rappel des étapes du processus. Cette modalité de rappel n'a pas été inutile dans la mesure où, compte tenu des mouvements de personnel dans leurs structures, certains participants n'avaient pas participé à l'ensemble du projet, des choix des principes de base jusqu'aux tests.

Ces tests se sont avérés décisifs au moment de la présentation aux partenaires des solutions retenues et de leur discussion. Ils ont permis d'objectiver l'efficacité des solutions présentées, plutôt que de dépendre des avis subjectifs des uns et des autres. Sur le plan esthétique, les propositions des deux designers étaient assez différentes pour permettre d'ouvrir la discussion pour le choix final.

■ Choix final

Si dans chacune des gammes les responsables du projet chez le radiodiffuseur ont fait un choix, ils n'ont, *in fine*, pas choisi entre les deux types de propositions. Ils ont en effet opté pour une solution laissant à l'utilisateur final lui-même le choix entre les deux univers sonores.

Au terme de la remise de ces propositions, la contribution de l'équipe de design sonore était considérée comme achevée, tandis que le projet continuait notamment avec l'intégration des sons par la société d'ingénierie, étape à laquelle l'Ircam n'a pas été associée et sur laquelle Patrick Susini note qu'il a été peu informé.

Post-production

■ Clôture du projet

Les aléas de la politique audiovisuelle ont, à l'époque, conduit à un report puis à un abandon définitif du projet de la Web-Radio Thématique par les dirigeants du radiodiffuseur au profit d'autres formules. L'ensemble des parties prenantes n'a donc pas eu la satisfaction de voir fonctionner le dispositif en situation réelle. Il n'y a donc pas eu non plus d'implémentation du projet ni des productions déjà réalisées.

■ Suites

Le projet a cependant eu des suites sur le plan de la recherche sous forme de publications et organisation de rencontres avec des designers sonores. Les acquis méthodologiques de ce projet ont, de plus, été réutilisés dans plusieurs réalisations notamment avec le secteur des transports et ont aussi servi en tant que support pédagogique dans l'enseignement supérieur.

■ Hyperliens sonores

Une des retombées de ce projet a été, pour l'Ircam, la conception et la réalisation d'hyperliens sonores dont Patrick Susini ne se rappelle avoir vu aucun exemple auparavant.

Chapitre 10

Design sonore et activités spécifiques

Cas n° 6 – Dispositif sonore interactif en gériatrie

- **Responsable du projet :** Luc Perera, enseignant-chercheur.
- **Client :** l'Assistance Publique – Hôpitaux de Paris *via* un établissement de gériatrie et en collaboration avec la Direction de l'action culturelle de cet établissement.
- **Objet de la prestation :** un dispositif sonore (non médicamenteux) contribuant à apaiser les patients anxieux et parfois agités en attente de consultation en gériatrie.
- **Système de décision :** un ensemble complexe articulant décisions médicale (Service de gériatrie), administrative (procédures de l'AP-HP) et de recherche (Direction et supports de la recherche de Luc Perera).

Le système relationnel

Dans ce cas, sont identifiés comme acteurs systémiques :

- **Designer sonore** et **chercheur :** Luc Perera.
- **Support scientifique :** Pierre Jouvelot, Directeur de la thèse de Luc Perera.
- **Support technique :** l'École nationale supérieure des Arts Décoratifs (EnsAD, Direction générale et Service du Programme doctoral SACRe (Sciences, Arts, Création, Recherche) pour l'ensemble du projet et de nombreuses collaborations ponctuelles (voir plus loin Écosystème de conception et production).
- **Client final décisionnaire :** AP-HP en la personne du chef de service de l'établissement hospitalier en collaboration avec la directrice des actions culturelles de l'établissement.

- **Prescripteurs initiaux** : relations personnelles dans le milieu médical concerné.
- **Écosystème de conception et production** : l'EnsAD en tant que structure d'accueil du projet puis de financement et, progressivement, un « écosystème » de chercheurs de nombreuses entités de recherche et comportant plusieurs pôles : médecine (gériatrie, musicothérapie), musicologie, mécatronique et sciences de l'ingénieur, ergonomie, design social, anthropologie.
- **Utilisateurs potentiels** : le personnel d'accueil des patients en gériatrie (aides-soignants, personnel infirmier au premier chef).
- **Bénéficiaires finaux** : les patients entrant en service de gériatrie et leur famille ou proches accompagnants (fig. 10.1).

I. PRE-PRODUCTION	▸ Formalisation d'un besoin par les médecins gériatres ▸ Proposition d'une réponse par Luc Perera ▸ Recherche de financement et coopération AP-HP, EnsAD/ Reboot ▸ Lancement du projet sous forme de thèse Directeur de thèse : M. Pierre Jouvelot MINES ParisTech
II. PRODUCTION	▸ Formalisation plan d'action Exploration de la recherche théorique Études sonores ▸ Premier concert-test hors milieu gériatrique avec questionnaire et observation ▸ Formulation de nouvelles hypothèses Création par compositeur des premières maquettes ▸ Protocole médical Tests d'un premier dispositif en milieu d'accueil gériatrique Analyse des résultats Révision du dispositif (vers un objet) ▸ Tests du nouveau dispositif (protocole médical)
III. POST-PRODUCTION	▸ Soutenance de la thèse Bilan global avec l'ensemble des partenaires ▸ Communication sur le dispositif ▸ Nouvelles réflexions sur le son et la musicothérapie

Figure 10.1 – Chronologie du projet « Dispositif sonore interactif pour l'accueil en gériatrie »

Pré-production

■ Premier contact

Au cours d'une conversation privée en 2016, un médecin hospitalier, relation personnelle de Luc Perera, évoque le problème de l'agitation de certaines personnes consultant en gériatrie et s'interroge sur la possibilité d'envisager un dispositif sonore, donc non médicamenteux, de nature à réduire ce stress. Cette interrogation trouve écho chez Luc Perera qui a connaissance de l'importante littérature scientifique consacrée, depuis les années cinquante, aux effets thérapeutiques de la musique. Il décide de mener un travail de recherche à partir de cette interrogation.

Dès qu'elle a été insérée dans la boucle de décision, la Direction de l'action culturelle de l'établissement hospitalier concerné a manifesté un réel intérêt pour le projet, est intervenue dans le dispositif de décision et a contractualisé avec le chercheur dans le cadre d'un travail de thèse de type SACRe.

■ Financement

Plusieurs pistes de financement sont par ailleurs explorées. Une contribution de l'EnsAD est obtenue *via* le programme « Reboot » qui associe l'école à des ingénieurs en écoles d'informatique avec un budget spécifique. Simultanément, divers partenaires potentiels sont identifiés : peut ainsi être organisé un écosystème de recherche avec des apports financiers *ad hoc*. De nombreuses contributions en nature non comptabilisées seront aussi mobilisées.

■ Procédures spécifiques

Outre les procédures internes au milieu AP-HP, l'ensemble de la démarche a dû respecter différentes obligations et procédures spécifiques aux expérimentations médicales et notamment l'obtention, après information, du consentement des patients, parfois par le truchement de leurs proches ou des personnes de confiance les représentant.

■ Principes et hypothèses initiales

La recherche a d'emblée reposé, entre autres, sur le postulat suivant : depuis notre plus tendre enfance une composante de notre cerveau, l'hypothalamus, participe à l'enregistrement et à la diffusion dans la mémoire des faits musicaux avec lesquels des stimuli perçus tout au long de la vie peuvent interagir par le biais de connexions synaptiques, des effets positifs de plaisir et de détente pouvant en résulter. Or, lorsque les patients commencent à vieillir et, en particulier, s'ils commencent à être atteints de la maladie d'Alzheimer ou de démence (au sens médical), un des moyens déjà identifiés pour ramener au calme ces patients est de leur faire entendre de la musique. Le projet a donc été initialement orienté vers la conception et la réalisation d'un temps-espace d'accueil spécifique comprenant un dispositif sonore sous la forme, initialement, d'un instrument de musique adapté.

Une seconde direction de travail résidait dans la conviction que la musique indienne avait un réel potentiel dans ce champ thérapeutique. Ayant vécu à Pondichéry dans son enfance, Luc Perera a été initié à la musique classique indienne, univers musical généralement modal, sensiblement différent de l'univers sonore occidental avec une plus grande présence des percussions mais aussi avec des harmoniques particulièrement développées grâce à des instruments aux nombreuses cordes en résonance sympathique. Il s'ensuit un son plus enveloppant et davantage facteur de quiétude. Il souhaitait explorer le potentiel thérapeutique de cet univers sonore particulier.

■ Le cahier des charges

On peut distinguer deux composantes de l'élaboration du cahier des charges de ce projet :

- le cahier des charges de la démarche de recherche (cahier des charges méthodologique), principalement élaboré puis implémenté sous la conduite du directeur de thèse ;
- le cahier des charges du dispositif sonore lui-même – caractéristiques techniques et scénarios d'usages, sachant que, pour cette seconde composante, Luc Perera a été aidé par un groupe de travail de l'EnsAD, le groupe Symbiose, animé par le designer et maître de thèse Patrick Renaud (fig. 10.2).

FINANCEMENT	SITE DE TESTS	HÉBERGEMENT DU PROJET	CONCEPTION FORMELLE	DÉVELOPPEMENT INDUSTRIEL
▸ AP-HP ▸ EnsAD	▸ Cité internationale des arts ▸ Association ▸ Hopital Paul Brousse	▸ EnsAD	▸ EnsAD	▸ Contacts en cours avec entreprises

PARTENAIRES RECHERCHE / TECHNOLOGIE			
Gériatrie	**Technologie mécatronique**	**Ergonomie**	**Musicothérapie**
▸ EnsAD ▸ Mines Paris-tech	▸ ENSIIE MINES ParisTech ▸ EISTI (Cergy-Pontoise) ▸ Lycée de Savigny / Orge	▸ CNAM	▸ EHPAD

Figure 10.2 – Système d'acteurs du projet « Dispositif sonore interactif pour l'accueil en gériatrie »

Production

■ Exploration théorique

S'agissant d'un projet réalisé dans le cadre d'une recherche de type universitaire la première exigence a été la consultation de la littérature scientifique disponible, notamment en matière de musicologie et de musicothérapie.

Il existe maintenant une importante littérature scientifique consacrée aux effets thérapeutiques de la musique. Toutefois, il a vite pu être constaté que cette littérature, lorsqu'elle est publiée dans des revues occidentales encore souvent dominantes en matière d'édition universitaire, s'intéresse surtout à la musique occidentale, laissant de côté les nombreuses autres musiques du monde. Or, en Inde même, des études scientifiques ont été menées qui ont démontré que la musique indienne a un effet positif en termes d'apaisement des sujets. On y recourt à la musique dans des cas multiples, en particulier alcoolisme, accouchement et autisme, et ceci aussi en milieu médical de culture occidentale (non ayurvédique).

À l'occasion de cette exploration documentaire, les contacts se sont par ailleurs multipliés dans le monde médical. Des entretiens avec un musicothérapeute intervenant à l'hôpital Paul Brousse ont confirmé la pertinence de l'approche musicale, mais dans une logique généralement passive pour le patient. Si toutefois celui-ci a une pratique instrumentale, on peut tenter de lui faire pratiquer son instrument, chose cependant difficile, voire impossible, avec les instruments encombrants ou trop sonores. Demeurait donc posé le problème de l'interactivité. Enfin, il est noté qu'il s'agit toujours de musique, pas de sons. Or, le chercheur voulait identifier les fréquences, les amplitudes ou les timbres les plus indiqués, quelle que soit leur origine.

■ Tests de validation du recours à une musique extra-européenne

La validation du recours à la musique indienne dans la situation médicale visée a été un des premiers objectifs pratiques de cette exploration. Il a ainsi été procédé à une première expérimentation avec l'organisation d'un concert *ad hoc* à la Cité internationale des arts à Paris, à l'intention d'un public échantillonné, attentivement observé et auquel il était demandé de renseigner ensuite un questionnaire portant notamment sur les états personnels produits par cette musique. Un enseignement de ce questionnaire montre que pour 80 % des personnes présentes la musique indienne testée pour ce premier concert expérimental (en l'occurrence hindoustani, soit du Nord de l'Inde, plus mélodieuse et moins rythmique que celle du Sud) avait effectivement un effet d'apaisement, de détente. Cette expérience a aussi permis de préciser les caractéristiques de fréquence, de volume, d'amplitude ainsi que le choix des éventuels instruments à retenir.

Sur la base de cette première expérience, une série d'auditions de musique indienne a été menée dans une résidence d'accueil de jour de personnes âgées, public plus directement représentatif des bénéficiaires finaux visés, avec une dizaine de personnes pour chaque audition. La musique était cette fois une musique karnatique (Sud de l'Inde, plus rythmique) composée par le chercheur avec, selon les morceaux, outre les *tablas* (instruments à percussion manuelle sur peau à tension modulable pendant l'exécution et avec une large gamme de tonalités, du grave à l'aigu), recours à la *tampura*, instrument caractéristique de la musique indienne, sorte de bourdon produisant un fond sonore fin, calme et délicat, et dont le caractère apaisant est presque constitutif. Ont ainsi eu lieu, à quelques jours d'intervalle et pour des groupes différents, trois écoutes de trois pièces d'une trentaine de minutes au total (son 10.1, son 10.2).

Son 10.1 Rythme 1 : Tablas et basse, rythme lent avec succession de notes graves de la basse et jeux avec le potentiomètre.
http://dunod.link/designson101

Son 10.2 Rythme 2 : Tempura, basse et tablas, tempo lent. Travail sur les fréquences graves et rythmiques.
http://dunod.link/designson102

Un protocole expérimental avait été spécialement mis en place concernant la durée des morceaux diffusés et les caractéristiques des sons – longs, courts, forts, faibles, doux, etc. Un questionnaire a également été remis aux participants. Il s'agissait de vérifier les conditions dans lesquelles pouvait aussi avoir un caractère apaisant l'apport rythmique des tablas.

Le traitement des nouvelles données recueillies à l'occasion de cette seconde série d'expériences a permis de valider la pertinence de la musique karnatique et de préciser le cahier des charges du futur dispositif pour les paramètres sonores – durée (cinq minutes), amplitude, fréquence et timbre –, le choix ayant été fait d'inclure également une pièce avec section rythmique seule et de fréquences graves. Le dispositif final visant à être interactif, cette approche purement rythmique permettait également de ne pas exclure les patients sans aucune pratique instrumentale.

■ Premières observations en milieu de gériatrie

Simultanément, le protocole de recherche comprenait une observation du milieu. Luc Perera a donc passé de longs moments à assister à l'arrivée et à l'accueil des patients en gériatrie et à faire des analyses pratiques et systémiques (identification des différents acteurs, déroulement de l'opération d'accueil, organisation, conditions techniques, configuration des lieux, repérage des ressources disponibles, etc.).

Des entretiens approfondis ont ensuite eu lieu avec les différents acteurs types, personnel médical des différents échelons et personnes accompagnantes.

Une première constatation a révélé qu'il n'était pas réaliste d'espérer pouvoir disposer d'un espace d'accueil important dans la situation de grande limitation des moyens matériels à laquelle est confronté notre système hospitalier. S'ensuivit une réorientation plus précise du projet.

Une autre constatation décisive a été celle du fréquent désarroi des familles, pendant les périodes de visites, devant l'état psychologique de leurs proches au moment de leur hospitalisation, mais aussi, contraintes de rester passives, devant leurs propres difficultés à communiquer avec eux et à trouver un rôle approprié. C'était sans doute vers une mobilisation de cette catégorie d'acteurs que le dispositif sonore devait aussi être conçu.

■ Réalisation d'un premier dispositif de travail et premiers tests d'écoute

Une fois tirées les premières conclusions opérationnelles de cette étape d'observation et des auditions expérimentales, un premier dispositif a été réalisé autour de pièces musicales enregistrées sur ordinateur puis diffusées dans la chambre des patients au moyen d'enceintes bluetooth. Une période de trois mois a ensuite été consacrée à des tests en situation réelle d'accueil gériatrique. Il s'agissait de brèves séquences d'écoute de musique rythmique en situation passive. Vingt-quatre tests auditifs ont ainsi été réalisés avec neuf patients (son 10.3, son 10.4).

Son 10.3 Rythme 3 : Tempo rapide, jeux « groove » pour donner des effets d'ondulations rythmiques.
http://dunod.link/designson103

Son 10.4 Rythme 4 : Tempo rapide, style carnatique Paria (populaire) puis décélération en deux phases.
http://dunod.link/designson104

Un protocole médicalisé spécifique a été mis en œuvre comprenant des paramètres tels que choix d'horaires, sélection de patients ayant une bonne audition et un profil de démence élevée (critères médicaux, typiques des dernières phases de la maladie d'Alzheimer, sauf un cas en première phase, ce patient étant lui-même médecin), information et accord de ces patients ou de leurs proches ainsi que des personnels d'accueil et supervision par un médecin. Il revenait aussi à celui-ci de remplir un questionnaire et de mener les entretiens, Luc Perera n'intervenant que pour déclencher et arrêter la musique.

Ces auditions en situation réelle ont permis de constater, outre un résultat effectif d'apaisement, que les patients avaient vite tendance à accompagner de gestes les rythmes entendus, qu'on pouvait interpréter comme un début de limitation de l'agitation purement désordonnée.

Ces tests ont également permis d'observer que, malgré un intérêt réel du personnel hospitalier, celui-ci n'avait pas (n'a toujours pas) la possibilité d'intégrer lui-même le dispositif dans ses pratiques d'accueil.

Un autre enseignement, plus inattendu, a été l'intérêt, voire un encouragement spontané, de la part des familles et des accompagnants.

■ L'orientation vers un dispositif sonore de type nouveau

Une nouvelle orientation de travail est apparue comprenant des orientations importantes : d'une part, les familles pouvaient et devaient être parties prenantes du dispositif sonore envisagé et, d'autre part, ce qui devait être envisagé n'était donc plus un instrument de musique même adapté ni quelque chose à manipuler directement par le personnel soignant.

Un nouveau dispositif et un nouveau scénario d'usage se dessinaient : ceux d'un objet correspondant à un design sonore interactif à des fins thérapeutiques principalement mis en œuvre par la famille en relation avec le patient et dans l'espace médical.

Un point d'étape important s'est révélé être celui où ces différents partenaires et interlocuteurs de recherche et expérimentation ont accueilli favorablement cette nouvelle direction. Ce moment est d'autant plus important que, au sein du milieu hospitalier, l'attente spontanée avait plutôt été celle d'un dispositif de simple diffusion de son *via* une installation classique du type source/amplificateur/enceintes, la dimension active n'ayant pas été envisagée.

■ Première préfiguration du dispositif

La réflexion a donc visé la création d'un dispositif sonore opérant interactivement avec les patients – objet en trois dimensions – et de telle sorte que, dès que ces patients y appliquent la main, le dispositif réagisse et renvoie des vibrations et des rythmes auxquels ces patients eux-mêmes vont réagir à leur tour, instituant une situation nouvelle sortant les patients de leur agitation et les détournant de leur angoisse.

Ce dispositif a rapidement été désigné sous le nom de code « Tala Box », du mot hindi *tal* (métrique). Pour sa réalisation, se sont mobilisés des enseignants d'un établissement scolaire de Savigny-sur-Orge, les élèves se voyant proposer, comme exercice, la conception d'un petit objet capable de traduire du son en mouvements et avec lequel le manipulateur de l'objet puisse lui-même réagir et établir une interaction. Une sorte de petit levier devait monter, descendre et se déplacer horizontalement en fonction du son, la modélisation des courbes sonores ayant été assurée par un des enseignants de cet établissement lors d'un premier travail (fig. 10.3).

Rapidement, l'objet a pris la forme d'une boîte avec une couverture souple où apparaissent des bosses de profil variable selon les mouvements du son, le patient pouvant agir sur ces mêmes bosses pour en sentir la trajectoire. Le design physique final devait par ailleurs prendre en compte les contraintes liées à une utilisation en milieu médical avec les nombreuses dispositions normatives spécifiques, notamment en matière de poids, de mobilité, d'hygiène (nettoyage facile), de sécurité, de stockage ou encore d'éventuelles manipulations par les robots d'assistance thérapeutique déjà existants.

■ Reconfiguration du dispositif

Sur la base des résultats d'une première série de tests du nouveau boîtier, il a été procédé à diverses améliorations de ce dispositif : installation d'un second levier permettant des interactions plus développées, réduction du volume et du poids, ralentissement des rythmes, amplification du son, modification des cartes de programmation et matériaux conformes à la réglementation écologique, des réflexions étant aussi en cours pour optimiser l'aspect tactile.

■ Animation d'un collectif d'ingénierie

Quoique menant une recherche individuelle et assez isolée initialement, Luc Perera a dû apprendre à piloter un collectif d'ingénierie et d'expertise de plus en plus étoffé. L'EnsAD s'est impliquée dans le design physique et la fabrication du dispositif tandis que, pour la partie interface numérique, c'est l'EISTI (École internationale des sciences du traitement de l'informatique, campus de Cergy-Pontoise) qui est intervenue et, pour la partie mécanique, l'ENSIIE (École nationale supérieure d'informatique pour l'industrie et l'entreprise) d'Évry, avec également une coopération d'étudiants de l'école MINES ParisTech. Une doctorante du CNAM interviendra également pour l'observation scientifique des tests du point de vue de l'ergonomie. Enfin, un anthropologue de l'EHESS (École des hautes études en sciences sociale) et du CESPRA (Centre d'études sociologiques et politiques Raymond Aron), spécialisé en gériatrie, participera au projet pour des observations à caractère ethnologique et sociologique en vue d'une bonne appropriation de l'objet par des patients d'autres cultures. (Luc Perera est encore étonné par le nombre de contacts, de rendez-vous et de visites, près de deux cents, qu'il a dû gérer ou organiser.)

■ Tests

Si les tests en milieu hospitalier ont été différés en raison de la pandémie liée à la Covid-19, la Tala Box résultant de ces différentes ingénieries a été testée en septembre 2020 dans une résidence EHPAD (Établissement d'hébergement pour personnes âgées dépendantes), auprès de douze résidents âgés de 80 à 94 ans. Après un premier accueil intrigué de la part des patients, ces tests, qui ont donné lieu à des enregistrements vidéo et des verbatim, se sont caractérisés par une bonne participation et des échanges qui ont débouché sur des résultats positifs.

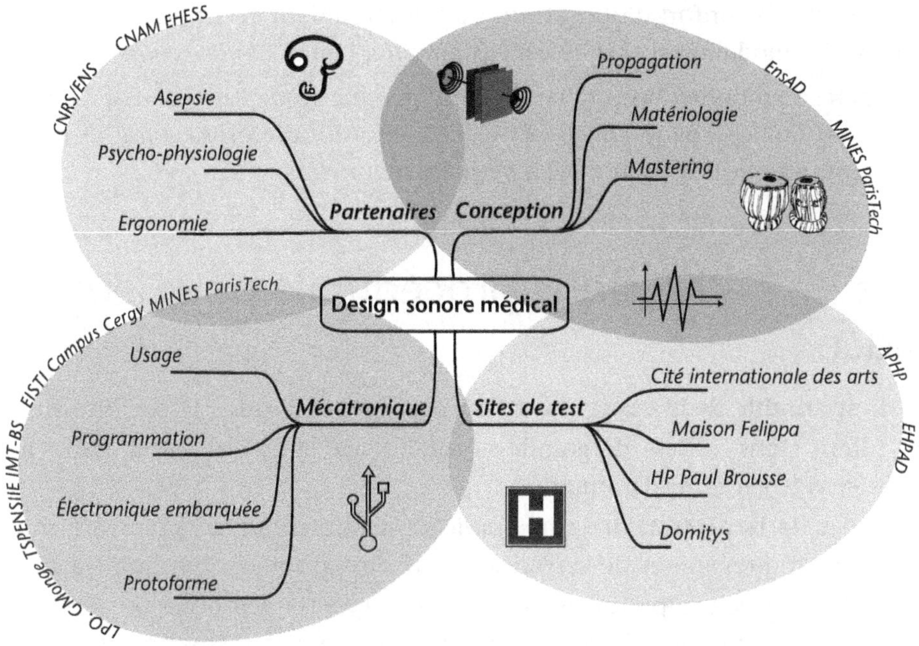

Figure 10.3 – Écosystème de conception pour le projet « Dispositif sonore interactif pour l'accueil en gériatrie »

Post-production

■ Rédaction de la thèse et communication

En tant que projet de recherche, était atteint l'objectif de réaliser un équipement expérimental de nature à atténuer sensiblement l'angoisse des personnes âgées et de leurs proches au moment de leur admission en milieu médical et de démontrer, en particulier, le recours particulièrement efficace à la musique karnatique et ses caractéristiques rythmiques spécifiques. Il s'ensuit que Luc Perera a été invité à lancer la rédaction de sa thèse, rédaction accompagnée de la participation à différentes rencontres scientifiques.

■ Protection des résultats

Par ailleurs, la question de la protection des résultats de cette recherche s'est vite posée, avec le problème du support très limité du milieu universitaire de recherche française à ses propres chercheurs et développeurs en cette matière.

■ Réalisation d'un prototype définitif et développement industriel

Deux entreprises ayant manifesté leur intérêt pour ce produit, la finalisation d'un prototype définitif a également été entreprise avec un travail sur son volume et son confort d'utilisation. L'adjonction d'un écran d'interface présentant les modalités d'emploi est également à l'étude.

Les tests en milieu hospitalier (Hôpital psychiatrique Paul Brousse), reportés en raison de la pandémie de Covid-19, seront toutefois nécessaires avant d'obtenir une certification définitive pour cet univers.

Cas n° 7 – Musique procédurale pour jeux vidéo

- **Responsable de la composante musique procédurale :** Daniel Brown.
- **Client** : une société de grande notoriété aux États-Unis produisant des jeux vidéo et films d'animation.
- **Objet de la prestation** : une application numérique générant des sons automatiques en vue de la réalisation du design sonore d'un jeu vidéo.
- **Objectif** : cette application a servi de support technique au designer sonore retenu par la société de production pour la réalisation de ce jeu vidéo.

Le système d'acteurs

Dans ce cas sont identifiés comme acteurs systémiques :

- **Système décisionnaire** : système de décision dans l'entreprise de jeux vidéo, incluant le sous-système d'Assurance Qualité.
- **Le prescripteur et responsable du projet :** le designer sonore de la société de production.
- **Le compositeur du son** : un compositeur professionnel indépendant.
- **Le concepteur de l'application** de musique procédurale : Daniel Brown.
- **L'intégrateur de l'application :** les ingénieurs audio de la société de production à partir du code créé par Daniel Brown.
- **Clients et utilisateurs finaux** : les acheteurs et joueurs du jeu vidéo (fig. 10.4).

I. PRE-PRODUCTION

- Le client, société de jeux vidéo, souhaite expérimenter la musique procédurale
- Le designer de la société contacte Daniel Brown
  Demande d'un prototype qui sera développé en interne de la société à partir d'un son créé par un compositeur
- Premiers échanges sur la faisabilité du projet
- Passation de la commande (très ouverte compte tenu du caractère expérimental du projet)

II. PRODUCTION

- Formalisation progressive des procédures de travail (mêmes raisons)
- Réalisation des premières maquettes
  Nombreux interlocuteurs (artistiques, techniques, commerciaux)
- Présentation d'un projet au compositeur (agrément de celui-ci)
- Intégration des observations
- Remise du livrable (prototype)

III. POST-PRODUCTION

- Contrôle assurance-qualité
- Développement et intégration du prototype dans la production de jeux vidéo(menés par la société de production sans intervention de Daniel Brown)
- Création d'un langage informatique spécifique par Daniel Brown à partir de celui développé pour ce prototype
- Maintenance
- Suivi administratif

Figure 10.4 – Chronologie du projet « Musique procédurale pour son d'un jeu vidéo »

Pré-production

■ Premiers contacts

Les premiers contacts et la mise en relation avec le client ont eu lieu à l'initiative du designer sonore travaillant dans la société de production du jeu au titre de designer sonore professionnel. C'est un ancien camarade d'université.

■ Origine de la demande

Le projet proposé par cette société d'utiliser la musique procédurale dans les jeux vidéo a, entre autres facteurs, été stimulé par des conférences spécialisées sur ces questions données dans différents cadres de type fondations et universités.

Aucun système comme celui envisagé n'avait jamais été utilisé dans la composante sonore des jeux vidéo de cette compagnie. Il relevait d'une approche et d'une culture nouvelle dans ce domaine spécifique. Une étape décisive et délicate a donc consisté à convaincre les représentants de la compagnie de son intérêt et de son utilité.

L'introduction de cette nouvelle technique pâtissait non pas de difficultés d'implantation au sein de l'industrie du jeu, mais du fait de son usage limité dans l'industrie des loisirs et audio, parfois de l'ignorance de son existence. Daniel Brown a constaté qu'il y avait des difficultés à accepter son usage en tant que standard musical. Ces difficultés ne sont pas encore forcément toutes levées.

■ Une demande de prototype

Daniel Brown a été contacté pour créer le prototype de l'application, prototype qui a été ensuite développé par son principal interlocuteur. La société de production était intéressée par une approche globale de l'intégration dans la conception des jeux vidéo d'une procédure algorithmique. L'objectif était tout particulièrement que la musique générée algorithmiquement suive à la lettre l'action du jeu sur un modèle rythmique, modèle qui exclut toute problématique d'ordre musical, notamment d'interprétation, pour un son percussif, plus neutre.

■ Le problème à résoudre

Traditionnellement, dans un jeu vidéo, le compositeur écrit plusieurs séquences musicales pour la même scène. Il compose également plusieurs types de musique, chacun lié à l'animation de la vidéo : par exemple, une musique calme pour une scène calme – exploration d'un lieu avant combat –, une musique plus agitée pour une scène idoine – préparation et début du combat –, enfin, une musique de type climatique pour une scène équivalente – tension extrême du combat et issue. Ces trois séquences ont nécessairement en commun le tempo et la durée (au millième de seconde près). Toutes ces séquences sont jouées en même temps, mais seulement une seule séquence est audible – les autres sont silencieuses – en fonction de l'action de l'utilisateur – exploration, préparation au combat, puis combat pour reprendre notre exemple. Lorsqu'on passe d'une scène à l'autre, se produit un fondu très rapide d'une séquence musicale à l'autre sans décalage perceptible, les propriétés de chacune d'elles se correspondant exactement.

Cependant, ce moyen reste perfectible, et c'est précisément l'objectif de ce projet : faire en sorte que la chute d'amplitude légèrement décelable lors du fondu – voire la cohésion de la musique écrite préalablement, composée hors action de jeu – disparaisse au profit de la création immédiate des sons, en l'occurrence des séquences rythmiques. Dans les trois exemples sonores proposés (son 10.5, son 10.6, son 10.7), la dénomination – *low* (bas), medium et *high* (aigu) – correspond clairement à trois états du jeu vidéo : « *Low*-no action » – pas d'action ni d'alerte –, « *Medium*-alert » – préparation au combat – et « *High*-action » – combat. Le système assimile la musique composée par B. Tahouri (*input*), et les fichiers audio sont le résultat (*output*) de l'analyse de la musique originale et son adaptation sonore (mélodico-rythmique) sur l'action de jeu.

Son 10.5 Pas d'action de combat ni d'alerte
http://dunod.link/designson105

Son 10.6 Préparation au combat
http://dunod.link/designson106

Son 10.7 Combat
http://dunod.link/designson107

■ Arguments commerciaux

Son prescripteur a fait valoir que Daniel Brown avait déjà travaillé sur des prototypes de génération sonore durant ses études en licence de musique à l'université. Cependant, le domaine des jeux vidéo était aussi pour lui un univers inconnu. Il a donc été décidé qu'il serait guidé dans son travail par le designer sonore interne, lequel avait suivi la même formation d'informatique musicale à l'université.

■ Durée du projet

À partir de la signature du contrat, deux ans et demi se sont écoulés avant la commercialisation, dont dix-huit mois pour le développement.

■ Les acteurs du projet

Les principaux acteurs du projet ont été le compositeur (indépendant) du son à intégrer dans le jeu vidéo, le designer sonore de l'entreprise cliente, l'ingénieur système (Daniel Brown).

■ Réception de la commande

Daniel Brown a reçu la commande pour sa prestation au terme d'une assez longue période de dialogue avec les représentants de la société de production. Ce dialogue a été à la fois technique et commercial. Il y a bien eu un contrat, mais exprimé davantage en termes de résultats attendus que de paramètres techniques précisément spécifiés. En tant qu'innovation de rupture au regard des productions antérieures de la société, le procédé de fabrication du prototype n'a donc pas été défini très précisément (fig. 10.5).

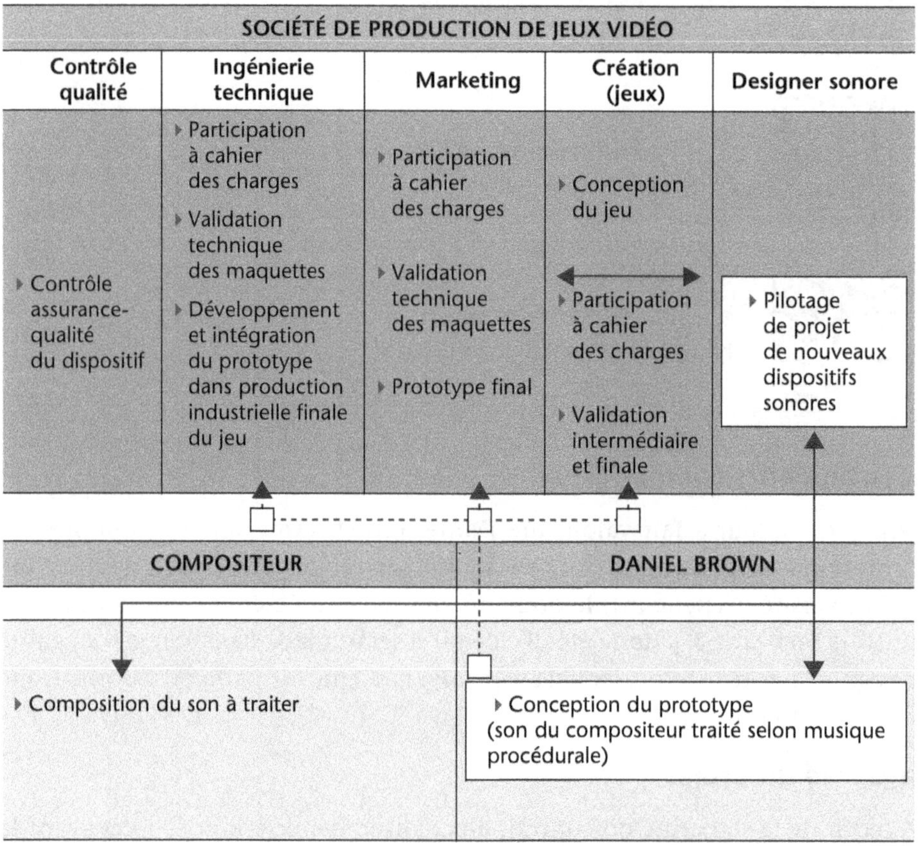

Figure 10.5 Système d'acteurs pour le projet « Musique procédurale pour son d'un jeu vidéo »

Production

■ Des procédures à formalisation progressive

S'agissant d'un système nouveau qui n'avait jamais été développé auparavant, il n'y a pas eu de modèle méthodologique strictement prédéfini dans le déroulement du projet. Les embarras des interlocuteurs industriels venaient notamment de la complexité de l'intégration d'une telle innovation dans les structures de leur système de décision et de production. Le modèle de collaboration a donc été élaboré au cours même du projet. La confiance réciproque entre le designer sonore en titre de la société et Daniel Brown ainsi que leur partage de la même culture scientifique ont largement contribué à la résolution des problèmes survenus.

■ De nombreuses itérations sur les premières maquettes

De multiples réunions de travail et d'ajustements progressifs des technologies respectives ont eu lieu entre Daniel Brown et les principaux acteurs du projet sur la partie son chez l'industriel producteur (le designer sonore et les services d'ingénierie informatique). Daniel Brown se rappelle de nombreux *brainstormings* sur l'intégration du dispositif au jeu vidéo selon un protocole de questions/solutions nécessitant un développement/codage après chaque réunion.

Il remarque que les ingénieurs se sont montrés très intéressés et ont vite fait preuve d'une attitude très positive, voire enthousiaste, malgré les nouvelles contraintes et défis techniques auxquels ils étaient confrontés.

■ Spécificités techniques du projet et répartition des rôles

L'application est interactive. Le compositeur conçoit le paysage sonore et adapte ce dernier aux différentes actions du jeu avec l'équipe d'ingénieurs audio de l'entreprise. Le dispositif procédural improvise ainsi sur la musique écrite par le compositeur. Les effets sonores sont appliqués essentiellement à des événements types, tels que les étapes de jeu, l'affichage des points, etc.

La démarche proposée par Daniel Brown a été de « designer » l'interactivité liée à la progression du jeu afin que la musique soit automatiquement générée en fonction de cette évolution. Cet aspect a fortement intéressé les designers sonores de la société qui produit le jeu, précisément parce qu'un problème de choix esthétique s'est toujours posé pour accompagner l'image et que le système interactif proposé par Daniel Brown permet justement de le résoudre en déléguant à la machine le soin d'accompagner toutes les actions de jeu avec une cohérence jusqu'ici non expérimentée.

■ Un moment clé du projet

Un moment important du projet a été pour Daniel Brown celui où, une fois terminé le développement système de l'application, il est allé à Los Angeles présenter au compositeur, Bobby Tahouri, la version numérique et automatisée de ce que celui-ci avait préalablement créé pour ce jeu vidéo.

Ce compositeur est un artiste reconnu dans le secteur de la musique du jeu vidéo et de l'animation. Daniel Brown ne cache pas qu'il était très anxieux à l'entrée de son studio, anticipant de possibles remarques du type « Comment avez-vous osé faire cela ? Pour qui vous prenez-vous ? », etc. En fait, la réaction du compositeur a été pleine d'humour : « Cela sonne comme quelque chose que j'aurais pu écrire ! » Donc un accueil chaleureux et positif et aucun blocage pour la finalisation du projet.

■ La découverte de la complexité du système

Intervenant pour la première fois sur un projet de produit commercial grand public, Daniel Brown a découvert la multiplicité des plans et des étapes de réalisation et la diversité des compétences mises en œuvre : culturelles, marketing, industrielles, techniques...

■ Le livrable final

Le livrable final a pris la forme d'un prototype comportant le modèle technique (algorithme global de fonctionnement), son application musicale et ses variations possibles. Le produit livré n'est donc pas une bande-son d'une certaine durée, mais un programme qui génère (crée et interprète) des sons au gré de la lecture du jeu vidéo. Il n'y a donc pas de limite temporelle de ce livrable puisqu'il s'agit d'exécuter un programme informatique qui s'autoalimente au gré des actions de jeu. Et ainsi il n'y a pas de boucle comme dans les sons de jeu vidéo traditionnel.

■ Test du prototype

Il n'y a pas eu de tests grand public sur des prototypes intermédiaires. Cependant, Daniel Brown, en tant que développeur et musicien, en a expérimenté le principe avec une équipe restreinte de praticiens de jeux vidéo.

■ Contrôle qualité

La doctrine de l'entreprise est de tester rigoureusement le produit fini dans le cadre de sa politique d'assurance qualité. L'objectif est de s'assurer qu'il fonctionne bien et qu'aucune panne ne risque de survenir. Le produit est donc soumis à plusieurs heures d'utilisation avant sa mise sur le marché.

Toutes les anomalies constatées durant cette période de test ont été d'ordre technique (mémoire, sollicitation du processeur, etc.) et n'ont donc pas concerné le prototype lui-même, ni, par conséquent, le principe de génération musicale.

■ Décisionnaire final

La Direction de la compagnie productrice du jeu vidéo est décisionnaire final. Daniel Brown n'a pas eu d'information détaillée sur les instances impliquées dans cette décision sauf celle du service en charge de l'assurance-qualité explicitement évoquée par son interlocuteur principal.

Post-production

■ Une finalisation « hors champ »

Une fois passés les tests d'assurance-qualité et le jeu édité avant distribution, le développement prend fin et la société n'accepte plus les changements. Le projet est donc terminé. Fournisseur d'une application numérique intermédiaire entre la composition et le design sonore final et livrée nettement avant la sortie du produit, Daniel Brown n'a pas été associé à la sortie de ce dernier.

Ce projet n'en est pas moins porteur de suites diverses.

■ Droits d'auteur

L'usage d'une application comme celle de Daniel Brown n'est pas sans poser des problèmes de l'ordre de ceux des productions de robots.

Si les droits d'auteur reviennent au compositeur de la musique traitée avec l'application, le crédit pour *Intelligent Music Systems* apparaît dans la partie création du jeu vidéo. Selon Daniel Brown, les droits vont au compositeur parce que le système ne fait que partager la musique inédite produite par le compositeur.

Il reconnaît néanmoins que, dans le cas d'une musique « créée » interactivement au fil de l'action, la question devrait être légitimement posée compte tenu de ce que, si tel est le cas, la musique re-composée sur la base du système lui-même lui paraît devoir son crédit à ce dernier, donc au concepteur de ce système, ce que l'industrie du film et de la vidéo à Hollywood et dans la Silicon Valley ne conçoit pas à ce jour, par complaisance envers un système conforme à leurs intérêts, estime-t-il.

Daniel Brown est toujours le propriétaire du système.

■ Création d'un langage spécifique

L'application informatique qui a résulté de ce projet a migré depuis ses débuts vers un langage original conçu spécifiquement pour les besoins du jeu vidéo.

■ Nouvelles orientations commerciales

Daniel Brown signale ainsi qu'il est resté ami avec le compositeur et que celui-ci a lui-même, avec le designer sonore, donné des conférences pour présenter cette réalisation. Des développements de son application ou son principe sont donc envisagés.

De son côté, Daniel Brown prend des contacts en vue de relier ce projet réalisé et réussi à d'autres environnements : publicité, cinéma, théâtre, musicologie computationnelle, musicothérapie, etc. Toute la musique lui semble pouvoir (devoir !) être interactive, c'est son vieux rêve d'étudiant et il est convaincu qu'il y a encore beaucoup de possibilités d'usage de la musique procédurale. En tant que programme indépendant de son support d'usage – « page blanche » quant à son utilisation –, il n'y a pas de limite à son application. Elle générera toujours de la musique, quel que soit l'usage (*input*).

Daniel Brown a aussi constaté que cette réalisation a stimulé de nouvelles idées développées par d'autres sociétés de jeux vidéo lorsqu'elles ont pris connaissance de cette innovation technologique. D'autres compagnies ont eu désormais recours à ses services.

■ Un collectif informel de réflexion

Un collectif de réflexion autour du projet et du système proposé s'est peu à peu constitué, collectif auquel participent principalement des compositeurs et ingénieurs audio, dont beaucoup de relations issues de l'université. Les discussions tournent autour de la musique (créativité et types de sons modélisables) et de l'informatique (développement de l'algorithme et implémentation). D'autres pistes de réflexion concernent ce qui peut être produit par un ordinateur pour faire évoluer l'expérience musicale mais aussi sur l'hypothèse de processus narratifs interactifs. Beaucoup d'idées sont donc échangées et des projets formulés hors intégration commerciale.

Par ailleurs, concernant l'avenir de la musique procédurale, qui lui paraît devoir être, à terme, une composante importante du design sonore, Daniel Brown estime que des progrès restent à faire pour la conduite de ce type de projets : tant qu'il n'y aura pas de méthodes claires et détaillées, cette musique procédurale ne pourra pas, selon lui, percer véritablement sur le marché.

■ Des ajustements personnels

Daniel Brown note également que, jeune émoulu des bancs de l'université et de la recherche scientifique, il a été conduit à apprendre à s'ajuster au nouvel environnement devenu le sien dans ce projet. Il a découvert à quel point l'environnement commercial est contraignant, notamment en termes de connaissance et d'alignement sur les aspirations du public – y compris des industriels eux-mêmes. Il a découvert l'exigence d'adaptabilité et de limitation de ses propres ambitions créatives. Il a ainsi expérimenté une situation presque à l'opposé du principe de création qui était pour lui le modèle de référence. Dès lors, il constate que ce projet lui a apporté la compréhension de ce qu'une création artistique commercialisée peut devenir un produit à part entière fonctionnant comme un objet fini et réutilisable.

Daniel Brown estime ainsi avoir mieux intégré la distinction entre création et activité créative en logique commerciale, entre une création strictement personnelle, unique au sens conventionnel où on l'entend d'une création musicale, et une production s'insérant dans un projet social sensiblement plus large.

Cas n° 8 – Acoustique et sonorisation d'un lieu de culte

- **Responsable du projet :** Christine Guillebaud.
- **Origine du projet :** un programme de recherche franco-indien auquel participent des anthropologues français et des acousticiens opérant en rénovation de lieux de culte des différentes religions présentes et pratiquées dans cette région du monde.
- **Objet de la réalisation :** décrire et analyser la perception ordinaire du son par les dévots dans un lieu de culte (temple hindou), notamment en identifiant les éléments ayant un effet sensible dans le ressenti de la présence divine et du sacré, tant sur le plan des faits acoustiques que de l'expérience religieuse. La composante « terrain » de cette recherche a été menée lors de deux séjours sur place (2015 et 2016), l'ouvrage en résultant étant publié en 2020.
- **Objectifs :** contribuer à l'optimisation de la rénovation de sites religieux, mieux identifier les éléments sonores participant à la perception du sacré et proposer de nouveaux indicateurs concernant ces derniers.
- **Système de décision :** recherche s'inscrivant dans un programme déjà ancien et relevant pour la partie française, des procédures de la recherche en France.

Le système relationnel

- **Destinataire institutionnel :** le CNRS et une fondation péri-universitaire de l'État indien du Kerala (Cibel).
- **Pilotage du projet :** Christine Guillebaud, pour la France et la Fondation Cibel pour l'Inde pour la première phase de « terrain ». Collaboration

pour la phase de post-production (colloque international et publication) avec Catherine Lavandier, acousticienne, Professeure à l'IUT de Cergy-Pontoise, Vice-Présidente de la société française d'acoustique.

- **Co-acteurs et intervenants** : le laboratoire de Christine Guillebaud (Centre de recherche en ethnomusicologie du Laboratoire d'Ethnologie et de Sociologie comparative) ; deux laboratoires d'excellence (LabEx) de l'université de Paris-Nanterre « Les passés dans le présent » et de l'université de Cergy « Patrima » ; le département de la recherche du musée du Quai Branly-Jacques Chirac, acousticiens français et indiens *via* une fondation de recherche indienne.
- **Financement** : financement de la recherche *via* le CNRS pour la France, *via* la fondation indienne pour l'Inde.
- **Utilisateurs** : architectes et acousticiens intervenant en conception et rénovation de lieux de culte, chercheurs pour leurs travaux théoriques, étudiants dans les disciplines concernées, grand public pour les publications et applications dérivées.
- **Bénéficiaires finaux** : officiants et fidèles en lieux de culte rénovés (fig. 10.6).

I. PRE-PRODUCTION

- Programme de recherche franco indien
- Recherche de partenaires pour cette campagne spécifique (acousticiens en Inde)
- Formulation du projet de recherche et constitution de l'équipe
- Détermination du budget – dossier administratif ad hoc

II. PRODUCTION

- Déplacement et installation sur site de recherche
  Contacs avec autorités gestionnaires du site
- Première exploitation du site
- Mesures acoustiques et première série d'entretiens et d'enregistrements
- Premier traitement des données recueillies
- Entretiens, enregistrements et première série de parcours commentés
- Seconde série d'entretiens et enregistrements
- Traitement final des données
- Rédaction des conclusions de la recherche

III. POST-PRODUCTION

- Livraison et déploiement technique chez le client
- Organisation d'un colloque international
- Publication des actes du colloque intégrant des sons recueillis
- Intégration des sons aux archives sonores du CNRS
- Contact avec Radio France Internationale
- Contribution à un coffret-audio avec Radio France Internationale avec mise en ligne des montages sonores réalisés

Figure 10.6 – Chronologie du projet « Perception et écoutes sonores en milieu de culte »

Pré-production

■ Recherche de partenaires et de financements

Après la phase de terrain portée par le CNRS, la recherche de partenaires a notamment été menée avec le réseau international de la Société française d'acoustique et pour la valorisation, grâce à des contacts déjà anciens avec Monica Fantini, productrice à Radio France Internationale de l'émission *Écouter le monde.*

■ Problématique initiale

Toute recherche suppose la formulation d'un champ, d'hypothèses et de méthodes. Ont ainsi été plus particulièrement définis les points suivants :

- **Le problème des limites des approches occidentales** : la perception sonore des lieux de culte a été longtemps focalisée sur le seul occident. La littérature scientifique acoustique porte surtout sur l'univers cultuel et architectural chrétien et néglige presque complètement les autres religions pourtant très riches du point de vue sonore et qui concernent un nombre globalement très supérieur de fidèles. Or les indicateurs scientifiques privilégiés (le temps de réverbération, l'intelligibilité et la clarté des sons) connaissent une pertinence différente selon les religions et leurs architectures types.
- **Réémergence d'une demande pratique :** Christine Guillebaud développe sa démarche principalement en Inde, pays qui représente pratiquement le cinquième de l'humanité et se caractérise par une activité religieuse très intense mais aussi une grande variété de cultes et de religions, et donc des types d'espaces qui leur sont dédiés. Par ailleurs, l'Inde, pour laquelle on dispose de textes religieux normatifs très anciens (premier millénaire de notre ère) consacrés à la construction des temples, connaît depuis les années 1960 une activité importante de rénovation des lieux de culte avec de nombreux professionnels intéressés.
- **Méthode** : cette recherche articule une approche par entretiens ouverts non directifs tout au long de parcours dans le temple commentés par les dévots dans le temple pour la dimension anthropologique (sciences humaines), et des mesures diverses pour l'acoustique (sciences pour l'ingénieur).
- **Convergence des savoirs et savoir-faire** : l'objectif était de proposer des applications plus complètes et plus opérationnelles grâce à la rencontre et la convergence des savoirs des acousticiens ou de l'ingénierie et de ceux des sciences sociales (fig. 10.7).

INSTITUTIONS PORTEUSES		CHERCHEURS	
CNRS	**Fondation italienne partenaire**	**Équipe CNRS**	**Acousticiens indiens**
‣ Financement ‣ Support administratif ‣ Organisation colloque ‣ Publication	‣ Financement ‣ Contact avec chercheurs locaux	‣ Proposition et conception du projet (composante anthropologie) ‣ Entretiens et enregistrements ‣ Traitement des données et rédaction des conclusions pour la composante anthropologie	‣ Proposition et conception du projet de recherche (composante acoustique) ‣ Mesures et relevés acoustiques ‣ Traitement des données (composante acoustique)

AUTORITÉS LOCALES	PERSONNES INTERVIEWÉES	SOUTIEN COMMUNICATION
Responsables du site	**Fidèles du site**	**Radio France Internationale**
‣ Autorisations et consignes pour le déroulement pratique de la recherche	‣ Parcours sur le site ‣ Entretiens	‣ Publication d'un ouvrage intégrant les résultats de la recherche ‣ Mise en ligne d'échantillons des enregistrements

Figure 10.7 – Système d'acteurs du projet « Perception et écoutes sonores en milieu de culte »

Production

■ L'équipe de recherche et les étapes de terrain

La composante « terrain » de la recherche a compris, pour la chercheuse française, deux séjours d'un mois puis un dernier voyage plus bref, soit trois étapes d'investigations *in situ*.

Sur place, ont eu lieu des temps de travail avec l'acousticien indien et des rencontres avec des étudiants pour de premiers échanges sur la méthode, les interrogations apparues, les principales observations et les conclusions provisoires.

Les manières de travailler entre participants indiens et français au programme ont dû s'ajuster mutuellement avec le paradoxe que les acousticiens indiens tendent à occidentaliser leurs disciplines dans une recherche d'objectivité scientifique maximale tandis que les chercheurs français en sciences humaines cherchent, au contraire, à saisir les modes de pensée locaux en vue de mieux comprendre les comportements et le ressenti face aux faits sonores.

■ Protocole des observations de terrain

C'est un temple de quartier qui a été choisi, l'objectif étant de rencontrer des dévots dans leur quotidien ordinaire et d'éviter l'atmosphère souvent effervescente des grands sites religieux, généralement lieux de pèlerinage avec les effets sonores inhérents. Le site est composé d'un temple principal central et de temples secondaires disposés concentriquement avec des règles d'accès différentes selon les catégories de personnes et leur statut social.

Sur le plan acoustique, l'acousticien indien partenaire principal du projet a établi les aspects techniques du protocole d'observation, notamment pour le repérage des lieux les plus réverbérants, les paramètres des mesures et l'analyse de la propagation du son à l'aide d'instruments et de logiciels spécifiques. Le lieu le plus réverbérant est le porche situé à l'entrée du temple (*mandapam*), il est proche de la rue et des sons du trafic urbain.

Son 10.8 Temple au dieu Shiva dans un quartier de Thrissur. Captation sonore depuis la rue extérieure jusqu'à l'entrée principale peu après *puja* (prière) du soir. Enreg. Christine Guillebaud, 2015.
http://dunod.link/designson108

■ Protocole des entretiens

A ensuite été élaboré attentivement le texte de ce qui allait être dit aux dévots pour leur présenter l'objectif de la recherche et obtenir leur accord pour un partage de leur expérience et un commentaire de leur parcours dans le temple.

Des parcours commentés par les dévots ont constitué le cœur du dispositif d'enquête. Il a été décidé de respecter les parcours spontanés des fidèles et de réaliser ces parcours avec une seule personne à la fois, accompagnée par la chercheuse qui l'interroge sur ce qu'elle entend et ce qu'elle ressent, ces propos étant enregistrés.

Ces dévots ont été choisis parmi les habitants du quartier. Chacun a effectué un parcours dans le temple à ses heures normales de dévotion et à différents moments de la journée. Compte tenu de l'objet de l'étude, la hiérarchie religieuse et le personnel du temple, rencontrés par ailleurs, n'entraient pas dans l'échantillon des personnes interviewées.

Chaque visite a respecté la durée qui lui était habituellement consacrée par ces dévots, soit entre vingt et quarante-cinq minutes. Au total, ce sont quarante entretiens qui ont été menés, en Malayalam (langue de l'État du Kérala) et tous retranscrits.

Dans la logique d'immersion qui caractérise généralement l'anthropologie, l'équipe de recherche habitait dans la ville du temple (près de Trichur, capitale culturelle du Kerala) et à proximité de celui-ci. Des entretiens moins formels ont ainsi pu avoir lieu qui ont notamment permis à la chercheuse d'être informée des divers « dangers » que court le visiteur d'un temple en côtoyant de puissantes divinités, dangers invisibles mais présentés comme néanmoins réels. Il en résulte des règles de comportement devenues implicites car surtout transmises par la tradition et les habitudes quotidiennes.

Les autorités religieuses locales ont également été des interlocuteurs naturels. Le protocole convenu avec elles a notamment concerné les horaires des observations et le détail de l'accompagnement des différents parcours des dévots dans le temple. Par exemple, il n'a pas été retenu de filmer ni de prendre des photographies en raison du risque d'atteinte à l'intégrité d'une divinité par captation de son image.

Les commentaires des dévots ont ensuite été confrontés aux relevés acoustiques réalisés par l'acousticien.

■ Inventaire des pratiques et dispositifs sonores du temple

Il a été procédé, d'autre part, à un inventaire des dispositifs sonores mis en œuvre dans le temple, notamment les installations audio d'amplification émettant diverses musiques religieuses, les *mantra box* (boîtiers électroniques spécialisés diffusant des *mantras* dans certaines zones ciblées du temple et, bien entendu, la musique « live » et l'ensemble des instruments rituels de type cloches, clochettes).

Les logiques de distribution de la musique selon le lieu et l'heure ont été attentivement identifiées et répertoriées. Ces logiques répondent à des règles liturgiques codifiées avec, en particulier, deux types de sons : les sons divins, s'adressant aux dieux (*deva*), et les sons asuriques (du mot *asura* désignant les êtres démoniaques s'opposant aux dieux) s'adressant aux autres êtres avec, pour chacune des catégories, des instruments dédiés. Ces ambivalences d'opposés qui ne sont pas exactement des contraires se retrouvent dans le son. De plus, lorsque l'on convoque par une invocation un dieu apparemment déterminé, il ne se manifeste jamais seul mais avec une cour d'autres divinités plus ou moins favorables de telle sorte que cette invocation est une expérience délicate. La distance spatiale que l'on maintient dans l'adresse sonore à une divinité est alors de nature à garantir une certaine efficacité, la puissance du dieu n'étant affectée par aucune sorte de « pollution » émanant des humains et des sons. Les paramètres intervenant dans les pratiques sonores n'en sont que plus complexes. Ces pratiques sont donc confiées à des officiants qui connaissent bien les rituels sonores. Dans le cas particulier des cloches, considérées comme élément minimal du son et les contenant tous, elles ne sont ni divines ni asuriques, mais opèrent plutôt comme marqueurs de temps et d'espace, indiquant qu'à tel endroit et à tel moment s'exécute telle prière ou telle cérémonie. (Le travail de l'anthropologue consiste ici à essayer de décoder cet univers sonore mais, parfois, à amener les dévots interrogés à les aborder, ce qu'ils ne font pas toujours spontanément tant ces sons leur paraissent naturels.)

■ Traitement des données recueillies

Les entretiens ont été retranscrits et analysés selon les méthodes de l'anthropologie et les paramètres prévus dans le protocole de recherche. Ils ont également fait l'objet d'une confrontation aux relevés acoustiques, notamment pour les mesures d'écart entre le réel sonore et le ressenti personnel.

■ Résultats de la recherche

Sur le plan de la compréhension anthropologique de la perception du son dans un temple hindou, les résultats d'une telle recherche ne peuvent être rapportés ici dans toute leur ampleur. Il a paru intéressant de s'arrêter, sans intention de hiérarchie d'importance, sur ceux qui peuvent concerner plus particulièrement les professionnels du design sonore.

Des conflits sonores dans un lieu social ouvert

Espace relativement protégé du bruit extérieur par une enceinte plus ou moins efficace, le temple hindou est souvent, au-delà de la présence des dévots et des officiants, un lieu de vie avec toutes sortes d'activités ayant une dimension sonore propre. De plus, le temple objet des observations est, comme presque toujours en Inde, un important lieu social. Il n'est pas rare que l'on s'y rende à plusieurs, par exemple pour y retrouver des proches ou même prévoir et organiser des mariages.

À la différence des églises ou mosquées, une caractéristique des temples hindous est, par ailleurs, d'être des lieux semi-ouverts et généralement composés de sous-ensembles architecturaux consacrés à telle ou telle divinité secondaire ou garde du dieu principal avec des zones nettement différentes sur le plan sonore, à commencer par l'entrée du temple, lieu où l'on dépose les offrandes avec les bruits afférents (pièces). Chaque zone présente donc un décalage plus ou moins important entre l'acoustique physique mesurée et le ressenti qu'en ont les dévots en situation. Cela génère aussi des effets différents sur leur expérience de la présence divine.

Complexité de la perception

Sur le plan acoustique, des observations et mesures sont encore nécessaires, mais cette recherche a permis d'avancer dans deux directions : la comparaison entre les faits sonores dans les différents types de lieux religieux (temples, mosquées, églises) et une plus grande connaissance du fonctionnement sonore de ces lieux et notamment les frontières de réverbération du son dans le temple hindou. Il apparaît ainsi que, dans leurs parcours, les dévots sont particulièrement sensibles aux changements de zones selon leur intensité et qualité sonores, mais sans corrélation stricte avec l'amplitude sonore telle que mesurée par l'étude acoustique.

Caractère contextuel et culturel de la perception du son

La perception est bien un phénomène dont la dimension subjective est vérifiée par cette recherche. Concernant les sons extérieurs, déjà filtrés mentalement dans la vie courante, ils le sont encore davantage en lieu de culte alors qu'ils sont souvent encore très présents. Hors périodes de fêtes importantes souvent caractérisées par une effervescence d'événements rituels et festifs, c'est le caractère paisible que vient rechercher souvent le dévot et sa perception s'ajuste à son attente.

Caractère contextuel du son perçu

Est également vérifié le caractère éminemment contextuel de la perception du son qui, dans le cas étudié ici, varie sensiblement selon le moment de la journée.

Une expérience polysensorielle

L'expérience s'avère aussi nettement polysensorielle. Dans le commentaire de leur parcours, les dévots se montrent sensibles simultanément à tous les éléments d'ambiance comme les parfums des offrandes de fleurs mais aussi des brûlis d'encens et autres plantes aromatiques. Le thermique (la chaleur, émanant des lampes d'huile et des flammes rituelles) revient fréquemment dans les propos.

L'impact du contexte symbolique et spirituel

Le contexte d'action (rituel) intervient aussi. Des atmosphères paisibles ont fréquemment été évoquées alors que les chercheurs relevaient encore un fort bruit urbain. Parfois, le seul fait de franchir l'entrée du temple procure ce sentiment de calme alors que les relevés sonores et les enregistrements témoignent encore d'une forte présence du vacarme extérieur. Et lorsqu'ils traversent ou s'assoient dans les zones extérieures arborées du temple, où l'on entend bien les oiseaux mais aussi le son du vent dans les feuillages, les dévots expriment aussi le sentiment de percevoir la présence du divin, la culture hindoue ne séparant pas monde de la nature et monde des divinités.

Son 10.9 Temple au dieu Shiva dans un quartier de Thrissur. Captation sonore depuis le porche d'entrée (*mukhamandapam*) jusqu'à la voie de cheminement principale (soir). Enreg. Christine Guillebaud, 2016.
http://dunod.link/designson109

Son 10.10 Temple au dieu Shiva dans un quartier de Thrissur. Captation sonore le long de la voie de cheminement principale, peu avant la *puja* du soir. Enreg. Christine Guillebaud, 2016.
http://dunod.link/designson1010

Aspect générationnel

Le caractère générationnel du rapport au son, même religieux, est aussi vérifié par cette recherche. Les personnes âgées ont une pratique de dévotion plus respectueuse des usages liturgiques et des parcours « canoniques », les jeunes dévots personnalisant davantage les leurs. Ils sont, par ailleurs, beaucoup plus rapides dans leur expérience du temps du point de vue spatial ou du mouvement. Leur expérience visuelle comme sonore en est d'autant individualisée.

Innovations techniques

En parallèle aux pratiques sonores liturgiques traditionnelles, l'équipe de recherche a constaté que se développent parallèlement des approches technologiques cherchant à créer des effets sonores précis tels que les automates à musique (*panchavadyam*) et les *mantra box* électroniques.

Les automates à musique se composent d'instruments (une timbale et des cloches) actionnés par un moteur électrique et produisent des sons paramétrés selon différents rythmes et vitesses de jeu. Ces machines rendent ainsi visible un geste sonore sans la présence de musiciens ni d'officiants. L'effet immédiat est que le fidèle perçoit le son sans en identifier immédiatement la provenance, il relève la tête et aperçoit l'automate qui n'est jamais dissimulé (il est précisément donné à voir) et qui ressemble à un jouet. Il y a donc une dimension presque ludique dans ce dispositif dont le design formel ne cherche pas à masquer la conception relativement simple si on la compare à d'autres installations sonores. Sur le plan sonore, on rejoint la question de l'« agentivité » du son, soit la capacité des sons à stimuler la perception de la présence divine, soit à être la manifestation effective d'un agent divin.

Les *mantra box*, apparues au début des années 2000, relèvent d'une technologie électronique de design sonore. Petits centres électriques de récitation de prières dissimulés dans un halo de lumignons et de miroirs, elles sont bien perçues par les dévots comme « artificielles » mais avec une valeur positive car créant une expérience différente et nouvelle de la divinité.

Un design sonore d'ensemble plutôt cumulatif et empirique

Le design sonore s'inscrit donc ici dans un design d'ensemble que Christine Guillebaud rapproche des attractions de certains parcs à thèmes. Et si ces différents éléments ne sont pas forcément étroitement coordonnés au moment de la conception puis de l'installation, ils fonctionnent comme un dispositif global, déployé progressivement et empiriquement, au fur et à mesure de l'arrivée de nouvelles technologies et moyens techniques, et parfois par un retour à des techniques oubliées, sans que personne, dans le temple, ne cherche à en donner une structuration transversale précise et codifiée.

Post-production

■ Publication et colloques

Les résultats de cette recherche ont donné lieu à divers autres travaux dont un article scientifique, ont également été présentés dans un colloque international ayant lui-même fait l'objet d'une publication en anglais.

■ Extension vers le grand public et les professionnels du son

Dans une intention d'ouverture, à laquelle Christine Guillebaud est très attentive, en particulier au public des professionnels ou simples amateurs du son, un coffret audio a également été édité en collaboration avec Monica Fantini, productrice de l'émission *Écouter le monde* sur Radio France Internationale.

Chapitre 11
Design sonore et marketing

Cas n° 9 – Design sonore pour assistance téléphonique

- **Responsable du projet** : Alain Goudey.
- **Client** : opérateur d'assurance intervenant dans l'assistance aux assurés en difficulté (panne, accidents, etc.).
- **Objet de l'opération** : création d'un design sonore pour le système de réponse téléphonique. Le message sonore devait véhiculer une identité de marque claire et connoter ses valeurs soit, essentiellement, rassurer, apporter de l'aide, être réactif, être humain. Un élément supplémentaire de ce *brief* a été que cette entreprise intervenant en marque blanche pour un certain nombre de sociétés clientes, il fallait un message sonore qui signe la qualité de cette société d'assistance mais sans emphase particulière puisqu'une autre marque pouvait rester l'interlocuteur du client final.
- **Objectif** : que les clients finaux appelant cette société d'assistance dans des situations de détresse comprennent que leur appel va bien être pris, qu'un correspondant va bientôt leur répondre et qu'ils se sentent rassurés, apaisés et accompagnés dès le tout début de leur premier appel. Ceci malgré un temps d'attente qui peut être long aux plans technique et psychologique, notamment dans les situations de pics d'appels suite à un problème d'ampleur régionale concernant de manière simultanée un grand nombre de personnes.
- **Durée de la réalisation du projet** : trois mois et demi (hors implémentations ultérieures).

Le système d'acteurs

- **Chef de projet** : Alain Goudey pour l'Agence AtooMedia.
- **Client** : une entreprise du secteur de l'assurance spécialisée dans l'assistance.
- **Interlocuteurs chez le client** : initialement la personne en charge de l'IT (*Information Technology*) ; cinq ans plus tard, lors d'une refonte du dispositif, la Direction de la Communication accompagnait le représentant de l'IT.
- **Décisionnaire final** : les interlocuteurs chez le client mentionnés ci-dessus (Responsables de l'IT et Directeur de la Communication).
- **Utilisateurs finaux** : pour son compte ou celui de compagnies d'assurance, clients finaux en difficulté.
- **Participants à la réalisation** : créatifs et techniciens d'AtooMedia, techniciens téléphonie du client, comédiens (fig. 11.1).

I. PRE-PRODUCTION

- Le client contacte AtooMedia via son site internet
- Réponse positive d'Alain Goudey
- Briefing détaillé par le client
- Fixation du budget – passation de la commande
- Rédaction du cahier des charges détaillé du livrable
- Premières explorations du problème (univers et communication du client)

II. PRODUCTION

- Mise en compétition de 2 équipes internes
  Création des premières maquettes sonores
- Présentation des premières maquettes
- Intégration des observations du client dans la création de nouvelles maquettes
- Présentation des nouvelles maquettes et choix du client
- Réalisation définitive
- Décisions intermédiaires et validation finale par la Direction client

III. POST-PRODUCTION

- Livraison et déploiement technique chez le client
- Remise de conseils d'utilisation

Figure 11.1 – Chronologie du projet « Design sonore pour un dispositif de réponse téléphonique »

Pré-production

Cette phase a duré un mois.

■ Repérage du prestataire en design sonore et premiers contacts

Alain Goudey estime que le repérage de sa société s'est fait par son site internet et que l'attention et l'intérêt du client ont surtout été déclenchés par la double compétence affaires et recherche proposée, double compétence destinée à permettre de traiter des cas complexes et spécifiques.

■ Formulation de la demande

Alors que très souvent encore le premier contact porte sur la demande somme toute assez sommaire d'« une musique », Alain Goudey note que le client lui a soumis un *brief* précis de même qu'il a donné des détails précis et concrets sur l'objet comme sur l'objectif de la démarche. Il s'agissait de proposer une solution sonore pour le système de réponse téléphonique en visant notamment les personnes en grande difficulté et les situations où les procédures courantes, plus rapides, peuvent ne pas s'avérer aisées à mettre en œuvre. Dans certains cas, en outre, ce sont parfois plusieurs milliers de personnes qui peuvent être concernées simultanément : situations collectives critiques et complexes d'ampleur régionale ou nationale telles qu'inondations et catastrophes naturelles.

À noter que ces bénéficiaires finaux ne sont pas forcément français ni situés en France au moment de leur appel. Si les objectifs sont relativement faciles à formuler, ce n'est pas nécessairement le cas pour les types de sonorités envisageables. Pour la première approche du type de son souhaité, AtooMedia fait souvent écouter d'abord à ses clients plusieurs types de sons susceptibles de correspondre au problème posé.

■ Fixation du budget

Cette phase, souvent délicate en matière de design sonore, n'a pas été spécialement problématique, le client ayant déjà un professionnalisme ancien d'achat en prestations de service ou dites immatérielles.

La composante budgétaire de la négociation s'est donc établie sur la base, classique en prestations de service, d'une présentation des différentes étapes et de leurs coûts :

- Études (étape exploratoire).
- Conception-création des maquettes.
- Choix par le client (après tests éventuels).

- Production-déclinaison de la maquette retenue selon les différents supports et besoins.
- Mise en production chez le client (insertion des messages sur la téléphonie).

Cette étape de fixation du budget a débouché sur le bon de commande. Ce bon de commande. Celui-ci, adressé rapidement sur la base d'une relation de confiance bien établie, ne comprenait donc pas le cahier des charges technique final. La rédaction de ce dernier a été consécutive à l'étape exploratoire de cette première phase de la mission.

■ Étape exploratoire

C'est, après les premiers contacts et les entretiens aboutissant à la formalisation de la commande, une étape essentielle.

Pour cette étape exploratoire, AtooMedia a mis en œuvre une procédure interne déjà formalisée en vue d'approfondir la connaissance et la compréhension de son client, de son activité, de son marché, de ses propres clients et de leurs utilisateurs finaux ainsi que du contexte sensoriel qui sera celui du design sonore mis en place.

Le système de téléphonie du client a également été analysé.

Outre les résultats sur ces différents paramètres, cette démarche a permis de mieux pondérer les objectifs finaux du client, en particulier l'importance de l'identité sonore au regard des besoins de rassurer et apaiser le client final.

■ Alignement sur la stratégie globale de communication

Par ailleurs, le client n'ayant pas encore à l'époque de stratégie de communication sonore et entrant dans ce domaine par cette opération, AtooMedia s'est intéressée à sa stratégie de communication générale, celle-ci étant formulée dans des termes classiques soit, principalement, objectif, image, cible, activités promues, valeurs affichées, supports et notamment les supports écrits et visuels. Une analyse détaillée de ces derniers a été menée du point de vue sensoriel afin d'en retraduire les résultats dans une logique sonore et en vue d'une cohérence globale.

■ Rédaction du cahier des charges définitif

Une pratique spécifique d'AtooMedia est de reformuler systématiquement le *brief* exprimé par le client en termes d'analyse des attentes et des prestations attendues/proposées pour chaque étape.

C'est le document final résultant des premiers entretiens de travail et de ceux menés en phase exploratoire avec les interlocuteurs chez le client et validés par ces derniers, qui a ainsi constitué le cahier des charges final de la prestation.

L'étape exploratoire de la première phase (pré-production) de la mission est ainsi largement engagée au moment où le cahier des charges final est rédigé, rédaction qu'elle a permise. Il y a donc lieu de distinguer entre cahier des charges de la mission et cahier des charges du dispositif sonore attendu (*brief* définitif). Le cahier des charges du dispositif sonore attendu n'est d'ailleurs pas nécessairement remis au client mais partagé en interne entre les différentes équipes créatives mobilisées (fig. 11.2).

CLIENT		AGENCE	
		Direction (Alain Goudey)	**Équipes créatives**
▸ Responsable des Moyens généraux	▸ Contact agence (*brief*) Expression du besoin Réception des maquettes Formulation des observations	▸ Interlocuteur du client pour toutes les phases du projet	
▸ Directeur de la communication	▸ Meeting avec le responsable des Moyens généraux et participation à la réception et au choix des maquettes	▸ Animation des équipes créatives	▸ Production des maquettes sonores
▸ Direction générale	▸ Validation du projet final	▸ Conseil pour mise en œuvre et création	

Figure 11.2 – Système d'acteurs du projet « Design sonore pour un dispositif de réponse téléphonique »

Production

Cette phase a duré un mois et demi.

■ Création des maquettes sonores

Sur la base du cahier des charges finalisé au terme de la phase 1 et notamment de l'enquête exploratoire des besoins et de l'univers du client dans lequel devait s'insérer le matériel sonore à proposer, il a été procédé à la production de plusieurs maquettes sonores.

Dans cette agence, le principe est d'essayer de mettre en concurrence deux équipes chargées de remettre chacune une maquette, ces deux équipes recevant toutes les deux les réponses aux questions éventuellement posées par chacune d'entre elles. Avec l'accord du client, ce principe de double maquette, jugé très utile par l'agence, a été respecté sur cette opération, le budget le permettant.

La démarche a permis de réaliser et proposer au client des options bien distinctes, chacune très typée et avec un parti pris fort. Les maquettes ont également été réalisées de sorte qu'y soient proposées des possibilités de choix en termes de sonorité, d'harmonisation (modes majeur, mineur ou autre approche) ainsi qu'un ou plusieurs thèmes mélodiques. Parallèlement, plutôt que de proposer des maquettes pouvant être perçues l'une de type *jingle*, l'autre comme un « fond sonore » ou comme une « ambiance » ou toute autre modalité courante, AtooMedia a remis un *mood board* ou « planche de tendances » balayant par ailleurs l'ensemble des paramètres propres aux différentes déclinaisons opérationnelles du matériel retenu.

■ Présentation des maquettes

Ces maquettes ont ensuite été présentées au client par Alain Goudey lui-même. Cette présentation s'est accompagnée d'un travail de remise dans le contexte des autres supports de communication du client et, autant que possible, d'une mise en situation commentée dans l'écosystème sonore du client. La durée de ces maquettes était d'une minute et demie, durée normale pour un dispositif d'accueil téléphonique.

■ Choix de la maquette retenue

Sur la base des résultats de cette première présentation, un second rendez-vous a permis de présenter des maquettes plus abouties et a conduit au choix définitif de l'une des deux avec des consignes en vue de sa finalisation.

■ Réalisation définitive

Il a alors été possible de passer à la réalisation finale qui devait notamment satisfaire les contraintes audio spécifiques à ce dispositif, en particulier les durées de passage et la périodicité des bouclages et enchaînements (à la milliseconde près) pour les différents messages. Ces durées étant variables, les maquettes avaient déjà intégré une « scénarisation » pouvant accepter ces différentes périodicités et les espaces sonores laissés pour la voix.

Le client a été, par ailleurs, accompagné sur l'ensemble de la scénarisation de ses messages audio-téléphoniques jusqu'au produit fini complet, y compris le choix des voix et la rédaction des textes, AtooMedia, agence intégrée, proposant aussi des compétences dans ce domaine. Divers types de contraintes comme celles des formats ou du *mastering* (fonction de la bande passante qui n'est pas la même en téléphonie que celle, par exemple, d'un CD) ont également été pris en compte à cette étape.

Quoique la proposition ait été faite par l'agence, les versions finales n'ont pas fait l'objet de tests auprès des différents niveaux d'utilisateurs, le client étant sûr de son choix et de l'adéquation de la proposition à son besoin, adéquation qui a effectivement été vérifiée pendant plusieurs années.

■ Décisions intermédiaires et validation du livrable final

Le Responsable de l'IT en coordination, dans un second temps, avec le Directeur de la Communication chez le client ont constitué les interlocuteurs techniques puis décisionnaires aux différentes étapes de la conception et en fin de processus. Cette configuration d'interlocuteurs peu nombreux et ayant une maîtrise complète du processus jusqu'à la décision finale constitue la situation qu'Alain Goudey considère comme la plus souhaitable.

■ Remise du livrable

Le livrable a été constitué de l'ensemble des messages réalisés et prêts à être installés sur le système de téléphonie du client. Il a été remis sous format numérique disponible sur l'espace client dédié du site de l'agence, tout étant par ailleurs archivé par celle-ci pour parer à d'éventuelles demandes ou problèmes. D'autres éléments du livrable ont été les conseils d'utilisation.

■ Engagements divers

La relation avec ce client comme pour tous les clients de l'agence inclut un engagement de confidentialité sur l'ensemble de la démarche.

Post-production

Cette troisième phase, consacrée au déploiement du dispositif chez le client, a duré un mois. On inclut dans cette phase la facturation finale ainsi que la question de la gestion des droits et du conseil-information que l'agence a pu être conduite à donner à son client dans ce domaine jugé très complexe.

■ Validation de la qualité de l'intégration

Une fois le dispositif intégré par le client sur son système téléphonique et conformément à ses procédures, AtooMedia a procédé, comme elle le fait systématiquement, à une validation de cette intégration dans la quinzaine qui suit. Cette validation spontanée n'est généralement pas facturée. Le marché n'a pas encore la maturité nécessaire pour intégrer systématiquement une telle pratique et ne la demande généralement pas et ceci même si elle toujours proposée par l'agence. (C'est toute la post-production qui paraît encore limitée en raison de cette faible maturité du marché ou d'une conception encore étroitement utilitaire du design sonore pour lequel il n'y a que très rarement de démarche formalisée d'appropriation.)

■ Implémentations ultérieures

Il s'agit ici de « faire vivre le concept ». AtooMedia est très attachée à cette dimension du design sonore. Elle vise à éviter à l'entreprise, une fois son identité sonore adoptée, de ne plus y toucher et de la conserver telle quelle. En effet, une réponse qui a été valide à un moment donné peut ne plus l'être quelques années après, et, pour les clients, voire le personnel de l'entreprise lui-même, si une identité doit avoir une dimension stable sans quoi elle risque de ne pas être reconnue ou de perturber la relation, elle doit aussi être perçue comme une chose vivante. Ce postulat a été vérifié dans le présent cas avec toutefois cette nuance que c'est le client lui-même qui a pris conscience du problème et est revenu au bout de quelques années vers l'agence pour un renouvellement du matériel sonore installé, le besoin de ce renouvellement venant autant du personnel des agences que des clients finaux eux-mêmes. S'agissant du renouvellement d'un dispositif déjà calé attentivement au regard d'un problème très spécifique et qui n'avait pas changé en lui-même, il convenait de proposer un nouveau matériel à la fois différent et néanmoins très proche.

Une nouvelle réalisation dans ce sens a été proposée et si le client a exprimé une satisfaction quant au style musical, l'image qu'elle véhiculait a été jugée trop touristique. Une seconde maquette a alors été proposée, inspirée de la musique d'un film remarqué à l'époque.

Un second obstacle s'est alors présenté, à savoir un différend entre les représentants du client sur la présence ou non de « gimmicks » vocaux dans la maquette proposée. Il a finalement été décidé de ne pas recourir à des voix avec cette difficulté constatée par Alain Goudey qu'une maquette sonore dont on retire les voix donne l'impression de se vider, ce qui a appelé une reprise du projet en conséquence et l'ajout d'instruments à cordes chaleureux comme le piano et la guitare.

■ Aspects juridiques

Autrefois établi, dans ce type de cas, en fonction du nombre de lignes téléphoniques, le calcul des droits des musiciens et des comédiens est aujourd'hui confronté à la logique d'internet et le milieu cherche encore un mécanisme de calcul pertinent.

Entrant dans ce monde nouveau (le monde des droits musicaux est quelque peu abscons pour le néophyte), le client n'était pas compétent dans ce domaine et ne connaissait ni les différentes institutions, ni les usages.

AtooMedia, qui, en tant qu'agence de communication, n'a pas le droit d'opérer elle-même la gestion des droits, s'est efforcée de fournir les explications nécessaires, explications qui peuvent toutefois s'avérer rapidement obsolètes si les règles évoluent, notamment dans un contexte d'évolution constante des matériels et, plus généralement, du droit. Ce point est d'autant plus crucial que ce poste peut représenter jusqu'à la moitié du montant total de la prestation sonore selon les cas.

De plus, les droits continuent de courir après la facturation par l'agence et c'est donc bien au client, en fonction de la durée d'utilisation des dispositifs sonores, qu'il incombe de les acquitter auprès des sociétés gestionnaires.

Cas n° 10 – Annonce commerciale pour établissement bancaire

- **Designer sonore :** Jean Dindinaud.
- **Client :** un établissement bancaire *via* une agence de communication.
- **Objet de la prestation :** sonorisation, texte compris, d'un *bill board* de télévision (bref message qui ouvre ou ferme un programme tel que « Avec X retrouvez votre programme » sur des images plutôt passe-partout et dans des formats très courts, dix secondes environ).
- **Objectif :** l'objectif était que le *bill board* présentant le programme de télévision qui le suivrait ou le précéderait véhicule une image positive de l'annonceur. Ce *bill board* accompagnant des programmes récurrents et étant donc vu de nombreuses fois, l'image et surtout le son doivent provoquer un effet de surprise et de relance de l'attention.

Le système d'acteurs

- **Designer sonore :** Jean Dindinaud.
- **Client :** l'établissement bancaire.
- **Prescripteur – client intermédiaire :** une agence de communication.
- **Coacteurs :** les réalisateurs de la composante image du film.
- **Intervenants :** techniciens et personnel administratif de la société, un designer sonore extérieur en renfort, un comédien.
- **Fournisseurs :** les banques de sons, les logiciels et sites techniques.
- **Diffuseurs :** les chaînes de télévision.
- **Clients finaux :** les téléspectateurs.
- **Entités de gestion de droits.**

Le système de décision

En premier lieu le créatif de l'agence de communication – client chargé du budget, puis, sans contact avec le designer sonore, le système de décision de l'agence et celui de l'annonceur (fig. 11.3).

I. PRE-PRODUCTION

- Jean Dindinaud contacté par une agence de communication
- Premiers échanges
- Envoi du devis détaillé
- Détermination du budget et délai
- Réception du bon de commande avec brief écrit
- Préparation des contrats avec les participants externes du projet

II. PRODUCTION

- Appel à un DJ externe en renfort
  Premières réflexions créatives
- Réception du film à illustrer
- Recherche de sons / recherche de la voix (comédien)
- Réalisation de 24 maquettes sonores (4 par film)
- Première présentation à l'agence / recueil des observations
- Réalisation de secondes propositions
- Secondes propositions validées par l'annonceur
- Enregistrement de la voix
- Validation finale par l'annonceur

III. POST-PRODUCTION

- Solde des contrats
- Dépôt de la musique (gestion des droits)

Figure 11.3 – Chronologie du projet
« Son d'un message TV pour un établissement bancaire »

Pré-production

■ Premiers contacts

La mise en relation a été faite par le créatif d'une agence de publicité pour laquelle Jean Dindinaud intervient sur trois budgets importants. De cette coopération sont nées des habitudes de travail et une confiance réciproque, tant sur le plan artistique que technique. De plus, Jean Dindinaud travaille sur les campagnes radio de cet établissement bancaire depuis plusieurs années et a donc déjà une bonne connaissance de ses orientations globales en matière de communication. La société de Jean Dindinaud n'a pas été mise en concurrence sur ce projet.

À noter que pour Jean Dindinaud, la confiance est un facteur important, notamment parce que le créatif, dans un domaine très subjectif et peu verbalisable techniquement comme le son, a besoin d'une connivence avec le producteur-réalisateur sonore. Elle permet aussi d'oser surprendre l'interlocuteur par de nouveaux sons, des propositions novatrices, en rupture.

■ Champ concurrentiel

Jean Dindinaud estime avoir plusieurs types de concurrents sur ce type de projets :

- les sociétés de production indépendantes comparables dont certaines prospectent des agences de taille moyenne et parfois directement les annonceurs ;
- les entités de production sonore intégrées aux agences de publicité elles-mêmes dans le cadre d'une stratégie d'intégration verticale ;
- les indépendants individuels qui, grâce au développement du numérique, se trouvent avoir des moyens comparables à ceux d'une société avec un studio installé et peuvent donc opérer directement pour des annonceurs.

■ Objet du projet

Un film court (dix secondes) destiné à introduire un programme de télévision.

■ Détermination des objectifs

L'agence a exprimé à Jean Dindinaud sa conception du livrable : le son de ce film court devait contribuer à mettre les téléspectateurs en confiance au regard du programme tout en apportant, entretenant ou renforçant pour la marque un capital de sympathie avec une touche d'humour.

Le *brief* a également compris des termes correspondant au positionnement du message, d'autres plus spécifiques correspondant à l'intention artistique proprement dite. Même si, à un moment, le *brief* a été proposé sous forme écrite, le dialogue direct, auquel Jean Dindinaud est toujours très attaché, s'est avéré nécessaire, surtout compte tenu du concept central proposé qui pouvait paraître quelque peu ésotérique pour le film : une « ronde vertueuse ».

■ Détermination du budget

Des relations de travail anciennes avec l'annonceur et l'agence et une bonne connaissance mutuelle des paramètres de chacun ont permis de mener rapidement cette étape. Jean Dindinaud indique à ce sujet qu'il préfère qu'on lui annonce une enveloppe afin de pouvoir d'emblée formater sa proposition.

Il évoque également le cas « extrême » d'une commande... sans budget ! Qu'il a néanmoins acceptée, le projet lui ayant paru très intéressant sur le plan artistique et de la notoriété, mais aussi de nature à générer des droits de diffusion significatifs, l'opération devenant alors plus un investissement qu'une vente de prestation.

Le devis envoyé puis négocié avec l'agence a comporté deux rubriques : heures de studio (sur lesquelles sont ventilés les temps de conception et les frais généraux) et honoraires du comédien. Disposer d'un studio d'enregistrement est, pour Jean Dindinaud, à la fois une nécessité technique (mais aussi psychologique reconnaît-il), un argument commercial et un élément de confort pour ses clients. Situé au centre de Paris, ce studio peut également être loué.

L'aspect « droits » est spécifique puisqu'ils sont cédés pour un an. Si, au bout d'un an, le film continue d'être diffusé, une nouvelle gestion des droits doit être prévue.

Dans l'agence, ces points sont suivis par la Directrice de production (qui est aussi Directrice administrative et financière) sur la base des besoins exprimés par le réalisateur. Elle est en relation avec l'agence sur tous ces aspects juridiques et financiers. La veille juridique dans le domaine très évolutif des droits occupe une partie non négligeable du temps de cette collaboratrice qui indique s'appuyer très utilement sur son expert-comptable, bon connaisseur du secteur, et sur le syndicat professionnel également estimé performant.

Comparativement à la situation du début de sa carrière, Jean Dindinaud constate que la question juridique, essentiellement celle des droits, s'est considérablement complexifiée et tendue. Le risque juridique est aujourd'hui une préoccupation constante. Sa principale appréhension est qu'un client lui demande une musique très proche de celle, que ce client ne peut pas acheter, de tel ou tel musicien, orchestre ou groupe qui ne manquerait pas de se retourner contre lui en cas de trop grande proximité (démarque). Ce serait son agence qui serait attaquée en tant que réalisatrice et productrice du son objet du litige. Le cas présenté ici n'a aucunement connu ce type de problèmes.

■ Responsabilité du projet

Jean Dindinaud lui-même au sein de sa société pour ce projet. Celui-ci indique avoir progressivement appris à déléguer dans le cadre d'une logique de promotion interne qui vise à ce que ses ingénieurs du son puissent devenir réalisateurs puis producteurs.

■ Rédaction du cahier des charges

Selon un usage courant, tous les éléments types du projet ont été formalisés dans le *brief* écrit résultant des premiers échanges et dans une logique de calendrier, étape par étape avec date d'échéance de chacune d'entre elles (casting, première maquette, choix définitif, enregistrement, remise du master) jusqu'à la date butoir du premier passage-antenne. Ces étapes sont elles-mêmes articulées sur celles de la réalisation de la composante image du film.

■ Passation de la commande

Un bon de commande accompagné du *brief* définitif écrit et détaillé a été envoyé par l'agence. Il a été transmis à la Directrice administrative et financière pour la mise en route des aspects administratifs et notamment les contrats avec le comédien et le designer sonore de renfort. Le paiement a été opéré sans acompte à livraison du produit après les délais habituels. Dans le cas de dépenses exceptionnelles (comédiens à fortes rémunérations notamment), une avance *ad hoc* est généralement demandée à l'agence de communication intermédiaire avec le client final (fig. 11.4).

ANNONCEUR	AGENCE DE COMMUNICATION	SOCIÉTÉ CHEZ JEAN	
		Jean Dindinaud	**Ingénieur du son**
▸ Décisionnaire initial et final ▸ Financeur final	▸ Intermédiaire entre l'annonceur et le réalisateur sonore ▸ Choix du réalisateur sonore ▸ Remise du *brief* élaboré avec l'annonceur ▸ Validation des propositions intermédiaires de maquettes sonores ▸ Réception du livrable sonore final	▸ Dialogue avec l'agence de communication ▸ Direction du projet son ▸ Animation de la création de sons ▸ Contribution à la rédaction du texte ▸ Direction des enregistrements	▸ Participation à la recherche de sons ▸ Responsabilité de l'enregistrement dans studio intégré ▸ Montage son final

SOCIÉTÉ CHEZ JEAN		DJ EXTERNE	COMÉDIEN	CHAÎNES DE TÉLÉVISION OPÉRATEURS INTERNET
Assistante	**Directrice financière**			
‣ Recherche de comédiens ‣ Préparation du contrat ‣ Participation à l'enregistrement de la voix	‣ Élaboration des devis, suivi des budgets ‣ Rédaction des contrats des intervenants ‣ Aspects juridiques (droits de passage antenne) avec l'aide de l'expert comptable et du syndicat professionnel	‣ Participation en renfort à la recherche de sons et création sonore	‣ Enregistrement du texte en studio	‣ Diffusion finale à l'antenne ou sur internet ‣ Intervention pour la gestion des droits ‣ Possibilité d'imposer certaines normes de diffusabilité selon leurs publics

Figure 11.4 – Système d'acteurs pour le projet « Son d'un message TV récurrent pour un établissement bancaire »

Production

■ Premières réflexions

Dès la phase de contact avec l'agence et d'élaboration du *brief* définitif ayant valeur de cahier des charges, des premiers échanges et recherches, y compris de la part du créatif en agence, ont eu lieu pour confronter des idées et aboutir à des suggestions d'ambiance, de tonalité, de couleur sonore et tous autres paramètres de ce type d'illustration sonore.

■ Réception du film à illustrer et premières réflexions internes

La réception des images auxquelles apporter une illustration sonore a été un moment clé. Dès cette réception, Jean Dindinaud a eu avec son ingénieur du son un premier temps de travail, un *brainstorming* destiné à identifier et choisir ce qui pourrait le mieux illustrer les images visionnées. De premières directions de travail sont alors retenues.

Jean Dindinaud est attaché à ce travail partagé qui évite de se laisser entraîner par sa propre créativité dans l'interprétation trop exclusivement personnelle que l'on peut avoir des images à accompagner. Il s'agit bien de satisfaire le client final et, d'abord, l'agence puis le client commanditaire, et non ses propres envies et goûts sonores. La problématique a par ailleurs dû être enrichie du fait que ce sont six versions qui ont été remises à Jean Dindinaud comme souvent pour ce type de films.

■ Recherches de sons

Pour chacune des orientations et sur la base des premières réflexions avec l'agence et du contenu du *brief* définitif, a alors débuté une étape de recherche de sons susceptibles d'être utilisés dans ce film quitte à être fusionnés ensuite avec d'autres sons et mis en rythme de façon proche du concept déjà illustré par les images, ici celui de « ronde ».

À cette fin, Jean Dindinaud a pu recourir à diverses ressources :

- une banque de sons interne constituée en vingt ans d'existence de la société (deux disques durs de vingt téraoctets chacun, hors disque d'archivage stocké dans un autre site, avec une indexation en arborescence de façon très systématique et détaillée, par exemple, un nombre impressionnant d'échantillons sonores aux mots clés « pas » (humains) ou encore « locomotive ») ;
- les banques de sons disponibles sur le marché en ligne ;
- un designer sonore extérieur particulièrement compétent en matière de recherche de sons et de connaissance des banques de sons (cette culture personnelle résulte d'une « veille-son » permanente qu'il considère comme inhérente à ce métier ;
- sa culture sonore personnelle.

Si le son n'existe nulle part, il restait alors à le créer dans une logique de bruitage.

Les sons stockés par Jean Dindinaud ne sont donc pas seulement des échantillons musicaux. Le positionnement relatif musique/son lui paraît d'ailleurs complexe. Une musique non recherchée et produite comme telle peut faire son, l'inverse étant possible aussi. Plus elle sera courte, plus elle pourra avoir un effet – et un rôle – de pure sonorité. Il est également possible de faire produire à des instruments des sons qui ne seront pas perçus comme « musicaux ». (On reconnaît des débats déjà anciens de la musique « contemporaine », la phrase musicale ayant longtemps été constitutive de la notion même de musique canoniquement définie comme suite de sons agencée dans un mode et/ou tempo.)

Les films de départ étant plutôt ludiques au regard d'autres domaines parfois contraints à une certaine rigueur (secteur médical notamment), un projet comme celui-ci a été lui-même ressenti comme ludique à réaliser. La créativité a toutefois ses bornes parfois spontanément et tacitement instaurées par Jean Dindinaud. Dans la société actuelle, société complexe et aux nombreuses sensibilités exacerbées, elle trouve vite des limites. Il constate que la publicité radio pouvait être, au début de sa carrière, plus audacieuse et percutante voire provocatrice et moins « *soft* » qu'aujourd'hui où les messages seraient davantage tournés vers la proximité, la douceur, la bienveillance, le bien-être, parfois même tendanciellement moralisateurs. Et ceci même au niveau du son. Le « politiquement correct » serait partout.

■ Réalisation des propositions

Ce sont quatre propositions qui sont réalisées pour chacun des six films soit vingt-quatre propositions au total.

Grâce aux possibilités des nouvelles technologies, ces propositions ont été de qualité presque définitive. (La différence entre maquette et version définitive paraît désormais un peu ancienne compte tenu des nouvelles technologies disponibles. Le client est donc maintenant habitué à des propositions très abouties.)

■ Première validation par le client et choix définitif

Ces vingt-quatre propositions ont été envoyées à l'agence qui a opéré un premier choix (la moitié des propositions) envoyé à son tour à l'annonceur. Jean Dindinaud n'a pas participé aux rencontres entre celui-ci et le créatif de l'agence.

■ Secondes propositions

Le choix de l'agence de communication ayant été validé par l'annonceur, a pu alors commencer la réalisation de propositions avancées moyennant quelques allers-retours avec l'agence sur des points de détail ou techniques jusqu'au choix final de l'une des propositions par l'annonceur.

■ Enregistrement de la voix

Une fois ce choix final opéré, l'enregistrement de la voix d'une comédienne a été réalisé dans le studio, en présence du représentant de l'annonceur, rencontré ici pour la première fois. Le choix de la comédienne avait été proposé par une collaboratrice sur la base de paramètres vocaux et d'interprétation élaborés avec le créatif de l'agence. Jean Dindinaud dispose de longue date d'une « banque de comédiens » progressivement développée et aujourd'hui riche de milliers de références.

Après la capacité d'écoute et la créativité dans les étapes précédentes, sont, à ce stade, devenus décisives l'aptitude à mettre à l'aise les comédiens et tous les intervenants du processus, et à diriger l'ensemble en faisant bien comprendre à chacun les objectifs et les tenants et aboutissants de la production, la patience étant alors essentielle. La collaboratrice en charge des comédiens est particulièrement responsabilisée sur ces points.

■ Validation finale

Ce moment, forcément critique, a aussi été délicat puisque, au cours et à l'issue de cette séance de travail, l'annonceur a validé non seulement la voix et son interprétation de même que le design sonore finalement réalisé, mais aussi le film ainsi sonorisé lui-même, soit un ensemble dont le designer sonore n'était pas entièrement responsable et sur lequel il n'avait pas entièrement la main.

Ce film a ultérieurement été validé au niveau Direction de l'annonceur sans que Jean Dindinaud ait une connaissance précise du circuit de décision. Ce circuit s'est avéré relativement court, le créatif de l'agence étant proche du décideur final.

Son 11.1 Proposition 1 MOOVJEE pour le CIC.
http://dunod.link/designson111

Son 11.2 Proposition 2 MOOVJEE pour le CIC.
http://dunod.link/designson112

Son 11.3 Proposition 3 MOOVJEE pour le CIC **retenue.**
http://dunod.link/designson113

Son 11.4 Proposition 4 MOOVJEE pour le CIC.
http://dunod.link/designson114

Son 11.5 Proposition 1 START-JEUNE pour le CIC.
http://dunod.link/designson115

Son 11.6 Proposition 2 START-JEUNE pour le CIC.
http://dunod.link/designson116

Son 11.7 Proposition 3 START-JEUNE pour le CIC **retenue.**
http://dunod.link/designson117

Son 11.8 Proposition 4 START-JEUNE pour le CIC.
http://dunod.link/designson118

■ Remise du livrable

Le document définitif résultant de cet enregistrement a été remis sous forme d'un fichier numérique (au format aiff) à l'agence de communication qui s'est chargée des opérations suivantes avec l'annonceur, les autres intervenants et, *in fine*, les diffuseurs (passage à l'antenne). Il s'agit d'un document définitif, copie fidèle du master final lui-même réalisé en respectant les normes et réglementations du *broadcasting*.

Post-production

Cette phase n'a pas comporté de relations avec l'annonceur, l'agence de communication ayant assuré toutes les actions de présentation du film retenu aux différentes personnes concernées.

Jean Dindinaud n'a pas été informé d'une manière formelle des retours et évaluations opérées après la première diffusion. C'est dans le cadre de contacts informels ou de prestations ultérieures que le sujet a été abordé avec le créatif de l'agence, mais de façon générale et non structurée.

Les passages à l'antenne ont toutefois été l'occasion pour l'équipe de revoir son travail en configuration réelle d'utilisation et d'échanger à son propos de manière plus ou moins critique.

Après un certain nombre de passages à l'antenne, l'annonceur a souhaité qu'il soit procédé à une modification de la composante son du film.

Dès la finalisation du processus de production et l'acceptation par le client, l'agence de Jean Dindinaud a déposé la création à la SACEM. La part des droits dans le chiffre d'affaires de la société se situe entre huit et dix pourcents et n'est donc pas marginale.

Ne s'agissant pas à proprement parler d'une musique (originale) mais de son (bruitage/ambiance), ce que Jean Dindinaud qualifie de design sonore, il n'a pas généré de droits récurrents.

Cas n° 11 – Ambiance musicale pour magasins

- **Designer sonore** : Catherine Piault.
- **Client** : réseau de magasins de vêtements de luxe pour enfants.
- **Objet de la prestation** : conception et fourniture tout au long de l'année sous forme de flux en streaming d'une ambiance musicale adaptée à leur image de marque pour les magasins, en France et à l'étranger, à partir de musiques enregistrées.
- **Objectif** : créer une ambiance confortable dans laquelle les clients doivent se sentir reconnus et en confort et telle qu'*in fine* ils adhèrent à la marque.
- **Système de décision** : situation simple : l'interlocuteur a été le décideur.

Le système d'acteurs

Dans ce cas sont identifiés comme acteurs systémiques :

- **La designer sonore** (Catherine Piault), concepteur et fournisseur du flux musical en streaming et des installations éventuellement nécessaires à sa diffusion, et dont la prestation va donc jusqu'à la diffusion de ce flux vers l'intérieur et dans les magasins.
- **Le client décisionnaire** (Directeur Marketing au siège) avec lequel a lieu toute la démarche, du premier contact aux contacts post-production et implémentation.
- **Un prescripteur** (personnes ayant mis en relation Catherine Piault et son client décisionnaire) intervenu en tout début de phase I.
- **Les utilisateurs** (Directeurs ou responsables des magasins et leurs personnels) qui peuvent intervenir en permanence sur la diffusion du flux dans leur espace commercial, mais aussi signaler des circonstances particulières justifiant une adaptation spécifique, permanente ou ponctuelle.
- **Les clients finaux** des magasins.
- **Les banques de sons** (internes ou externes) auxquelles le designer sonore a recours pour nourrir le flux.
- **Les logiciels et sites techniques (idem)** auxquels le designer sonore a recours pour optimiser le flux sur le plan technique.
- **L'hébergeur** du flux en streaming.
- **Le fournisseur de la « box »** relayant (pour les magasins où ce matériel est nécessaire) le flux internet fourni par Catherine Piault.
- **Les entités de gestion des droits** des ayants droit musicaux (fig. 11.5).

I. PRE-PRODUCTION

- Première exploration de l'univers client
- Présentation de l'offre et de réalisations antérieures
- Argumentation des avantages d'un dispositif d'ambiance sonore
- Présentation d'un projet avec calendrier de travail et budget
- Présentation d'une première maquette sonore
- Réception du bon de commande
- Premier contact avec client via relations personnelles

II. PRODUCTION

- Exploration appronfondie de l'univers client
  Finalisation du cahier des charges du dispositif
- Composition d'un flux sonore (aspects musical et technique)
- Présentation du dispositif proposé
- Validation par le client
- Installation sur site du dispositif

III. POST-PRODUCTION

- Solde du contrat initial (dont aspect gestion des droits musicaux)
- Adaptation technique et musicale (selon sites, régions, périodes et opérations commerciales

Figure 11.5 – Chronologie du projet « Fourniture d'une ambiance musicale pour magasin »

Pré-production

■ Première identification de l'univers du client

En préparation de son premier rendez-vous commercial, Catherine Piault s'est informée sur la marque (site, communication, implantations et décoration des magasins avec première visite de magasins, *merchandising* et pratiques commerciales, catalogue, collections, clientèles). Cette exploration a été approfondie dans la phase de production.

■ Premier contact avec le client

Ce premier contact a été réalisé grâce à une relation personnelle, sachant que toute mise en relation est, par le fait même, une prescription. Le client s'est également rendu sur le site de Catherine Piault qui comporte notamment une page renvoyant à un *player* permettant d'écouter des réalisations sonores. Ce site, non référencé sur les moteurs de recherche, est une aide au contact commercial, un « déclencheur de contact », en aucun cas un site de vente.

■ Les argumentations de l'offre

Après une rapide présentation d'elle-même, a été mise en valeur sa différenciation par rapport à d'autres confrères sur trois plans : compétence sonore (musicale ou autre dont bonne connaissance des univers sonores susceptibles d'intéresser le client et de correspondre à ses besoins et attentes), technique (gestion et accès au flux sonore) et organisationnelle (dont réactivité et capacité d'adaptation : les nouvelles technologies permettent désormais de s'inscrire dans une logique de prestation continue et donc de disponibilité continue).

La présentation de réalisations dans des univers comparables a permis de surmonter la difficulté de verbaliser des choix musicaux au-delà des seuls styles, genres et musiciens, groupes, chanteurs ou compositeurs pouvant servir de référence. Une certaine culture partagée et des accointances apparaissent néanmoins comme nécessaires.

Une bonne compréhension des enjeux a également été mise en avant, le design sonore devant contribuer au sentiment d'expérience sensorielle qui doit impérativement résulter du passage dans un des magasins de cette marque.

Ce point est vite apparu important dans la mesure où, pour cette marque en particulier, faire comprendre ses valeurs et proposer les sons pertinents était jugé décisif. Mais il est aussi apparu qu'il fallait aller plus loin. Si certains visiteurs apprécient une musique d'atmosphère à peine sensible, d'autres aiment bien reconnaître tel ou tel chanteur, tel ou tel air, voire le fredonner. Cette segmentation sonore s'est, entre autres, avérée dépendre des horaires.

■ L'explicitation technique du projet proposé

La sonorisation des sites commerciaux a beaucoup évolué depuis le début de ces pratiques et les aspects techniques ont dû être clairement explicités au client dont les collègues utilisateurs finaux (responsables de magasins) n'étaient pas forcément au courant des nouvelles potentialités, ni même équipés de façon adéquate. Catherine Piault constate que si internet constitue une vraie révolution depuis déjà un certain temps, ses interlocuteurs sont parfois à des niveaux sensiblement différents en termes d'intégration de cette nouvelle donne dans leur pratique commerciale quotidienne. Le cas s'est présenté dans cette prestation en ce qui concerne les différents responsables de magasins. Sur un plan plus général, le changement le plus important a d'abord été celui du passage de la fourniture régulière d'un CD audio à celui d'une *playlist* d'une durée beaucoup plus longue, fournie en ligne sous forme d'un flux permanent et immédiatement adaptable à la demande.

Avec ce client prestigieux, et s'agissant non plus de la simple livraison d'un produit fini à utiliser directement par le client ou ses responsables locaux mais d'une prestation continue dans la durée, il a donc fallu intégrer progressivement ces nouvelles possibilités. (L'ensemble de la négociation commerciale est ainsi désormais impacté par ces nouveaux paramètres techniques. Elle ne doit pas, pour autant, paraître trop complexe.)

■ Le calendrier de travail et les procédures de travail

Ces paramètres sont d'autant plus sensibles que le flux sonore fourni est désormais susceptible d'être modifié à l'avance ou en temps réel en raison d'événements commerciaux ou autres, voire adapté à des contextes régionaux et culturels spécifiques.

■ Le budget

Ce point a rapidement été évoqué également, chaque interlocuteur devant savoir sur quel budget il devait compter.

■ La présentation de la maquette

La seconde étape de la phase de négociation commerciale est constituée par la présentation au client d'une maquette. Cette maquette a comporté une dizaine de morceaux. Elle était en effet destinée à donner un aperçu des grandes options intervenant dans la réalisation du livrable finalement diffusé qui, lui, est d'une durée de plusieurs heures (une journée) et, de plus, adaptable en fonction des circonstances. Cette présentation, en face à face, a permis à Catherine Piault d'argumenter ses choix de vive voix et de recueillir directement les réactions de son interlocuteur. (Les nouvelles technologies permettent désormais de rendre des maquettes d'une qualité sonore très proche sinon égale à celle du livrable final.)

■ La commande

Il n'y a pas eu d'allers-retours multiples, seule cette maquette a été présentée et c'est sur cette base et dans la certitude du respect de ses observations et de l'engagement de réaction rapide du prestataire que le client a passé la commande, troisième étape de la première phase, deux mois environ après le premier contact.

Cette commande a pris la forme d'un contrat pluriannuel renouvelable.

À la différence d'une simple *fourniture* de CD à passer en boucle comme cela pouvait être le cas il y a quelques années encore, il s'est bien agi d'un contrat de *prestation sur une durée.*

Cette étape, quoique décisive, est, au début, relativement peu formelle. Après divers contacts de définition progressive du projet de prestation, le client décisionnaire a confirmé par entretien téléphonique l'intention de l'entreprise de passer commande et celle-ci est arrivée rapidement sous la forme d'un contrat après avoir été présentée au service juridique pour tous les points habituels à ce type de prestation (durée du contrat, versements des droits aux différentes sociétés *ad hoc* telles que SACEM, etc.). À ce sujet, Catherine Piault évoque la modification que va entraîner dans le domaine de la gestion des droits la généralisation prochaine de la création de morceaux par ordinateur. La question des droits, de leur propriétaire ou de leur durée va se poser dans des termes nouveaux.

Le cahier des charges techniques a porté sur plusieurs domaines. Si les modalités de travail et les supports fournis ont facilement pu être décrits dans le contrat, il est resté, comme souvent, plus délicat de spécifier les choix et orientations musicales notamment sur le plan stylistique compte tenu du caractère encore très subjectif de la perception musicale (fig. 11.6).

CLIENT		CATHERINE PIAULT	PRESTATAIRE INDUSTRIEL	SOCIÉTÉ DE GESTION DES DROITS
Siège	**Responsables de sites**			
▸ Décisions (et suivi de développement)	▸ Installation et diffusion du dispositif sonore	▸ Direction du projet Action commerciale ▸ Conception musicale ▸ Ingénierie technique	▸ Production et fourniture de la box	▸ Gestion des droits des ayants droit musicaux

Figure 11.6 – Système d'acteurs du projet « Fourniture d'une ambiance musicale pour magasin »

Production

■ Repérages sur sites, définition fine de l'univers sonore à fournir

Cette première étape a consisté en visites de magasins types de la marque avec, en partie en compagnie de l'interlocuteur décisionnaire, repérage et observation approfondie des différents profils de clients finaux et de leurs comportements dans les magasins et de leurs achats, analyse des produits vendus, des valeurs qui les inspirent, de « ce que dit la marque », analyse des magasins eux-mêmes et observation de leur personnel et de tous les éléments humains, physiques, techniques, environnementaux ou immatériels auxquels la composante sonore devra s'adapter pour les accompagner efficacement. Ces visites complètent ou affinent le *brief* initial du client.

■ La conception du flux musical

C'est sur la base des informations recueillies pendant ces visites que Catherine Piault est passée à l'étape de la conception du choix sonore et à la réalisation de la *playlist* de démarrage.

Cette étape est à la fois :

- artistique avec, essentiellement, un centrage sur le choix des morceaux, leur enchaînement, leur rythme de succession ;
- technique avec le traitement des sons, leur volume et tous les autres paramètres spécifiques à une musique d'ambiance.

Il s'est agi pour Catherine Piault d'un travail personnel, plutôt solitaire et mené en puisant dans sa culture musicale personnelle les musiques ou sons à proposer et en recourant à sa sonothèque, à des interrogations de ses collaborateurs ou proches, à des banques de son, etc.

La *playlist* est segmentée en fonction des différents types de clientèles, d'horaires, de magasins, de zones géographiques ou de tout autre paramètre marketing. Elle a également intégré les déclinaisons prévues pour les événements prévisibles comme les fêtes de fin d'année ou la fête des mères.

Un point important pour le client a été d'être certain que le client final reconnaîtrait bien les musiques proposées et donc que celles-ci étaient d'un bon niveau de notoriété. À la notion de confort sensoriel (une musique pas trop forte et agréable qui ne heurte pas, des sons dans le registre « medium » sans trop de basses ni d'aigus – ce qui exclut souvent, par exemple, la guitare électrique) s'ajoute donc une notion de confort mémoriel (reconnaître la musique) à laquelle se montre très attachée Catherine Piault pour qui « la mémoire rassure » : s'il y a découverte, elle doit concerner les produits proposés par les magasins, non les artefacts de confort tels que la musique diffusée. Or, la multiplication des supports et des sources et l'éducation de l'oreille du public, notamment depuis l'arrivée d'internet, complexifient tendanciellement la dimension artistique et technique du métier.

■ Points de vigilance extra-musicaux et extra-techniques

La vigilance ne se limite pas au domaine strictement musical. Ainsi l'univers linguistique est-il un autre point d'attention. Les paroles et le vocabulaire ne doivent pas, par ailleurs, être de nature à pouvoir choquer la clientèle ou un de ses segments. C'est un point dont l'importance ne peut que croître désormais à l'heure de la *sensitivity*. Le rapport à l'actualité est également surveillé, soit pour satisfaire l'attente conjoncturelle de tel groupe à la mode, soit pour éviter tout télescopage malheureux avec cette actualité.

■ La présentation de la *playlist*

La troisième étape de cette phase a été la présentation de la *playlist* de démarrage (douze heures avec une durée moyenne des morceaux d'environ trois à quatre minutes et avec des moments de silence). La durée même du flux fourni et son adaptabilité ou variabilité dans le temps n'ont pas permis une écoute complète de la *playlist* définitive ainsi proposée. Il en est de même pour le caractère du flux susceptible d'être adapté en temps réel selon les circonstances. C'est donc sur une écoute partielle et un accord sur l'esprit d'ensemble du flux et sa correspondance aux valeurs de la marque que la *playlist* a été retenue.

■ L'aspect hardware

Si la prestation objet premier du contrat est bien un flux sonore, Catherine Piault s'est trouvée amenée à fournir dans certains cas le *hardware* nécessaire pour l'accès à ce flux et sa diffusion. La configuration a pu varier d'un magasin à l'autre.

Certains magasins avaient déjà une « installation audio connectée » qu'il n'y a donc eue qu'à paramétrer pour qu'elle accède au flux. Pour certains magasins où un tel instrument était encore nécessaire, la prestation a inclus une composante physique sous la forme d'une « box » (fig. 11.7). Celle-ci, de fabrication étrangère et branchée sur l'installation son de ce magasin, est paramétrée pour recevoir le flux et le diriger vers cette installation.

Système de diffusion idéal

- Haute Qualité de diffusion sonore.
- Installation extrêmement simples.
- Pas de limite géographique.
- Hotline est accessible 24 h/24 h, 7 J/7

Grâce à la sortie stéréo RCA,
la music box se connecte tout simplement à un système audio (amplificateur).

Système de diffusion idéal

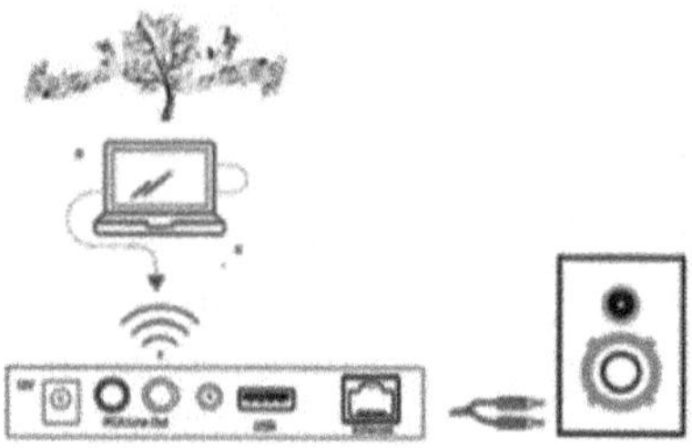

L'installation se limite à trois actions :
- Branchement du music player à une prise de courant
- Branchement du music player à l'amplificateur par un simple câble
- Branchement de l'antenne wifi sur le player d'un tour de main

- Dans le cas fort improbable d'une coupure du réseau internet, et donc l'impossibilité du box player d'atteindre sa playlist en stream, alors le music player bascule automatiquement sur un contenu musical dont il a été chargé avant la livraison chez vous. À l'instant où la connexion internet est relancée, le player retourne sur son stream automatiquement.

Figure 11.7 – « Music box »

Dans d'autres cas, le flux peut passer simplement par un smartphone ou directement par l'ordinateur du magasin. Des raisons de sécurité informatique (cloisonnement et étanchéité des flux) ont longtemps conduit les magasins à vouloir un système informatique spécialement dédié à la gestion de ce flux sonore et sans interférence possible avec leurs flux de données.

Dans certains cas, la prestation a même pu comporter la fourniture de l'ensemble de l'équipement audio qui fait alors l'objet d'un contrat annexe, avenant ou autre document commercial *ad hoc*. Ces équipements sont configurés pour accéder directement au flux sonore.

■ Impact croissant de la technique

Simultanément à la composante artistique (créative) de la gestation du projet, il y a donc eu une composante de réflexion technique. Mais ces deux composantes n'ont pu (ne peuvent) être menées de façon cloisonnée. En effet, internet permet une réactivité immédiate. Et celle-ci est rendue plus aisée dans la mesure où il ne s'agit plus de livrer une bande ou CD audio au contenu figé à passer en boucle pendant une durée plus ou moins déterminée, mais un flux permanent en *streaming* en provenance de l'hébergeur auquel recourt habituellement Catherine Piault.

Ce flux est rapidement apparu comme devant ou pouvant être adapté de façon anticipée ou presque immédiatement à des circonstances spécifiques comme la période des fêtes ou la fête des mères, mais aussi la visite d'une personnalité ou de visiteurs commercialement ou institutionnellement importants.

Internet permet d'envoyer un flux spécifiquement dédié dans le magasin concerné et à l'heure souhaitée. Dans le cas de l'inauguration d'un nouveau magasin, avec invitation de diverses personnalités dont les dirigeants de grandes marques, il est désormais possible de « passer » au moment de leur arrivée les *jingles* de ces marques. Cette dimension « temps réel » de la prestation est rendue tout à fait possible par les nouvelles technologies.

Il est également vite apparu que les magasins pourraient disposer de flux sonores spécifiques en fonction de leur localisation géographique, de leur type de clientèle, de leur fuseau horaire, des périodes de l'année, et ceci selon les heures de la journée.

Post-production

■ Lancement du dispositif

Ce lancement a été, de fait, initié dès la phase d'installation technique, ce qui a permis d'en expliciter les principes auprès des utilisateurs.

Sans qu'il y ait eu de procédure particulière dans ce cas, des occasions de rencontre avec les utilisateurs finaux (responsables de magasins et leurs personnels) ont ensuite été organisées.

De plus, Catherine Piault s'est rendue et continue de se rendre dans certains magasins pour observer les comportements des différents acteurs concernés.

■ Tests auprès des utilisateurs et des clients finaux

De tels tests auprès des utilisateurs comme des clients finaux n'ont pas eu lieu de façon formelle et systématique dans ce cas.

Pour Catherine Piault, outre la difficulté pratique dans le cas des clients finaux, ils sont rendus moins nécessaires par la réactivité contractuellement prévue ainsi que par la technologie qui permet de supprimer immédiatement un morceau qui s'avèrerait poser problème.

Un indicateur intéressant et utile est la demande d'identification des morceaux. Pour les clients, reconnaître un air ou, au contraire, en découvrir un nouveau, fait ainsi partie de l'expérience client. La marque et ses magasins sont ainsi souvent reconnus (et prescrits) aussi comme lieux de connivence musicale ou plaisants et intéressants dans ce domaine. Le design sonore dépasse ici nettement la logique de confort pour devenir plus constitutif de l'identité du réseau et de ses magasins.

Son 11.9 Extrait « Playlist journée » sur mesure pour hôtels, restaurants, magasins et lieux publics.
https://www.3note.com/stream

Conclusion

La nouvelle culture audio

Dès les années soixante-dix, la notion de « paysage sonore » proposée par le canadien Murray Schäfer dans son ouvrage fondateur du même nom, nous rappelle que le « fait sonore » et son corrélat l'écoute sont des éléments essentiels tant au strict niveau de la fonction d'utilité qu'au fonctionnement plus global de toute société. Ces réflexions ont largement facilité l'apparition de la notion qui nous a occupés dans cet ouvrage, celle de design sonore.

Activité professionnelle caractérisée par la mise en œuvre de compétences sonores au service de projets de toutes natures (industrielles, commerciales, politiques, sociétales, environnementales, artistiques...), le design sonore procède également de toutes sortes de situations professionnelles, de la prestation musicale la plus courante à des interventions complexes susceptibles de s'appuyer sur des recherches de pointe et multidisciplinaires, y compris dans les sciences sociales et de gestion. Cette activité peut être individuelle, elle est fréquemment, toutefois, collective et, en tout état de cause, le designer sonore a des partenaires qui sont, pour certains, des donneurs d'ordre parfois à l'origine même du projet. Elle est généralement instrumentée aux plans de la production, du traitement et de la diffusion du son, instrumentation en perpétuel renouvellement et dont le suivi constitue assurément une tâche du designer sonore. On note également qu'elle est de plus en plus normée, voire réglementée, champs auxquels le designer sonore doit impérativement s'intéresser.

Le design sonore contribue ainsi de façon croissante à « une culture audio » dont il est aussi le produit et dans laquelle il s'inscrit, mais il a toujours eu sa place dans les comportements humains les plus fondamentaux comme en témoignent l'archéologie et l'anthropologie. Des sons, certes parfois difficiles à reconstituer, semblent faire partie du patrimoine de tous les groupes humains. Et cela bien au-delà des pratiques « musicales ». Dès lors, le designer sonore s'intéresse à tous les sons, à commencer par les « bruits » les plus basiques, et cherche sans doute perpétuellement à en produire de nouveaux, conjuguant ainsi culture (musicale et extramusicale) et créativité. Initiées par Jonathan Sterne, les *Sound studies* lui fournissent les matériaux et les pistes de réflexion les plus ouvertes et qui lui permettront d'approfondir ses compétences et d'asseoir sa position.

Des défis nombreux

Car, parmi les défis que le design sonore doit assurément relever aujourd'hui en tant qu'activité professionnelle capable de contribuer à des projets importants voire stratégiques, figure celui de son image encore faible et floue, plutôt « un peu artiste » ou purement technique (acoustique). Cette situation est paradoxale si l'on considère qu'il est en fait omniprésent, des arts du spectacle aux industries d'armement, en passant par des secteurs plus ou moins nouvellement acquis comme l'automobile, la santé ou même le textile, si l'on considère également que, pour beaucoup, le XXIe siècle sera celui du son, formule peut-être facile mais néanmoins significative, et enfin si l'on peut affirmer que pour des industries comme l'informatique et, bien sûr, la téléphonie, le design sonore devient un élément important générant une recherche active mais dont les budgets consolidés, s'ils existent, demeurent confidentiels. Il est significatif qu'interrogé sur la présence d'ouvrages spécialisés dans le fonds du département Musique de la Bibliothèque publique d'information du Centre Pompidou, dont fait aussi partie l'Ircam, le bibliothécaire questionné ait répondu par un regard vide et interrogatif quant à ce que pouvait bien désigner cette notion de design sonore.

Cette faible image est, entre autres, liée à l'atomisation du secteur, à la multiplicité des origines et métiers de base des principaux acteurs et à l'absence de grandes sociétés ou opérateurs leaders. L'individualisme de beaucoup de ces acteurs qui se définissent souvent comme des artistes ne facilite pas non plus les choses en termes d'action et de représentation collective. S'il existe quelques organisations professionnelles dynamiques et compétentes, le nombre de leurs adhérents reste modeste au regard de la taille du marché et il ne semble pas exister une structure interprofessionnelle de nature à assurer une représentation et une communication globale même minimum.

Ce cloisonnement est à l'origine de l'initiative prise au début des années 2000 par Christian Hugonnet, ancien chercheur à l'Ircam, de créer la Semaine du Son, manifestation annuelle placée depuis 2019 sous l'égide de l'UNESCO et qui a désormais atteint une forte notoriété avec des déclinaisons internationales y compris hors d'Europe. D'autres manifestations à forte audience sont organisées par la très entreprenante Société française d'acoustique. Il faut aussi mentionner les nouveaux *Sound Design Days* de l'Ircam qui ambitionnent de proposer des présentations de réalisations exemplaires et un intéressant dialogue chercheurs-praticiens, ou encore les sessions moins grand public du Conseil national du bruit, le travail du Centre d'information et de documentation sur le bruit (CIDB), ainsi que les recherches, publications et actions pionnières du Centre de recherche sur l'espace sonore et l'environnement urbain (CRESSON), fondé en 1979 à l'École nationale supérieure d'architecture de Grenoble.

Mis à part les stages de formation professionnelle issus de centres habilités par l'État qui proposent des formations spécialisées en design sonore et, bien entendu, le DNSEP mention Design sonore du Mans (Esad-Talm), la formation et la communication sur le design sonore se développent donc surtout, semble-t-il, à l'initiative de structures publiques (CNAM, Ircam) ou privées (personnalités indépendantes, écoles spécialisées dans la réalisation audiovisuelle et l'ingénierie du son essentiellement) et il n'existe pas, à notre connaissance, d'école dépendant directement d'une structure péri-professionnelle et proche d'un collecteur de la « taxe d'apprentissage » ou des prélèvements sur le « 1 % formation continue » ou ses actuels avatars. Un secteur professionnel dynamique pourrait aussi prendre l'initiative, avec l'aide des pouvoirs publics, de la réalisation à relativement grande échelle de dispositifs clés en main de sensibilisation au son en direction des établissements scolaires et du ministère de l'Éducation nationale, acteur aujourd'hui incontournable et efficace, au-delà des enseignements disciplinaires traditionnels, en matière de sensibilisation aux faits et questions sociétales.

Quoiqu'active, la recherche semble, elle aussi, peu structurée, hormis, une fois encore, le secteur ancien et scientifiquement bien identifié de l'acoustique. Le caractère hautement pluridisciplinaire de l'étude du fait sonore, de sa production, de sa perception et de son impact individuel ou collectif et social, complique certainement le problème, chaque discipline demeurant soucieuse, voire jalouse, de ses spécificités et de son indépendance. Nous avons pourtant le sentiment que, au-delà des domaines tels les industries du spectacle, l'urbanisme et la santé, le design sonore, décisif pour des industries à enjeux et moyens importants (défense, transports, travaux publics et aménagement, matériel médical, informatique, télécommunications, audiovisuel, publicité...), fait déjà l'objet d'une recherche plus développée qu'on ne pourrait le penser *a priori* et qui reste cependant discrète en raison même de son caractère stratégique pour ces entreprises et peut-être en raison également de l'absence de budgétisation ou approche globale. On note ainsi qu'il n'existe pas, toujours à notre connaissance, de « pôle son » ou équivalent ni au CNRS ni, par exemple, au Commissariat à l'énergie atomique ou dans les Pôles régionaux d'enseignement supérieur et de recherche de création récente. Si le son est réellement stratégique, on peut sans doute voir là un handicap, à terme, pour notre créativité et notre présence internationale.

Il semble enfin intéressant d'évoquer ici un point que plusieurs des professionnels interrogés pour cet ouvrage ont eux-mêmes abordé à un moment ou un autre de nos échanges, le plus souvent *off the record* et en fin d'entretien : la dimension éthique. Dans le design sonore comme dans presque tous les domaines, certains interlocuteurs reconnaissent ainsi avoir « refusé des affaires » ou ne pas vouloir opérer pour tel ou tel secteur ou client pour des raisons morales, politiques ou autres, et risquer ainsi d'agir contre leurs convictions. La constitution d'une équipe ou d'un collectif de travail soudé par des valeurs partagées peut difficilement faire l'économie d'une telle réflexion. La question est toujours délicate, non seulement parce que l'on risque, avec ce type d'exigences, de « perdre un client » (ou un employeur), mais aussi parce qu'on s'inscrit alors en moraliste. Elle dépasse aussi le problème de ce que nous appelons l'écoson et de la recherche d'un design sonore soucieux des impératifs d'une écologie responsable et prenant en compte toutes les dimensions de la personne humaine individuellement ou collectivement. Le son est un matériau complexe qui peut ne pas être consciemment perçu. De même qu'il existe des images « subliminales », il existe des sons « infra sensibles » susceptibles d'être utilisés de façon indue et tendanciellement manipulatrice auxquels ne peut que s'intéresser le neuro-marketing, « nouvelle frontière » du marketing commercial ou autre. Présenté d'une façon relativement lénifiante par le site « définitions-marketing.com » comme « visant à observer et mesurer les réactions du cerveau et du système nerveux face à différents stimuli », il est hélas certain qu'il sera, s'il ne l'est déjà, mis en œuvre pour orienter voire conditionner ces réactions. Matériau encore peu rationalisable au-delà de caractéristiques strictement acoustiques, s'adressant souvent à des zones primaires de la sensibilité, le son peut s'avérer un instrument voire une arme commerciale ou autre d'autant plus redoutable qu'insidieuse. Les caractéristiques et conditions de mise en œuvre de telles utilisations du design sonore gagneront également à être approfondies.

Documents et annexes

Aspects pédagogiques

Objectifs, pratiques, offres de formation

Ce chapitre présente les formations en design sonore et les objectifs pédagogiques et pratiques associés[1]. Sans prétendre à l'exhaustivité et afin de couvrir différents champs professionnels applicatifs et différentes approches pédagogiques, ont été menés une série d'entretiens avec des enseignantes d'écoles formant au design sonore ou à la conception sonore. Huit entretiens ont été menés avec des enseignants des écoles, Ensatt Lyon, Enjmin, Ensci Les Ateliers, École centrale de Nantes, de l'Université technologique de Compiègne, de l'Université Gustave Eiffel et du conservatoire à rayonnement régional d'Annecy. Ces entretiens ont permis de comparer différentes expériences pédagogiques.

À partir de ces entretiens, nous avons pu dresser une typologie des formations de l'enseignement supérieur. On distingue essentiellement les formations initiales non spécialisées intégrant des parcours liés à la création sonore appliquée ou au design sonore, les enseignements spécialisés formant à ce métier comme le jeu vidéo, le spectacle vivant, le design sonore dans un contexte plus industriel, et aux modules de sensibilisation dans des écoles d'ingénieurs ou de design.

Ce panorama succinct permet néanmoins de dégager des modalités pédagogiques ancrées dans une pratique du projet se rapprochant de problématiques professionnelles qui combinent phases de conception et de réalisation.

Objectifs de formation en design sonore

Il convient de redonner un cadre à cette discipline par l'identification des compétences professionnelles particulières du projet de design sonore. Sera développé ensuite le parcours idéal de l'étudiant et sa motivation pour une inscription dans une formation en design ou conception sonore.

1 ESAD Talm-Le Mans, mention Design sonore, Laboratoire d'acoustique de l'université du Mans, Ircam.

En termes pédagogiques, le design sonore désigne la création sonore appliquée dans autant de domaines où « penser le son » – l'imaginer, le fabriquer et l'intégrer – s'avère utile : industrie, urbanisme/architecture, multimédia, marketing, arts (cinéma, spectacle vivant, installations, etc.). Ces domaines d'application variés sont autant de problématiques et de questionnements sur le confort d'utilisation, l'accessibilité, l'amélioration de l'usage, la compréhension des espaces et l'expérience globale[1].

Des situations aussi différentes que la scène, l'espace public, l'événementiel, l'espace muséal, l'installation artistique sont autant de manières de réfléchir à la place du son et à sa dimension artistique.

Le secteur d'activité du design sonore fait aussi partie des industries culturelles et créatives (ICC) – musique, spectacle vivant, cinéma, télévision, radio, jeu vidéo. À l'instar des autres champs du design, son activité se déploie suivant une double démarche : artistique et porteuse d'une véritable exigence esthétique et conceptuelle ; industrielle qui intègre les multiples contraintes fonctionnelles, techniques, économiques, morphologiques de l'objet, de l'espace ou du service considéré. Le designer sonore s'appuie pour cela sur une véritable méthodologie de projet, en interaction permanente avec des professionnels de l'entreprise ou des institutions publiques commanditaires, mais aussi des spécialistes d'autres disciplines connexes (designers, architectes, ingénieurs, acousticiens, ergonomes, cogniticiens...).

La diversité des secteurs professionnels impactés par le son est une réalité qu'il faut donc intégrer dans les enseignements. Et c'est autour de la notion plus générale de « projet de design sonore » qu'un cadre pédagogique structuré peut alors émerger. S'il repose entièrement sur la transversalité des applications professionnelles du son, il renvoie également à la méthodologie en vigueur au sein des différents projets.

L'enseignement à travers la pratique du design sonore

Considérons la formation d'un designer sonore selon la métaphore de la graine qui devient plante[2]. Une graine est dépendante d'un certain nombre de facteurs tels que l'eau, la lumière, la chaleur, les nutriments, le sol, le temps pour pouvoir se transformer en plante. Dans le cadre de l'apprentissage du design sonore, un étudiant doit se nourrir régulièrement de connaissances,

1 Dal Palù, *art. cit.* p. 47-69.
2 Bull, 2015.

d'expériences et développer sa créativité et son sens critique dans un lieu propice à l'apprentissage et à l'échange, soit généralement l'atelier ou le studio de l'école.

Lorsqu'un designer est face à un problème de design, deux types de pensée coexistent, analytique et holistique. Ces deux types de pensées s'interpénètrent différemment selon les designers et les projets[1]. La formation en design sonore doit stimuler ces deux modalités de pensée en mettant en place savoirs et savoir-faire dans le cadre de projets concrets.

Ainsi, un certain nombre de compétences sont nécessaires à la pratique du design sonore :

- des savoirs tels que culture artistique et sonore, acoustique, sciences du son, perception et cognition sonore ;
- des savoir-faire tels que la création sonore et ingénierie sonore, bruitage, spatialisation, méthodologie, conduite de projet...

Différents éléments sont structurants dans la pédagogie en design sonore[2] :

- L'atelier ou le studio est le lieu où les étudiants s'engagent dans une pratique de design. L'atelier ne doit pas être vu seulement comme un lieu physique mais comme une entité culturelle et sociale. Ainsi, les étudiants vont pouvoir reproduire des pratiques professionnelles grâce aux projets. Bénéficier d'un lieu où les étudiants sont présents en permanence permet de centrer la pédagogie sur l'étudiant et favorise les apprentissages mutuels.
- Le projet de design est central dans la pédagogie, une problématique de design sonore étant posée à partir d'un *brief* ou d'un cahier des charges. Ce travail, lié à une demande concrète – réalisation d'une création sonore pour un jeu vidéo, un spectacle, ou en muséographie par exemple – mélange savoirs et savoir-faire en vue de comprendre la problématique, faire des recherches, mobiliser les connaissances, créer des propositions et les présenter. Ce travail a une durée déterminée et le plus souvent est finalisé par un rendu des créations sonores avec explication de la démarche créative et des phases de recherche. Les retours sur le travail à différentes étapes de la création et au moment du rendu final sont primordiaux. Ils sont basés sur un dialogue critique et constructif permanent de la part des enseignants mais aussi des pairs.

1 Tovey, p. 51-66.
2 Shreeve, p. 83-94.

L'offre de formations

Les métiers de designer sonore et de concepteur sonore sont reconnus du fait de leur inscription au Registre national de la certification professionnelle (RNCP[1]) à travers des formations à ces métiers. Il existe différents accès à ces formations correspondant à des parcours dans l'enseignement supérieur ou dans la formation professionnelle. Nous ne présenterons pas ici un catalogue des formations, mais plutôt des parcours types permettant de se former à ces métiers.

La formation initiale

La formation initiale, accessible après le baccalauréat (RNCP Niveau 4), délivre des diplômes de niveau Bac + 3 (RNCP Niveau 2) comme la licence, Bac + 2 (RNCP niveau 3) tels que les brevets de Technicien supérieur. Il existe également les Diplômes d'études musicales (DEM) des conservatoires délivrés par le ministère de la Culture mais reconnus par les Pôles supérieurs d'enseignement artistique comme les écoles d'art et permettant de continuer dans le cycle de master. La procédure de recrutement varie selon les formations : sélection sur dossier, et/ou production d'un scénario sonore ou d'une bande-son.

La plupart du temps, ces formations axent leur programme sur les métiers du son, la pré-pro-post-production. La question de la création sonore est présente à travers la pratique de la musique instrumentale, de la musique électroacoustique mais aussi des musiques actuelles. La question de la musique écrite n'est pas un prérequis mais une culture de la musique des XXe et XXIe siècles est indispensable à la formation de l'écoute et des esthétiques sonores.

Le cursus de l'Université Gustave Eiffel propose aux étudiants de se former à l'ingénierie sonore et aux métiers du son mais aussi à des spécialisations en musique nouvelle, en audiovisuel, au son à l'image voire au design sonore. Celui du conservatoire d'Annecy propose une formation en design sonore plutôt orientée « images en mouvement » et écriture non linéaire délivrant un DEM et s'accompagne d'un écosystème local, le film d'animation (Festival, entreprises, écoles). Ces formations sont le plus fréquemment la première étape vers une spécialisation dans un domaine d'activité de la création sonore.

1 *https://www.francecompetences.fr/recherche_certificationprofessionnelle/*

Les formations de l'enseignement supérieur

Les formations spécialisées de grade master sont la plupart du temps accessibles à un niveau 2 du RNCP ou bien grâce à un DEM (dans le cas des écoles d'art). Le recrutement qui est organisé par concours peut prendre différentes formes : pré-sélection sur dossier, épreuves écrites (scientifiques, commentaires d'œuvres...) pour certaines, souvent accompagnées de la création d'un document sonore (narration, mini projet de design sonore, son à l'image... avec des contraintes de temps et de création). Ce concours permet de mesurer la motivation des candidats et de juger de leur démarche et de la qualité de la production. La plupart de ces formations recrutent des étudiants avec des profils artistiques ou en lien avec les métiers du son, dans de petites promotions afin de profiter de la dynamique de l'atelier ou du studio.

Ces formations offrent un cursus permettant aux étudiants de se spécialiser dans des domaines tels que le spectacle vivant, le son à l'image, le jeu vidéo ou le design sonore. L'enseignement est souvent structuré autour de projets concrets comme la conception sonore d'une pièce de théâtre à l'Ensatt ou la création d'une scénographie sonore, la conception sonore d'un jeu vidéo (Enjmin), la signalétique sonore d'un espace public. La majeure partie des enseignants est constituée de professionnels du domaine qui partagent leur vision du métier, des esthétiques et des points de vue différents afin d'aider les étudiants à développer une capacité opérationnelle mais aussi critique.

Généralement, les formations ne forment pas à des outils spécifiques car ceux-ci peuvent évoluer rapidement (par exemple les moteurs de jeux, les stations audionumériques), elles axent avant tout l'enseignement sur les tenants et les aboutissants d'un projet et sur la mise en œuvre des moyens pour y parvenir. Bien sûr, ces formations ne font pas l'impasse de l'apprentissage des outils car les étudiants doivent être opérationnels durant leurs stages et à la sortie de l'école.

Les débouchés professionnels sont les studios de création, les agences de design, les entreprises et les laboratoires de recherche sous différents statuts comme le freelance, l'intermittence, le salariat. Les écoles bénéficient généralement d'un réseau qui s'est structuré au fil du temps et qui permet aux nouveaux diplômés de trouver une place sur le marché du travail. Par contre, il est nécessaire que cette communauté puisse se fédérer à un niveau plus large que les communautés de profession tel le son à l'image, le spectacle vivant ou le jeu vidéo, afin de rendre plus visible cette profession dans la diversité de ses pratiques.

Les modules de sensibilisation à la dimension sonore des projets

Il existe également des modules – souvent appelés mineurs – dans le parcours des écoles d'ingénieurs comme à l'École centrale de Nantes (Module de perception et design sonore) ou à l'Université technologique de Compiègne (Module de design acoustique) axés sur la dimension sonore des produits. Ces modules sont structurés à travers des enseignements qui mêlent cours et travaux pratiques (perception des sons, initiation à la création sonore, évaluation de la qualité sonore...).

Cette approche du design sonore d'une centaine d'heures souvent positionnées en fin de cycle, c'est-à-dire en troisième année, permet à l'étudiant de « colorer » son parcours. Il est intéressant de noter que ces formations aident les diplômés, lorsqu'ils sont dans le milieu professionnel, à intégrer la dimension sonore dès la conception des produits ou des ambiances. L'objectif est de renforcer la culture du sonore dans le milieu industriel et ainsi de développer la présence du design sonore dans les entreprises.

Les écoles de design ont, elles aussi, développé des programmes pour que les étudiants puissent réfléchir à l'expérience sonore des dispositifs avec une démarche de designer, c'est le cas à l'ENSCI-les Ateliers.

Le DNSEP mention design sonore

Le souhait de cette formation[1] à vocation professionnalisante, pensée dès 2009, est d'intégrer le design sonore à la discipline du design, en lui redonnant sa définition française, c'est-à-dire « de faire à dessein » plutôt que son acceptation anglophone liée aux métiers du bruitage et des effets spéciaux au cinéma. Le design sonore est donc envisagé comme une spécialité du design à l'instar d'autres spécialités comme le design graphique, computationnel ou d'interactions. La mention « design sonore » résulte d'un partenariat entre ESAD Talm-Le Mans, l'Ircam, l'ENSCI-Les Ateliers et le Laboratoire d'acoustique de l'université du Mans.

L'objectif de cette formation est de développer une culture historique et théorique du sonore en lien avec le champ des arts plastiques et du design. Par ailleurs, les étudiants sont formés à la méthodologie en design, à la conduite des projets, à la création sonore et au design de dispositifs sonores au sens large. La formation aux savoirs et compétences en acoustique (avec éléments

1 Diplôme national supérieur d'expression plastique à l'École supérieure d'art et de design TALM-Le Mans, *https://esad-talm.fr/fr/les-etudes/l-option-design/design-sonore*.

scientifiques associés) ainsi qu'à l'ingénierie du son permet de traduire en une production sonore un projet défini de création. De plus, les étudiants bénéficient de la transversalité d'une école d'art et de design, à travers différentes pratiques artistiques.

Les étudiants doivent aussi produire un mémoire d'introduction à la recherche sur une thématique en lien avec la création sonore.

Une des particularités de cette formation est le « workshop applicatif » annuel, qui permet aux étudiants de répondre à une commande d'un partenaire industriel ou institutionnel et de mettre en œuvre de façon concrète une méthodologie de projet. Les équipes sont composées d'étudiants en design de l'ENSCI-les Ateliers et d'étudiants en design sonore et en design et territoire de l'ESAD Talm-Le Mans. Le workshop applicatif est un cadre pédagogique, sur un format de deux semaines pendant lesquelles les étudiants réalisent un projet de design sonore sur la base d'une commande faite par un partenaire industriel ou institutionnel.

Depuis 2012, vingt-trois diplômes DNESP en design sonore ont été délivrés avec des projets de diplômes variés tels que : scénographie sonore d'exposition, dispositif pour la rééducation, installation sonore, balade audiographique, etc.

Le projet de diplôme et sa médiation

Un étudiant doit savoir présenter son projet en utilisant un vocabulaire approprié et des modes de représentation qui puissent mettre en valeur son travail et sa démarche. Ces présentations impliquent deux types de médiation de nature différente : l'une basée sur le langage et l'autre sur des représentations physiques et/ou digitales permettant d'expérimenter la création sonore[1].

Pour développer ces capacités, différentes stratégies sont déployées. Une formation à l'écoute permet le développement d'un vocabulaire partagé. Celui-ci peut être un vocabulaire qui s'élabore dans le cadre même du projet, par exemple dans le spectacle vivant, au moment de la création et qui permet par la suite la passation de régie. Mais il peut aussi faire partie de la formation, notamment dans le supérieur, en utilisant un vocabulaire technique, sur le timbre ou la « spectromorphologie » par exemple[2]. Souvent, l'usage du vocabulaire est accompagné de planches de tendances (*mood boards*) avec des

1 Bassereau, p. 48-63.

2 Carron *et al.*, *art. cit.* p. 85-109.

exemples sonores montrant des intentions esthétiques différentes. Cela peut être primordial lors de la création d'un jeu vidéo ou d'un projet industriel quand différents acteurs collaborent au sein d'un même projet.

Ainsi, lors du diplôme, l'étudiant doit pouvoir présenter sa démarche de conception et de création et ses étapes de recherche. Le diplôme sera partie intégrante du portfolio lui servant de passeport pour entrer dans la communauté des professionnels.

Liste de formations en design et conception sonore

RNCP Niveau 5 (Bac + 2) Brevets de technicien supérieur

- « Sound Designer », école : **ACFA multimédia**
  - Site web de la formation : https://www.acfamultimedia.com/formations-son-et-image-ecole-de-son-ecole-de-cinema/formationson/technicien-metiers-du-son-sound-designer
  - Admission et durée de la formation : Bac, 2 ans
- « Design sonore, Multimédia et Interactivité », école : **Conservatoire à rayonnement régional d'Annecy**
  - Diplôme : Diplôme d'études musicales (DEM), cycle II
  - Site web de la formation : https://crr.annecy.fr/Image_design_sonore.php
  - Admission et durée de la formation : sur concours, 2 ans

RNCP Niveau 6 Licence ou équivalent

- « Design sonore », école : **Université Gustave Eiffel**
  - Diplôme : Licence Arts : Musique et Métiers du son, option Design sonore
  - Site web de la formation : https://formations.univ-gustave-eiffel.fr/goto/e-bbdf23b
  - Admission et durée de la formation : Bac, 3 ans de pratique musicale minimum
- « Music Sound Design », école : **ISART (jeu vidéo & animation 3D-FX)**
  - Diplôme : *Bachelor*, Certificat d'école
  - Site web de la formation : https://www.isart.fr/formations/music-sound-design/
  - Admission et durée de la formation : sur concours, 3 ans en alternance à partir de l'année 2
- « Sound Design », école : **3IS**
  - Diplôme : DESTIS
  - Site web de la formation : https://www.3is.fr/formation/bac3-son/
  - Admission et durée de la formation : Bac, sur concours, 3 ans

- « Sound Designer, programme intensif », école : **EICAR**
  - Diplôme : EICAR
  - Site web de la formation : https://www.eicar.fr/formation/sound-designer/
  - Admission et durée de la formation : Bac + 2 (toutes spécialités), 1 an

RNCP Niveau 7 Grade Master

- « DNESP Mention Design Sonore », école : **École supérieure d'art et design TALM-Le Mans**
  - Diplôme : Master 2
  - Site web de la formation : https://esad-talm.fr/fr/les-etudes/l-option-design/design-sonore
  - Admission et durée de la formation : Bac + 3 sur concours, 2 ans
- « Master jeux et médias interactifs numériques Parcours conception sonore », école : **ENJMIN École nationale du jeu et des médias interactifs numériques**
  - Site web de la formation : https://www.cnam-enjmin.fr
  - Diplôme : Master 2
  - Admission et durée de la formation : Bac + 3 sur concours, 2 ans
- « Conception Son », école : **ENSATT, École nationale supérieure des arts et techniques du théâtre**
  - Site web de la formation : https://www.ensatt.fr/formation/conception-son/
  - Diplôme : RNCP de niveau 7 grade Master (Bac + 5)
  - Admission et durée de la formation : Bac + 2 ou équivalent sur concours, 3 ans
- **FEMIS, École supérieure des métiers de l'image et du son**, département Son
  - Site web de la formation : https://www.femis.fr/departement-son
  - Diplôme : Master 2
  - Admission et durée de la formation : diplôme de niveau Bac + 2 ou équivalent concours, 4 ans
- « Composition pour l'Image : film, jeu vidéo, théâtre, multimédia », école : **Université Lyon 2**
  - Site web de la formation : http://www.maaav.fr/
  - Diplôme : Master 2 Musiques appliquées aux arts visuels

- Admission et durée de la formation : diplôme de niveau Bac + 3, déjà compositeurs, sur concours, 2 ans

- « Création musicale et arts sonores » (CMAS), école : **Université Gustave Eiffel**
  - Site web de la formation : https://frama.link/master_creation_musicale
  - Diplôme : Master 2 Arts, Lettres et Civilisations
  - Admission et durée de la formation : L3 musique ou artistique, diplôme de conservatoire ou d'école d'art de niveau équivalent L3, pratique musicale ou sonore indispensable, 2 ans
- « Réalisateur en informatique musicale et Réalisateur en arts numériques », école : **Université Jean-Monnet-Saint-Étienne**
  - Site web : https://musinf.univ-st-etienne.fr/rim.html
  - Diplôme : Master 2 professionnels
  - Admission et durée de la formation : Master 1 en musique, arts numériques, ou équivalents, entretien et commentaire d'œuvres, 2 ans
- « Acoustique et Musicologie pour l'ingénierie et la conception sonore », école : **Faculté des Sciences Aix-Marseille Université Département SATIS** (Sciences Arts et Techniques de l'Image et du Son)
  - Site web de la formation : https://satis-sciences.univ-amu.fr/master-acoustique-musicologie
  - Diplôme : Master 2
  - Admission et durée de la formation : Bac + 3, entretien, 2 ans
- « Parcours image et son », école : **UBO, Université de Bretagne-Occidentale**
  - Site web de la formation : http://formations.univ-brest.fr/fr/index/sciences-technologies-sante-STS/master-XB/master-ingenierie-de-l-image-ingenierie-du-son-program-fr_rne_0290346u_prog6844/parcours-image-et-son-subprogram-parcours-image-et-son.html
  - Diplôme : Master 2 Ingénierie de l'image, ingénierie du son
  - Admission et durée de la formation : Bac + 3, dossier de candidature et entretien, 2 ans
- « Master son », école : **ENSLL, École nationale supérieure Louis-Lumière**
  - Site web : https://www.ens-louis-lumiere.fr/master-son
  - Diplôme : Master 2
  - Admission et durée de la formation : Bac + 2 minimum, sur concours, 3 ans

Modules de design sonore dans une formation de niveau Master

- « Option Perception et design sonore (PDS) » dans le cursus Ingénieur, école : **École centrale de Nantes**
  - Site web de la formation : https://www.ec-nantes.fr/version-francaise/formation/les-programmes
  - Admission et durée de la formation : Bac + 2 sur concours, module d'1 semestre en 3e année
- « Design acoustique », école : **Université technologique de Compiègne** (Technologie et Sciences de l'Homme)
  - Site web de la formation : https://webapplis.utc.fr/uvs/index.xhtml
  - Diplôme : dans le cadre de formation Master Sciences et Technologies et du parcours Ingénieur UTC
  - Admission et durée de la formation : 1. pour la formation Ingénieur : Bac S, sur dossier et entretien, module d'1 semestre ; 2. pour le master Sciences et Technologies : Bac + 3, sur dossier, 2 ans
- « Créateur Industriel » (pas de module spécifique, mais une formation au son et studio son), école : **Ensci Les Ateliers**
  - Site web de la formation : http://ensci.com/
  - Diplôme : Master 2
  - Admission et durée de la formation : Bac, Bac + 2, Bac + 3, sur concours, durée variable

Certification professionnelle

- « Sound Designer pour jeux vidéo et médias interactifs » (année de spécialisation), école : **ACFA**
  - Site web de la formation : https://www.acfamultimedia.com/formations-son-et-image-ecole-de-son-ecole-de-cinema/formationson/jeux-video
  - Admission et durée de la formation : Bac + 2 avec parcours de formation aux métiers du son, 1 an
- « Conception sonore pour les médias interactifs », école : **CNAM**
  - Site web de la formation : CNAM, https://www.cnam-enjmin.fr/conception-sonore-pour-les-medias-interactifs-1033970.kjsp
  - Diplôme : Certificat de spécialisation conception sonore pour les médias interactifs
  - Durée de la formation : 2 sessions de 5 jours

Nous remercions Olivier Houix de nous avoir fourni cette liste qui ne prétend pas, bien entendu, à l'exhaustivité. On pourra aussi se reporter utilement aux sites spécialisés d'information et d'orientation, non sans une certaine prudence puisqu'ils sont le plus souvent financés par la publicité des écoles et centres de formation.

Nous invitons les candidats à ces formations à se renseigner auprès des écoles sur le volume d'emplois réels (effectifs globaux et flux d'embauches annuels) dans le segment du secteur qu'ils visent et le taux, les effectifs de leurs promotions et le niveau effectif de placement dans l'emploi de leurs anciens élèves ou leur chiffre d'affaires moyen s'ils sont indépendants. Ces écoles étant professionnalisantes, elles doivent normalement disposer de ces informations.

Nouveaux niveaux du RNCP depuis 2019 : 5 (Bac + 2), 6 (Bac + 3/Licence et +4/Master 1), 7 (Master 2 et ingénieur).

Les principaux outils de design sonore

La liste des applications présentées ci-après dans l'ordre estimé d'utilisation, des plus au moins utilisées, est issue du projet de recherche *Analysis of Sound Design Practices*[1].

Applications

■ PRO TOOLS

Logiciel de pré-pro-post production sonore – montage-mixage – de type professionnel le plus souvent associé à des équipements haute résolution – carte son et plugins – pour le traitement du signal numérique. Avec Ableton Live, Pro Tools est la station audio numérique la plus utilisée.

■ ABLETON LIVE

Logiciel de création audio/MIDI. Sa conception et son ergonomie sont essentiellement destinées à une utilisation en temps réel (*live*), le plus souvent à partir du traitement d'échantillons.

■ MAX/MSP

Logiciel de création audio, d'analyse/synthèse sonore et de contrôle d'instruments MIDI. Il est utilisé pour produire, traiter et contrôler des sons ou autres équipements électroniques *via* la norme MIDI.

1 Zattra *et al., art. cit.*

■ NATIVE INSTRUMENTS

Système d'équipements matériels, logiciels et services numériques pour la musique et le son. Ces derniers sont pilotés sur des plateformes telles que KONTAKT, REAKTOR, KOMPLETE et Sounds.com. Chaque produit est indépendant de la plateforme et s'intègre à l'ensemble du système de création et de performance.

■ WAVE PLUGINS

Les designers sonores utilisent une grande collection de *plugins* qui proposent des émulations de machines analogiques « vintages », afin de transformer les éléments audio-numériques (compresseurs, réverbérations, échos, etc.).

■ MAX for LIVE

Plateforme constituée d'une collection d'effets audio et MIDI d'Ableton, de synthétiseurs et de périphériques de contrôle et permettant de créer des instruments, des effets et des outils de performance sonore et visuelle.

■ PURE DATA

Locigiel de programmation graphique distribué librement sur le Web, maintenu par Miller Puckette, le créateur de Max/MSP et proche de celui-ci. Il est conçu pour la création musicale et le multimédia en temps réel.

■ LOGIC PRO

Logiciel d'édition et de séquençage sonore numérique développé par Apple.

Sont également mentionnés d'autres logiciels dans une proportion d'usage moindre tels qu'IZotope RX, Reaper, Cubase, Audacity et Adobe Audition pour le traitement, montage et mixage audio/MIDI.

Équipements

Si la chaîne de réalisation de projets de design sonore est variable, tout dépend des objectifs et besoins, le dispositif matériel identifié comprend souvent selon les opérations et *a minima* : microphone, enregistreur numérique pour la prise de son ; console numérique, enceintes, casque et amplificateur pour la sonorisation ; carte son pour l'acquisition, le traitement audio et la production d'effets ; contrôleurs/instruments MIDI pour le contrôle temps réel des données ; ordinateur pour la gestion et le traitement de l'information ; cartes mémoires, clés USB, disques durs (externes), serveurs, pour le stockage des données...

Aspects juridiques

Pour les juristes, la notion de « design » se rattache directement à la création graphique. Elle n'est mentionnée dans nos codes qu'à propos des œuvres visuelles (code de la propriété intellectuelle, code du cinéma, code de l'éducation). Associé au son, le terme n'a donc rien de juridique. Pourtant, le terme « design sonore » en tant qu'il désigne l'art d'utiliser des éléments sonores, soit issus classiquement de l'art musical, soit composés, traités, synthétisés afin d'en maîtriser l'effet, se retrouve dans une grande variété de disciplines : cinéma, théâtre, musique, jeux vidéo, publicité...

La protection des designs sonores par la propriété intellectuelle

Le droit d'auteur

On se réfèrera aux dispositions du code de la propriété intellectuelle, dont deux articles majeurs, dans le chapitre consacré aux droits d'auteur, sont les suivants :

- Article L 112-2 : « Sont considérés notamment comme œuvres de l'esprit au sens du présent code... 5° Les compositions musicales avec ou sans paroles ».
- Article L. 112-1 : Le droit d'auteur protège « toutes les œuvres de l'esprit, quels qu'en soient le genre, la forme d'expression, le mérite ou la destination ». La condition est qu'elles aient un caractère original, c'est-à-dire, qu'elles portent « l'empreinte de la personnalité de leur auteur ».

Le droit ne distingue donc pas les types de créations sonores, dans le but de leur accorder la protection au titre des droits d'auteur. Dès lors, toute composition musicale, même quelques notes de musique ou accords suffisent, en principe, à constituer une œuvre de l'esprit éligible à la protection légale, à l'instar par exemple des *jingles* publicitaires.

De même, le fait qu'un son ne soit pas issu à proprement parler de notes de musique n'écarte pas nécessairement une protection par le droit d'auteur du son ainsi créé. La question qui se pose est de savoir si une partie infime de son (*earcon*) peut être considérée comme une création de l'esprit originale.

L'origine du fragment sonore doit être humaine et non un simple son de la nature qui, par définition, n'est pas une œuvre de l'esprit.

Par ailleurs, le fragment sonore doit être « original », c'est-à-dire qu'il doit refléter la personnalité de son auteur, ce dont on peut douter s'agissant d'un son non musical (hors modes et tonalités, instrumentations reconnus), tel qu'un bruitage de film, un son de pot d'échappement, d'alarme, une sirène, une arme sonore, un son de matériel médical même spécialement travaillé...

Enfin, le sens commun donné au terme de « création » suppose, quoi qu'on en dise, un certain travail, une certaine complexité. Doit-on alors considérer que l'idée d'utiliser tel fragment sonore comme l'idée d'emballer un monument ou l'idée de peindre une toile d'une couleur uniforme, ne seraient que des idées non protégeables ?

La cour administrative d'appel de Lyon a admis que la sonorité de cloches puisse être originale, et son fondeur titulaire de droit d'auteur[1].

Attention également à ne pas confondre la protection du son du fait de son originalité avec la qualité du savoir-faire mis en œuvre pour l'obtenir, non protégeable à ce titre, quel qu'en soit le caractère exceptionnel et quelle que soit la nouveauté du son.

Ainsi, le rôle des monteurs sera le plus souvent considéré comme purement technique, le réalisateur ou le client ayant lui-même défini le résultat esthétique recherché, reléguant ainsi le « créateur » du son au rôle de simple technicien.

La protection par le droit des marques

La réforme dite du « Paquet Marques », entrée en vigueur le 11 décembre 2019, a modifié substantiellement les législations européennes et françaises en la matière, en supprimant notamment l'exigence de représentation graphique en matière de marque, permettant ainsi désormais la protection de marques sonores, animées ou encore multimédia.

Selon l'article L.711-1 du code de la propriété intellectuelle, « *la marque de produits ou de services est un signe servant à distinguer les produits ou services d'une personne physique ou morale de ceux d'autres personnes physiques ou morales...* »

Les bruits, sons, phrases musicales à l'instar des *jingles* publicitaires et autres indicatifs d'émission de radio ou de télévision, qui peuvent devenir une véritable signature auditive, peuvent donc constituer des marques.

1 CAA Lyon, 4e ch., 5 avr. 2012, n° 10LY02298, Sté Fonderies des Cloches Paccard c/ Cne de Taninges.

Contrairement à la protection par le droit d'auteur qui ne nécessite aucune démarche *a priori* de la part de l'auteur, la marque sonore nécessite d'être enregistrée auprès de l'Institut national de propriété industrielle (INPI) pour une marque française, de l'Institut européen (EUIPO) ou mondial (OMPI).

Elle doit être représentée « sous une forme appropriée au moyen de la technologie communément disponible, sous réserve de pouvoir être représentée dans ce registre de façon claire, précise, distincte, facilement accessible, intelligible, durable et objective » (nouvel article R. 711-1 du CPI), cette condition pouvant être remplie grâce au dépôt d'un fichier MP3 pour les marques sonores ou d'un fichier MP4 pour des marques multimédias ou en mouvement.

Un son original pourra donc être protégé cumulativement par une marque et le droit d'auteur, s'il remplit les conditions de protection au titre des droits d'auteur et celles exigées en matière de droit des marques. L'absence d'originalité du son excluant la protection au titre des droits d'auteur n'est en revanche pas de nature à écarter la possibilité d'une protection au titre du droit des marques pour laquelle elle n'est pas exigée.

Le critère de validité d'une marque est sa « distinctivité », c'est-à-dire d'une part, que le signe choisi comme marque soit composé d'éléments arbitraires au regard des produits ou services désignés, et d'autre part, qu'il doit être apte à indiquer au consommateur leur origine commerciale. Il sera donc plus facile de protéger à titre de marque des sons non musicaux comme des bruitages, une alarme, une sirène, à la condition qu'ils soient distinctifs. Ainsi, a été enregistrée le 24 avril 2018 la marque européenne de la société allemande LIDL[1] composée de six notes de musique « sifflées » pour la vente au détail de produits de consommation courante.

La première marque sonore française – non encore enregistrée – a été déposée le 26 décembre 2019. Décrite comme un « son qui élève le taux vibratoire de toute matière et qui est un *harmoniser* énergétique », elle évoque un bruit de l'espace, du cosmos ou un train à grande vitesse entrant en gare. Cette marque vise les « produits de la classe 9 » dont notamment « les appareils pour la transmission du son ; appareils pour la reproduction du son ; dispositifs de protection personnelle contre les accidents ». De nombreuses interrogations se posent malgré tout en pratique. Quels critères seront pris en compte pour apprécier le caractère distinctif d'une telle marque ? Comment sera appréciée la fonction première d'identification d'origine des produits et/ou services ?

1 *https://euipo.europa.eu/eSearch/#details/trademarks/017592031*

L'EUIPO a déjà refusé d'enregistrer une sonnerie d'alarme/téléphone au motif qu'il s'agissait d'un signe (composé d'une répétition de notes), considéré comme banal et commun, non mémorisé par le consommateur, et ne permettant dès lors pas d'identifier l'origine commerciale des produits et services visés au dépôt.

Qui sont les titulaires des droits de propriété intellectuelle ?

■ En matière de droits d'auteur

Selon l'article L. 111-1 du code de la propriété intellectuelle, « *l'auteur d'une œuvre de l'esprit jouit sur cette œuvre, du seul fait de sa création, d'un droit de propriété incorporelle exclusif et opposable à tous.* »

Le titulaire des droits d'auteur d'un design sonore original est son créateur sans que ce dernier n'ait à accomplir une quelconque démarche d'enregistrement. Dès lors que le design sonore peut n'être composé que de quelques notes ou d'un son original, les designers sonores doivent faire preuve de la plus grande vigilance et de la plus grande organisation pour se ménager, *a priori*, la preuve de la date de leur création. Cette preuve peut être constituée par tous moyens, à savoir un e-mail ou un courrier recommandé adressé par l'auteur à lui-même et contenant le fichier sonore ou encore, pour plus de sûreté, *via* la *blockchain* (technologie de stockage et de transmission d'informations, transparente, sécurisée, et fonctionnant sans organe central de contrôle) ou un dépôt chez un huissier.

Attention : une enveloppe Soleau ne pouvant contenir de CD ni aucun corps « durs » mais seulement des feuilles de papier, ce procédé ne semble pas adapté au design sonore.

■ En matière de marque

Le titulaire de la marque est son déposant : il ne s'agit pas nécessairement du créateur du design sonore enregistré à titre de marque, il s'agit plus généralement du représentant légal de la société qui commercialise les produits désignés par ladite marque sonore.

Pour ce faire, le déposant doit impérativement se faire préalablement céder les droits sur la composition sonore par l'auteur de cette dernière si ladite composition sonore est suffisamment originale pour bénéficier de la protection au titre des droits d'auteur.

Cette cession devra être constatée par écrit et délimiter chacun des droits cédés quant à son étendue, sa destination, son territoire et sa durée.

Le statut des designers sonores au regard de la protection sociale

L'AGESSA (Association pour la gestion de la sécurité sociale des auteurs) donne de manière exhaustive et déconstruite une liste de personnes exclues du régime de sécurité sociale des auteurs. L'organisme de gestion précise en effet que ne relèvent pas de ce régime les « réalisateurs sonores et les travaux de bruitage ».

Ainsi, les designers sonores, les réalisateurs sonores, les arrangeurs, les ingénieurs du son ne sont pas considérés, par l'AGESSA, comme étant des auteurs susceptibles d'être rémunérés par l'intermédiaire de notes de droit d'auteur. On voit là que la reconnaissance de la qualité d'auteur en matière sociale diffère, elle ne s'appuiera pas forcément sur les mêmes critères qu'en matière de propriété artistique.

Usage de créations sonores en design sonore

Soixante-dix ans après la mort de son auteur, une œuvre tombe dans le domaine public. Il s'agissait bien alors d'une œuvre originale mais qui n'est plus protégée, sauf au regard du droit moral de l'auteur, perpétuel, inaliénable, imprescriptible et transmissible à cause de mort. Au contraire, une création libre de droits appartient à un fonds commun de la création, à savoir des accords, des notes, des lignes mélodiques ou harmoniques banales.

Ces deux catégories de créations sonores ont en commun d'être par nature, inappropriables et librement utilisables par tous. Il n'est donc pas nécessaire d'obtenir le consentement préalable de l'auteur ni de le rémunérer. Si l'assemblage et la disposition des éléments choisis par le compositeur ou le designer sonore ne sont pas une simple compilation sans originalité mais reflètent bien sa personnalité, alors l'œuvre seconde sera susceptible d'être protégée par le droit d'auteur. L'arrangement original d'éléments libres de droit et/ou du domaine public fera naître alors une nouvelle œuvre à part entière.

Ainsi, la transformation de musiques existantes (remixes) ou les mélanges de sources de musiques différentes (mixes, *mashups*, *samples*, *medleys*, superpositions, *loops*, etc.), lorsqu'elles sont créées à partir de musiques tombées dans le domaine public ou libres de droits, peuvent donner lieu pour ce qu'elles sont, à une protection au titre des droits d'auteur si les transformations aboutissent à un résultat original.

Attention : les transformations de musiques existantes bénéficiant d'un droit d'auteur ne peuvent donner lieu à aucun arrangement par un tiers sans l'autorisation de l'auteur de/des œuvres originales : c'est le droit d'adaptation qui fait partie des droits patrimoniaux de l'auteur dont lui seul peut décider de l'exploitation.

Son et nuisances

Le son des uns peut indisposer la quiétude des autres. La liberté des uns s'arrête où commence celle de l'autre et le législateur s'emploie à les concilier.

Il existe de très nombreux textes encadrant ces questions qu'il est impossible de développer ici. La loi réglemente, en effet, les nuisances sonores liées aux troubles du voisinage : à l'intérieur de cette catégorie, les litiges consécutifs à des bruits occasionnels, tels qu'une fête un peu trop bruyante ou un pianiste un peu trop assidu, sont soumis à des textes différents de bruits plus constants que ferait une climatisation par exemple. Un arrêté du 5 décembre 2006 réglemente les modalités de mesurage des bruits de voisinage.

Les bruits liés à l'activité professionnelle obéissent également à une réglementation distincte. Tel sera le cas des salles de concert, des boîtes de nuit que l'on trouve dans le code de l'environnement (105 dB(A) en niveau moyen et 120 dB au maximum) et le code de la santé publique. Il en va de même des entreprises utilisant des équipements fortement bruyants. Ces entreprises devront protéger le public mais également leurs salariés contre une exposition au bruit trop importante ou trop longue. Par exemple, l'intensité sonore d'une presse en fonctionnement est entre 100 et 115 dB(A). La durée sans risque pour l'audition est de moins de 5 minutes par jour sans bouchons d'oreille[1].

Les maires et les préfets peuvent par ailleurs ajouter et/ou préciser cette réglementation au niveau local et départemental. Des normes de mesurage AFNOR (NF S 31-010) en réglementent les modalités de mesurage.

1 *https://www.bruit.fr*

Bibliographie

ALEXOMANOLAKI, M., LOVEDAY, C., KENNETT, C. (2006). *Music and memory in advertising: music as a device of implicit learning and recall.* In: Baroni, M., Addessi, A.R., Caterina, R. and Costa, M. (ed.), 9th International Conference on Music Perception and Cognition, August 22-26 2006: Proceedings Bologna, Italy ICMPC-ESCOM. p. 1190-1198.

AUGOYARD, J., TORGUE, H. (1995). *À l'écoute de l'environnement : répertoire des effets sonores.* Grenoble, Éditions : Parenthèses, Coll. Habitat/Ressource.

BARRASS, Stephen. (2018). « Sonic information design ». Journal of Sonic Studies.

BASSEREAU, J.-F., PELLO, R.C., FAUCHEU, J., DELAFOSSE, D. (2015). « Les objets intermédiaires de conception/design, instruments d'une recherche par le design ». *Sciences du design*, 2 : 48-63.

BECK, Jay (2008). « *The Sounds of "Silence": Dolby Stereo, Sound Design and The Silence of the Lambs* ». In: Jay Beck, Tony Grajeda (dir.), Lowering the Boom: Critical Studies in Film Sound, Urbana, University of Illinois Press, 2008, p. 75.

BLATTNER, M. M., Sumikawa, D. A., GREENBERG, R. M. (1989). *Earcons and icons: Their structure and common design principles.* Human – Computer Interaction, 4(1): 11-44.

BONNIN G., GOUDEY A. (2012). *The kinetic quality of store design: An exploration of its influence on shopping experience*, Journal of Retailing and Consumer Services, 19(6): 637-643.

BRAUN, M. E., WALSH, S. J., HORNER, J. L., CHUTER, R. (2013). *Noise source characteristics in the ISO 362 vehicle pass-by noise test: Literature review.* Applied Acoustics, 74(11): 1241-1265.

BULL, K. (2015). *Transformative practice as a learning approach for industrial designers. Design pedagogy: Developments in art and design education.* Gower, Farnham, England, p. 113-133.

CARRON, M., ROTUREAU, T., DUBOIS, F., MISDARIIS, N., SUSINI, P. (2017). *Speaking about sounds: a tool for communication on sound features.* Journal of Design Research, 15(2) : 85-109.

CHION, Michel (2013). *L'audio-vision : son et image au cinéma.* Paris, Éditions Armand Colin.

CONSTANTINI, Gustavo (2010). « *Walter Murch Interviewed* », New Soundtrack, 3(1).

COOKE, M., CHABOYER, W., SCHLUTER, P., HIRATOS, M. (2005). « *The effect of music on preoperative anxiety in day surgery* », Journal of Advanced Nursing, Blackwell Science Ltd, 52(1): 47-55.

DAL PALÙ, D., DE GIORGI, C., LERMA, B., BUIATTI, E. (2018). *Creation, Validation and Possible Applications of a New Tool for Sound Design.* In: Frontiers of Sound in Design, Springer, Cham, p. 47-69.

ERIKSSON, M., BRESIN, R. (2010). *Improving running mechanisms by use of interactive sonification.* In: Proceedings of the 3rd interactive sonification workshop. Stockholm, Sweden.

FLUSSER, Vilem (2002). *Petite philosophie du design.* Éditions Circé.

FOLFMANN, Nygaard (2013). *The Aesthetics of Imagination in Design (Design Thinking, Design Theory).* The MIT Press (en anglais).

FRANINOVIC, K., SERAFIN, S. (Eds.) (2013). *Sonic interaction design.* MIT Press.

GARLIN, F. V., OWEN, K. (2006). *Setting the tone with the tune: a meta-analytic review of the effects of background music in retail settings.* Journal of Business Research, 59: 755-764.

GAVER, W. W. (1993) [1984]. *What in the World Do We Hear? An Ecological Approach to Auditory Event Perception.* London, 5(4) 285-313 (en anglais).

GAVER, W. W. (1986). *Auditory icons: Using sound in computer interfaces.* Human-computer interaction, 2(2): 167-177.

GOFFMAN, Erving (1971). *Relations in Public. Microstudies of the Public Order.* New York, Basic Books.

GOODMAN, Steve (2010). *Sonic Warfare: Sound, Affect, and the Ecology of Fear.* The MIT Press, Cambridge, Massachusetts.

GORN, G. J. (1982). *The effects of music in advertising on choice behavior: a classical conditioning approach.* Journal of Marketing, 46: 94-101.

GOUDEY, Alain (2007). Une approche non verbale de l'identité musicale de la marque : influence du timbre et du tempo sur l'image de marque évoquée. Thèse en Sciences de Gestion, Université Paris-Dauphine.

GOUDEY, Alain (2008). « Stratégies de communication sonore de la marque : bilan et perspectives de l'utilisation de l'identité musicale de la marque ». Décisions Marketing, 52.

GUEGUEN, N., JACOB, C. (2002). *The influence of music on temporal perceptions in an on-hold waiting situation.* Psychology of Music, 30(2).

HABIBI, A., DAMASIO, A. (2014). *Music, feelings, and the human brain.* Psychomusicology: Music, Mind, and Brain, 24(1).

HARARI, Yuaval Noah (2018). *21 leçons pour le* XXIe *siècle*. Éditions : Albin Michel, Paris, 2018 (384 p.).

HERMANN, Thomas, HUNT, Neuhoff, Andy (Eds) (2011). *The sonification Handbook.* Logos Verlag, Berlin, Allemagne.

HUVET, Chloé (2021). *Composer pour l'image à l'ère numérique. Les deux trilogies Star Wars.* Paris, Vrin.

HUVET, Chloé (2019). « Ben Burtt, une écoute "musicienne" des bruitages. Le cas des vaisseaux dans Star Wars », Écrans. Les objets sonnants au cinéma, dir. Martin Barnier, Benjamin Labé et Marylin Marignan, n° 11.

KENNY, Tom, (1998). « *Walter Murch: The Search for Order in Sound and Picture* », Mix.

KRAUSE, B., CHANDES, H. (2016). Le Grand Orchestre des Animaux (Catalogue de l'Exposition). Paris : Fondation Cartier pour l'Art Contemporain.

KULEZIC-WILSON, Danijela (2020). *Sound Design is the New Score: Theory, Aesthetics, and Erotics of the Integrated Soundtrack.* New York, Oxford University Press.

LANGEVELD, L., VAN EGMOND, R., JANSEN, R., ÖZCAN, E. (2013). *Product sound design: Intentional and consequential sounds.* In: Advances in industrial design engineering. InTech.

LEMAITRE, G., SUSINI, P. (2019). *Timbre, Sound Quality, and Sound Design.* In: Timbre: Acoustics, Perception, and Cognition, Springer, Cham, p. 245-272.

LINDSTROM, Martin (2005). *Brand sense: Sensory secret behind the stuff we buy.* Free Press, New York.

LOBRUTTO, Vincent (1994). *Sound-on-Film: Interviews with Creators of Film Sound.* Praeger : Edition Unstated.

MARIÉTAN, Pierre (2005). *L'environnement sonore : approche sensible, concepts, modes de représentation*, Champ Social, UNESCO, Paris.

MISDARIIS, Nicolas (2018). *Sciences du Design sonore : Approche intégrée du design sonore au sein de la recherche en design*, HDR, Sorbonne université, Ircam.

MISDARIIS, N., CERA, A., RODRIGUEZ, W. (2019). *Electric and Autonomous Vehicle: from Sound Quality to Innovative Sound Design.* In: ICA-International Congress on Acoustics.

MORTON, Timothy (2018). *Being Ecological.* Pub. Pelican Book, Penguin Random House, UK.

MORTON, Timothy (2016). *Dark Ecology.* Columbia University Press, New York.

MYLES, Lynda, PYE, Michael (1979). *The Movie Brats: How the Film Generation Took Over Hollywood.* New York, Holt, Rinehart & Winston.

NOBLET, Jocelyne (1996). « Changements de formes ». In : Penser le futur, Eds PSA – Peugeot-Citroën, Direction de la Recherche et des Affaires Scientifiques.

OZCAN, E., VAN EGMOND, R. (2008). *Product Sound Design: An Inter-Disciplinary Approach?* In: « Undisciplined! Design Research Society Conference », n° 14, (en anglais).

PAINE, Frank (1985). « *Sound Mixing and Apocalypse Now: An Interview with Walter Murch* », In: Elisabeth Weis et John Belton (dir.), Film Sound: Theory and Practice, New York, Columbia University Press.

« Paysage sonore urbain », (1980). Actes de colloques, Fondation Nationale des Arts Graphiques et Plastiques, Paris, 30-31 mai 1980, PUCA-Plan-Construction ed., 305 p.

PARDO, L. F., MISDARIIS, N. (2015). *Système d'alerte pour véhicules électriques-Sécurité et design sonore.* Techniques de l'Ingénieur.

PARSEIHIAN, G., KATZ, B. F. (2012). *Morphocons: A new sonification concept based on morphological earcons.* Journal of the Audio Engineering Society, 60(6).

PECQUET, Frank (2018). *Le nouvel ordre sonore : recherche et création.* HDR, Université Paris 1 Panthéon Sorbonne.

PECQUET, Frank (2019). « Design sonore ou musical, problématisation provisoire : Réflexions sur le projet *Subway Symphony* de James Murphy ». Les Cahiers de la Société Québécoise de Recherche en Musique, 18(2), Québec, Canada.

PEEVERS, G., MCINNES, F., MORTON, H., MATTHEWS, A., JACK, M. A. (2009). *The mediating effects of brand music and waiting time updates on customers' satisfaction with a telephone service when put on-hold.* International Journal of Bank Marketing.

PETTY R. E., CACIOPPO J.T., SCHUMANN D. (1983). *Central and peripheral routes to advertising effectiveness: the moderating role of involvement.* Journal of Consumer Research, 10(2): 135-146.

ROSS, J. C., JOHNSON, T. M., CAMPBELL, T., PARIDA, B. K., ZAOUK, A. K., OMAR, T. (2015). *Development of a new emergency warning signal for trains to improve detectability of pedestrians wearing headphones.* In: INTER-NOISE and NOISE-CON Congress and Conference Proceedings, 250(3): 3409-3420. Institute of Noise Control Engineering.

RUSSOLO, L., LANUZZA, S. (2010) [1913]. *L'art des bruits.* Éditions : Allia, Paris.

SAYIN E., KRISHNA A., ARDELET C., BRIAND-DECRE G., GOUDEY A. (2015), *« Sound and Safe »: The effect of ambient sound on the perceived safety of public spaces.* International Journal of Research in Marketing, 32: 343-353.

SCHAEFFER, Pierre (1966). *Traité des objets musicaux.* Paris, Éditions du Seuil. (rev. ed.).

SCHÄFER, R. Murray (2010) [1977]. *Le paysage sonore.* Paris, Éditions : Wild Project Domaine sauvage. 2010. « *The Tuning of the World* », Knopf, New York [republished in The Soundscape: *Our Sonic Environment and the Tuning of the World.* Rochester, Vermont: Destiny Books, 1977].

SHREEVE, Alison (2015). « Signature Pedagogies in Design. » *Design Pedagogy. Developments in Art and Design Education.* Gower, Farnham, England, p. 83-94.

SIDER, Larry (2014). « If You Wish to See, Listen : The Role of Sound Design ». The Journal of Media Practice, vol.4, n°1.

STERNE, Jonathan (2015). *Histoire de la modernité sonore.* Paris, Éditions : La Découverte.

STERNE, Jonathan (Ed.) (2012). *The sound studies reader.* London, Routledge.

SUSINI, Patrick (2011). Le design sonore : un cadre expérimental et applicatif pour explorer la perception sonore. Thèse d'habilitation à diriger les recherches.

TAKEUCHI, Tatsuto (1993). *Auditory information in playing tennis. Perceptual and motor skills,* 76: 1323-1328.

THOM, Randy (2013). « *Notes on Sound Design in Contemporary Animated Films* ». In: John Richardson, Claudia Gorbman et Carol Vernallis (dir.), The Oxford Handbook of New Audiovisual Aesthetics, New York, Oxford University Press.

THOM, Randy (1998). « *Designing a Movie For Sound* ». In: Larry Sider, Diane Freeman, Jerry Sider (dir.), Soundscape: The School of Sound Lectures, London, Wallflower Press, 2003, p. 122.

THOMAS, François, (1989). « Entretien avec Walter Murch, "sound designer" », Positif, n° 335.

TOVEY, Michael (2015). *Design Education as the Passport to Practice. Design Pedagogy. Developments in Art and Design Education.* Gower, Farnham, England, p. 37-49.

TOVEY, Michael (2015). *Designerly thinking and creativity. Design Pedagogy. Developments in Art and Design Education.* Gower, Farnham, England, 51-66.

TREASURE, William (2010). *Sound Business.* Management Books 2000 Ltd.

TRUAX, Barry (1984). *Acoustic Communication.* New Jersey: Ablex Publishing.

VIAL, Stéphane (2014). *Court traité du design.* Paris, Presses Universitaires de France, Coll. Quadrige.

VIERS, Éric (2011). *The Sound Effects Bible: How to Create and Record Hollywood Style Sound Effects.* Michael Wiese Productions.

VOLCLER, Juliette (2011). *Le son comme arme : les usages policiers et militaires du son.* Paris, La Découverte.

WALKER, B. N., NANCE, A., LINDSAY, J. (2006). *Spearcons: Speech-based earcons improve navigation performance in auditory menus.* In: Proceedings of International Conference on Auditory Display. Georgia Institute of Technology.

WHITTINGTON, William (2009). « *Sound Design in New Hollywood Cinema* ». In: Graeme Harper, Ruth Doughty et Jochen Eisentraut (dir.), Sound and Music in Film and Visual Media: An Overview, New York, Continuum.

WOLOSZYN, Philippe (2012). « Du paysage sonore aux sonotopes : Territorialisation du sonore et construction identitaire d'un quartier d'habitat social ». In : Pecqueux, Anthony. Les bruits de la ville, 1(90), Éditions : Seuil, p. 53-62.

WRIGHT, Benjamin (2013). « *What Do We Hear? The Pluralism of Sound Design in Hollywood Sound Production* », The New Soundtrack, 3(2): 2013.

ZATTRA, L., DONIN, N., FIERRO, D., MISDARIIS, N., PECQUET, F. (2018). « Analysis of Sound Design Practices [ASDP]. Research Methodology ». In: Machine Sounds, Sounds Machine CIM N° 22 (Congrès d'Informatique musicale), Udine, Italie p. 168-175. Également publié dans l'ouvrage *Doing Research in Sound Design*, (chap. 18) édité par Michael Filimowicz. Éditions : Focal Press, 2021.

Index

D

E

F

G

H

Q

R

S

T

U

V

Contributeurs et contributrices

Auteurs

Frank PECQUET

Docteur en musique – musicologie, composition et informatique – de l'université de Californie, San Diego. Maître de conférences HDR à l'université Paris 1 en création numérique, chercheur au sein du labo ACTE de l'École des arts de la Sorbonne en esthétique et théorie de la culture, il collabore avec l'équipe perception et design sonores de l'Ircam. Consultant en entreprise, il a publié dans des revues / ouvrages spécialisés (*http://www.fpecquet.com*).

Paul DUPOUEY

Docteur en Histoire de l'art, DEA de philosophie, Master de gestion (ICG Paris). Attaché de presse dans le milieu olympique avant d'être chargé de projets de communication (Maison de la Radio, Centre Pompidou, Design Center Londres, Veolia, Centre Inffo), journaliste social puis consultant en gestion des structures éducatives et communication sociale notamment pour la Commission européenne. Auteur d'articles et ouvrages de gestion dans ces domaines.

Préface

Christian HUGONNET

Ingénieur en acoustique, diplômé du CNAM, Christian Hugonnet a commencé sa carrière aux services de diffusion de Radio France en 1978 avant de passer une année de recherche à l'Ircam. En 1988, il a mis en place, avec Michel Philippot, la FSMS (Formation supérieure aux métiers du son) du Conservatoire national supérieur de musique et de danse de Paris. Il est alors également professeur à l'École nationale supérieure Louis-Lumière et chargé de cours au CNAM. En 1993, il crée son cabinet d'expertise acoustique à Paris, avec comme spécialité les salles de spectacles, les bâtiments publics et les studios d'enregistrement. En 1998, dans le cadre du SATIS, il initie le Forum international du son multicanal.

Contributeurs et contributrices, dans l'ordre d'apparition

Introduction

Laura ZATTRA

Docteure en musicologie du XX-XXIe siècles, méthodologie combinant l'étude des textes, les archives, l'histoire orale, l'ethnographie. Membre de l'équipe Analyse des pratiques musicales de l'Ircam, corédactrice du journal *Musica/Tecnologia*, membre du conseil éditorial du « Projet Analyses » de l'Ircam, et auteure du site « teresarampazzi.it ». Enseignante en premier et deuxième cycle académique. Auteure de nombreux articles et études publiés à l'international.

Champs d'application du design sonore

Alain GOUDEY

Docteur en Sciences de gestion et titulaire d'une HDR de l'Université Paris-Dauphine PSL, Diplômé de l'Institut Mines-Telecom Business School et Professeur de Marketing à NEOMA Business School, associé fondateur de l'agence de design sonore et de communication musicale AtooMedia et associé de Mediavea, spécialiste en marketing sonore pour les magasins. Recherches sur l'influence de la musique et de la voix sur le comportement du consommateur. (*https://alain.goudey.eu* et *https://www.atoomedia.com*)

Design sonore d'objet

Patrick SUSINI

Directeur de recherche à l'Ircam. Spécialisé en psychoacoustique. Consacre une grande partie de son activité de recherche au cadre scientifique du domaine naissant du design sonore. Coorganisateur des colloques internationaux en design sonore à Paris (2002, 2004) et de projets européens sur le design sonore. Enseignant au Master Design sonore à l'ESAD au Mans. Prix Chavasse de la SFA en 2016. En 2014, son équipe reçoit le Décibel d'Or Recherche pour l'ensemble de ses travaux en design.

Design et environnement

Philippe WOLOSZYN

Architecte et acousticien de formation, thèse en Sciences pour l'Ingénieur à l'université de Nantes. Chargé de recherche au CNRS (Laboratoire PASSAGES UMR 5319). Projets récents visant à développer la synergie entre architectes, physiciens, géographes, sociologues, linguistes et psychologues environnementalistes (modélisation des effets de l'environnement sonore). Ancien expert auprès du Conseil supérieur de l'Enseignement en architecture.

Sound design, cinéma et art de l'image

Chloé HUVET

Ancienne élève de l'ENS Lyon, agrégée de musique et Maître de conférences à l'université d'Évry, cofondatrice du groupe de recherche ELMEC sur les langages musicaux à l'écran. Ses travaux portent sur les rapports musique-sons-image dans le cinéma contemporain, en particulier la production hollywoodienne. Auteure de *Composer pour l'image à l'ère numérique. Les deux trilogies Star Wars*, aux éditions Vrin (coll. MusicologieS).

Armement : vers un design sonore négatif

Juliette VOLCLER[1]

Chercheuse indépendante, productrice radio, critique et curatrice sonore. Travaille sur la critique sociale du son et l'histoire de la création sonore. Contribue notamment aux collectifs Les Sons Fédérés (assemblée d'artisans sonores et radiophoniques), Node (radio associative non commerciale), les Sirènes (interventions artistiques autour de la critique sociale du son). Auteure de *Le son comme arme* (La Découverte, 2011) et *Contrôle* (La Découverte/La rue musicale, 2017).

1 La contribution de Juliette Volcler a été rédigée par l'auteure suite à une série de questions posées par les coéditeurs.

Transport : le son de la mobilité

Nicolas MISDARIIS

Docteur CNAM (Synthèse/reproduction/perception des sons instrumentaux et environnementaux), HDR sur les Sciences du design sonore, ingénieur, Master d'acoustique. Directeur de Recherche et responsable de l'Équipe Perception & Design sonore du Laboratoire STMS à l'Ircam. Ses travaux portent notamment sur la synthèse et la reproduction sonore, la perception des sons, les interfaces homme-machines et la sonification interactive.

Design sonore et vie quotidienne

■ Cas n° 1 : Normes acoustiques des espaces de travail ouvert

Yoann LE MUET

Ancien élève de l'INSEEC et de l'Université Paris-Diderot, Directeur marketing de Saint-Gobain Plafonds France. Président de la commission Afnor CN S30D « Acoustique sur les lieux de travail » qui assure le suivi des travaux de l'ISO/TC 43/SC 1/WG 53 « Lignes directrices pour le mesurage et l'évaluation de l'exposition au bruit en milieu de travail ». Intervenant dans de nombreuses manifestations professionnelles, auteur de plusieurs publications. Prix spécial des « Trophées Or Normes » de l'AFNOR.

■ Cas n° 3 : Acoustique architecturale : le théâtre d'Albi

Jean-Paul LAMOUREUX

Diplômé en acoustique, musicologie et acoustique musicale (université de Poitiers). Il fonde le cabinet Jean-Paul Lamoureux en 1990 sur la base de projets fondateurs : Bibliothèque nationale de France (mission AMO en acoustique), Cité de la Musique secteurs Ouest et Est (mission AMO en acoustique). Il crée en 1999 un système novateur de surveillance informatique des bruits de chantier et devient expert des contraintes acoustiques et vibratoires en construction (*http://lamoureux-acoustics.com/data/documents/180111_REF_LAM_FR_chrono.pdf*).

■ Cas n° 4 : Dispositif d'alarme en milieu industriel

Alexandre GONÇALVES

Ancien élève d'école de commerce et titulaire d'un DUT de Génie électrique et informatique industrielle. Directeur commercial de la société Agelec Protection située en région Rhône-Alpes-Auvergne et intervenant sur des sites professionnels (entreprises, locaux administratifs, milieux de soins, milieu carcéral). Elle est certifiée APSAD (Assemblée plénière des sociétés d'assurances dommages) et MASE (Manuel d'amélioration de la sécurité en entreprise), ce qui lui ouvre l'accès à des marchés sensibles (installations classées notamment).

Design sonore et activités spécifiques

■ Cas n° 6 : Dispositifs sonores interactifs en gériatrie

Luc PERERA

Chercheur au sein du groupe Symbiose d'EnsadLab dirigé par Pierre Jouvelot, de MINES ParisTech, et par Patrick Renaud, maître de thèse à EnsadLab, sur les contributions thérapeutiques des rythmiques du sud de l'Inde (musique carnatique) dans les soins donnés aux patients atteints de la maladie d'Alzheimer. Enseignant en IUT, il est également designer sonore, compositeur et arrangeur spécialisé en musique indienne contemporaine.

■ Cas n° 7 : Musique procédurale pour jeu vidéo

Daniel BROWN

Fondateur et Directeur technique de Intelligent Music Systems, société basée à Oakland qui développe des systèmes de musiques procédurales pour jeux vidéo. Compositeur (Docteur en composition musicale et licencié en Mathématiques discrètes), travaille sur l'interactivité entre intelligence artificielle et musique. A créé le *Dynamic Percussion System* – qui compose de la musique procédurale, la seule sur le marché au format standard *AAA game* : « Rise of the Tomb Raider » en 2015.

■ Cas n° 8 : Acoustique et sonorisation d'un lieu de culte

Christine GUILLEBAUD

Chercheuse au CNRS et Codirectrice du Centre de recherche en ethnomusicologie (CREM-LESC, Université Paris-Nanterre). Ses recherches portent, entre autres, sur l'anthropologie du sonore et l'étude des ambiances urbaines avec de nombreuses missions en Inde. Dirige le programme MILSON (milson.fr) dédié à l'étude du sonore ordinaire dans son contexte social de production et de perception. Auteure de nombreux livres et articles.

Design sonore et marketing

■ Cas n° 10 : Annonce commerciale pour établissement bancaire

Jean DINDINAUD

Après des études de publicité à Bordeaux, Jean Dindinaud devient concepteur-rédacteur puis réalisateur sonore chez Graffiti 5&21 avant de créer sa société de production Chez Jean. Ses clients sont plus particulièrement des agences de communication pour lesquelles il réalise des campagnes de radio, télévision, cinéma ou tous supports de publicité. Il privilégie trois axes : musique, voix et design sonore. Batteur du groupe Bolton, il a également créé le label de disques « L'Inlassable ».

■ Cas n° 11 : Ambiance musicale pour magasins

Catherine PIAULT

Diplômée en Naturopathie/Musicothérapie. Début de carrière dans la production musicale chez Island Records. Puis crée La Troisième Note, pour la conception/réalisation d'ambiances musicales de sites et marques (l'Occitane, Renault, Zannier, CWF Kids, BOSS, Givenchy, Karl Lagerfeld Kids, Lanvin, Timberland, Zadig & Voltaire, Sessun...) et des cabinets de soins thérapeutiques. Développe un outil marketing pour la programmation musicale selon des critères de localisation et plages horaires pour une diffusion événementielle.

Annexe

■ Aspects pédagogiques

Olivier HOUIX

Olivier Houix est chercheur dans l'équipe Perception et design sonores de l'Ircam. Il est spécialisé dans la création de prototypes sonores holistiques et leur application en design sonore. Enseigne les technologies du son à l'Esad TALM-Le Mans, au sein du cursus en design sonore.

■ Aspects juridiques

Pascale DEMOLY

Avocate spécialiste en droit de la propriété intellectuelle. Publie dans plusieurs revues juridiques. Présidente de la commission lutte anti-contrefaçon de l'APRAM, elle défend les droits des auteurs dans ce cadre contre la copie au même titre que ceux des entreprises propriétaires de droits en lien avec la création. Intervient dans le cadre du Master de droit des affaires internationales de la faculté de droit de Tours.

Jade TELLINI

Avocate depuis 2012. A intégré le Cabinet DEMOLY en 2017. A développé ses compétences particulièrement en droit d'auteur dans le cadre de ses activités de conseils et de contentieux dans les domaines du cinéma, de l'édition et de la musique mais également dans d'autres matières clés du droit de la propriété industrielle. Conseille et représente des groupes de musique dont elle négocie les contrats.

81068 – (I) – OSB 80° – NOC – LAA
Dépôt légal : juin 2021

Achevé d'imprimer par la Nouvelle Imprimerie Laballery
58500 Clamecy
N° d'impression : 105423
Imprimé en France